墨辯今解

陳高傭　著

创于1897
商務印書館
The Commercial Press

2016年·北京

圖書在版編目(CIP)數據

墨辯今解 / 陳高傭著. — 北京：商務印書館，
2016
ISBN 978 - 7 - 100 - 12189 - 7

Ⅰ. ①墨… Ⅱ. ①陳… Ⅲ. ①墨家②《墨子》—研究
Ⅳ. ①B224.5

中國版本圖書館CIP數據核字(2016)第083743號

墨辯今解

陳高傭　著

商　務　印　書　館　出　版
（北京王府井大街36號　郵政編碼 100710）
商　務　印　書　館　發　行
三河市尚藝印裝有限公司印刷
ISBN 978 - 7 - 100 - 12189 - 7

2016年6月第1版　　　　開本 880×1230　1/32
2016年6月北京第1次印刷　印張 12 1/4

定價：48.00元

本書承蒙陝西師範大學重點學科基金
陝西師範大學優秀學術著作出版基金資助出版

張豈之序

已故著名歷史學者陳高傭先生（1902—1976）的學術文集將要出版了，這是學術界的一件幸事。

陳高傭先生與我的老師侯外廬先生是摯友，在當年白色恐怖的環境中，陳先生長期掩護侯外廬等進步文化學術工作者。新中國建立後，1951年，陳先生應時任西北大學校長侯外廬先生的邀請，赴西安西北大學任教，當時在教育系。兩位先生有機會就中國思想文化史等學術問題交換意見。1952年，西北大學教育系并入陝西師範大學，陳先生隨之到了該校，後擔任歷史系教授。但是，他與侯外廬先生還經常見面，探討學術問題。有幾次，我陪外廬先生去陝西師範大學看望陳先生，至今還有清晰的記憶。

陳先生閱歷豐富，治學謹嚴，在歷史學與中國文化典籍的研究上作出了重要貢獻。早在解放前，陳先生先後在商務印書館出版了《中國歷代天災人禍表》（十册）、《論理學》、《名理通論》、《邏輯學概論》等著作，曾得到周谷城、鄭振鐸、周予同等先生的鼓勵和支持。由於歷史的原因，陳先生晚境淒涼，但是在艱難的條件下，他振奮精神，日夜伏案寫作，完成了《墨辯今解》、《老子今解》、《論語譯注批》、《鄧析子今解》、《鄧析子譯注》、《晏子春秋今解》、《鹽鐵論評注》等約百萬字的著作，爲我國史學研究留下了一筆寶貴的文化遺産。這些遺稿多數塵封已久，陳先生子女和陝西師範大學一直在共同努力，逐步整理核對，争取早日出版，以饗學界。

陳先生晚年主要選取先秦諸子及秦漢典籍加以研究，是獨具學術慧眼的。因爲我國古代學術有一種"和而不同"的學術傳統，在先秦諸子著作和漢代某些典籍（如《鹽鐵論》等）中表現得尤爲典型。這些典籍所承載的中華文化和民族精神，主要是圍繞着天道與人道相互關係而展開的。孔子開創了儒家學派，他在道德倫理思想上有巨大貢獻，提出并仔細論證了一個新觀念——"仁"（仁愛），并以此爲基礎建立了長期影響中國歷史文化的價值觀。老子是道家學派的創始者，他關於"天道"與"人道"的論述，展示出中國古代辯證思維的豐富内容，其中充滿智慧和洞察力，對中華民族的理論思維産生過重大影響。在我國，文化的價值觀念，形成多種理論體系，是在春秋（前 770 年至前 476 年）、戰國（前 475 年至前 221 年）五百多年裏。其觀點之繁富，辯論之激烈，反映出當時思想活躍的狀況。學派約有十家，"各引一端，崇其所善，以此馳説，取捨諸侯。其言雖殊，辟（譬）猶水火，相滅亦相生也"（《漢書·藝文志》）。百家争鳴，相反相成，唯其如此，纔有博大精深的中華文化。這是"百家之學"，并非一家獨鳴，其學術精神在今天依然具有現實意義。

陳高傭先生在研究古代文化典籍時注意到這種思想融合的特徵。例如《鄧析子譯注》，他在注釋、今譯的基礎上所做的扼要評論，就揭示了今本《鄧析子》雜糅儒家、道家、法家與名家的理論特色，“人君要用法治主義，不能用人治主義，能用法治就能無爲而無不爲。但描寫無爲而無不爲的情況，太神秘了，近於文字游戲。最後講名實的關係與所謂形名的相合與相成，是名家的主要理論”。陳先生從文本自身出發，認爲今本《鄧析子》中多談黄老之道，絶不是春秋晚年鄧析本人所著，但是含有鄧析的思想，這是很有見地的。關於先秦至秦漢間思想的融合，陳先生認爲：“循名責實，原爲名法兩家的主張，韓非以後，黄老名法混爲一體了。漢朝初年，蕭何、曹參的作風，文帝、景帝的政治就是以黄老名法的思想爲基礎的。”這種論斷也是切合歷史實際的。

此外，陳先生遺稿所採取的形式值得仔細體味。譯注或今譯類著作，并不簡單和通俗、平庸相等。在中國思想文化史研究中，有不少以譯注形式流傳的著作，至今依然具有重要的學術價值，如楊伯峻先生的《論語譯注》、《孟子譯注》等。陳先生遺稿中除過一些專題論文，如《荀子論性》、《荀况的政治思想》、《荀子論禮》、《荀况論樂》等，大多採用譯注、評注、今解的形式，但是與某些譯注類作品不同的是，這些著作中都有精要的校勘和注解，即使今譯的文字，也要言不繁，典雅流暢，耐人尋味。作者對版本有深厚的功底和修養，作品一般都列舉有歷代的部分研究資料，代表性的版本，如《鄧析子》就列舉了明嘉靖本、子彙本、指海本、四部叢刊本、涵芬樓影印本、四部備要本等，《公孫龍子今解》也運用了子彙本、傅山本、宋山閱本、經史本等。解《老子》雖然没有遇上帛書本與楚簡本發現和公佈的良機，缺乏簡帛本的地下新史料，但也盡可能地搜集了王弼本、河上本、吴澄本、傅奕本、魏源本等，參核各種版本，吸納已有研究成果，對《老子》一書的内容進行章句校勘及訓釋。這些版本也方便讀者使用和參考。此外還有一些抄録劄記，如《老子音韻》等，也可作爲讀者研讀時的參考。其他如《墨辯今解》、《晏子春秋今解》、《尹文子今解》等都是在校勘和訓詁的基礎上，加以闡釋和評論。這種方法既可以避免游談無根的弊端，又能彰顯典籍的時代性和生命力。今譯也極通俗明暢，如“目貴明，耳貴聰，心貴公。以天下之目視，則無不見。以天下之耳聽，則無不聞。以天下之知慮，則無不知。得此三術，則存於不爲也”(《鄧析子・轉辭》)，譯爲“眼睛要能看明，耳朵要能聽清，心思要能公正。用天下衆人的眼睛看，就没有看不見的。用天下衆人的耳朵聽，就没有聽不清的。用天下衆人的心思想，就没有不知道的。人要得到這三個方術，則在於無爲”，簡明扼要，符合原意。總的來説，此類作品具有學術研究和文化普及的雙重意義，這也是陳先生文稿承載方式的優長吧。

中國優秀傳統文化的普及工作，早已受到學人們的關注。在學術研究基礎上的普及，已經出版了一些讀物，但是爲數還不能算很多，這個園地也需要更加具有扎實學術基礎的繁榮和推廣。

我自己也有這樣的體會，寫高質量的普及讀物并不容易，要下很大的功夫，力求做到忠實於原著，恰如其分地加以説明、解釋，并且將其中的精神加以提煉，使今人有所理解，從中得到一定的啓示和精神享受。從而使中華文化的傳統性和時代性、民族性和現代性更好地結合起來。在準確地理解和把握我國古代人文經典精神實質的基礎上，弘揚民族優秀文化傳統，這是我們建設和諧文化、鞏固和諧的思想道德基礎中的一項重要工作。陳高傭先生的研究成果爲我們提供了把握中國文化經典的又一橋梁，無疑在今天繼承民族精神和優秀傳統文化、實現民族振興的事業中具有重要的意義。

當然，這些遺稿完成於特定的歷史時代，免不了或多或少打有歷史的某些烙印。從事思想文化史研究，不可能脱離研究對象的歷史背景，也不可能完全脱離研究者所處的社會現實，這在一定程度上反映了人文學科的研究規律。所以，對待前人的著作，不能過分採用苛責的方法，以免一葉障目。

陳先生文稿經陝西師範大學歷史文化學院臧振教授仔細整理，并查對原文，加以校正，又有商務印書館的支持，纔得以公開出版。臧振教授寫有《整理例言》和《整理後記》，對陳高傭先生文稿做了仔細的質量評估，因此，我的序言就不必在這方面多用筆墨了。

陳先生的女兒就陳先生遺稿的整理出版，多次徵求我的意見，并誠懇地約請我寫序言。我將自己的一些感受寫下來，供讀者朋友們在閱讀先生文稿時參考。

是爲序。

張豈之

2008 年 2 月 12 日

整理例言

一、陝西師範大學歷史系教授陳高傭先生（1902—1976）留下手稿一百餘萬字，其主要内容是對於先秦諸子的解讀評説。著述寫作時間大體分爲兩段，即二十世紀六十年代和七十年代。1962 年 7 月到 1966 年“文革”開始，基本完成了《老子今解》（約 15 萬字）、《墨辯今解》（約 23 萬字）、《公孫龍子今解》（約 5 萬字）、《尹文子今解》（約 4 萬字）、《鄧析子今解》（約 3 萬字）。1962 年 1 月開始的《學晏劄記》，不久更名爲《晏子春秋今譯》，到當年 7 月中止（改讀《老子》）。1967 年 5 月，重新開始研讀《晏子春秋》，再更名爲《晏子春秋譯解評》，斷續寫作至 11 月份接近完成（共約 17 萬字）。七十年代則主要是 1975 年 5 月完成的《論語譯注評》（約 15 萬字）和 1976 年 6 月接近完成的《鹽鐵論評注》（約 17 萬字）。此外還有關於《莊子》、《荀子》、佛學和邏輯學的一些劄記片段。本次擬先行出版“文革”前完成的五部《今解》，即老子、鄧析子、尹文子、公孫龍子和墨辯的《今解》，而以“先秦哲學卷”概括之。其排列順序參考王啓湘《周秦名家三子校詮》（古籍出版社 1957 年版），以學術界大體認可的成書先後爲序。

二、陳高傭先生從大學二年級開始沉浸于科學的思維方式的探求，這種探求可謂伴其終身。1925 年完成的《名理通論》（1930 年開明書店出版），論述邏輯學與哲學方法。1938 年出版的《論理學》，由商務印書館特約撰寫，是當時教育部頒佈的師範院校邏輯學教科書。此外，在抗日戰爭開始前四五年間，陳高傭先生在各種雜志上發表論文多篇，1937 年 6 月由商務印書館彙集出版，署題爲《中國文化問題研究》。該書由社會民生問題而及文化問題，由文化而及思想方法，涉及到當時學術界有關“邏輯與辯證法”的論爭。陳高傭先生認爲，辯證法與邏輯“在作用上是相互爲用的”，“若就運動過程的某一階段而研究認識，我們勢不得不就這一階段各種事實加以演繹及歸納，分析與綜合，統計與比較……然後纔能確實明瞭。根本不瞭解辯證法固然不能明瞭一切的運動與發展；不運用邏輯方法，亦難得系統知識”。（見《民國叢書》第四編 39，上海書店 1992 年版，第 149—150 頁）由此可知，陳先生肯定邏輯學是哲學的組成部分。先秦時期的中國不僅有涉及本體論、認識論的著述如老子《道德經》，也有涉及邏輯學的《鄧析子》、《尹文子》、《公孫龍子》，以及《墨子》中的《經上、下》、《經説上、下》、《大取》、《小取》（合稱《墨辯》）。《漢書·藝文志》將鄧析、尹文、公孫龍三子歸入“名家”學派。名家之學即“名學”，近人用西哲音譯爲“邏輯學”。至於《墨辯》，出於墨家後學，在與名家的論辯中深入到古代形式邏輯諸多範疇，成爲先秦邏輯學之明珠。

三、手稿書寫於二十世紀六七十年代，原件文字爲二十世紀三四十年代學者所習用之字體，行書、草書隨手混用，繁體和未規範簡體字交錯出現。因本卷研究對象爲先秦古籍，我們將手稿文字全部統一爲繁體。由簡體返回繁體是一件複雜細緻的工作，目前網絡軟件尚不能避免差錯，我們衹能一字一句審讀。儘管我們力争無誤，難免可能仍有遺漏，在此謹向讀者致歉。

四、陳先生當年工作條件十分艱難，因此手稿原文多處留白，意在得便時查證補充。對於這些空白，有的地方爲便於讀者閱讀而内容確切者（大多爲引文出處），我們徑替先生做了補充，放在黑方括弧【　】内以示區别；而大多數仍存留白原樣（或加【　】標明），我們不敢貿然徑補，以示尊重作者，亦尊重讀者。此外，在整理過程中，爲便於讀者閱讀，我們還加了一些必要的按語、解説詞，都放在【　】中，以便與原稿文字相區别。

五、原稿中作者已明確决定删去（劃框又劃叉）的内容，一律不録。原稿中欲删未删（劃框未劃叉）的内容，與原稿一樣，用方框標示。例如：

> “鷄三足”説本是詭辯，各家解説更成爲詭辯（的詭辯）。不過是他們自己的詭辯，非公孫龍的詭辯。

作者行文之外在字裏行間所加的内容，用單括號［ ］標示。例如：

> 武王死，成王立，年幼，周公攝政，管叔、蔡叔等和殷人散佈流言説周公别有用心，將來一定對成王不利。他們因此發生叛亂。周公東征平叛，把管叔、蔡叔殺死。［此段查《史記》重寫。］

又如：

> ［各書徵引字句稍有出入，而於大義無關者，衹將引句舉

出作爲考異。]

作者眉批或加于邊欄空白處，可以看出是其後補充的内容，用{ }或{{ }}標示。例如：

{毛主席説："在階級存在的條件之下，有多少階級就有多少主義，甚至一個階級的各集團中還各有各的主義。"(《新民主主義論》,《毛澤東選集》第二卷，人民出版社 1966 年版，第 648 頁）}

又如：

{{侯外廬等云："'知'的要素是以客觀作標準，客觀即此派所講的'平'字，故説'平，知無欲惡也。'"(《中國思想通史》第一卷，人民出版社 1957 年版，第 490 頁）}}

六、老子《道德經》，三國魏王弼注本爲八十一章，歷代學者依據自己研究多有更動。少者如元吴澄撰《道德真經注》四卷，并爲六十八章。陳高傭先生《老子今解》定爲七十七章，每章下列有"章句異同"可資研究。讀者若引用《老子》章句，應注意版本。另，陳先生寫有《老子今解》的《例言》十一條，實爲寫作前的自我要求，此次出版，難以完全遵循，如第二條"前人解説有可供參考的録在解説之後，用比解説較小的字印出"。又,《老子今解》後附有《老子音韻》，陳先生標明"此稿是抄録劄記"，并非自己研究所得。

七、《鄧析子今解》後附録有西漢劉歆整理《鄧析子》後呈上的《序》(標題《原序》）和清《四庫全書總目提要》的《鄧析子提要》。《原序》中劉歆總結《鄧析子》内容："其論無厚者，言之異同，與公孫龍同類。"《漢書·藝文志》亦將《鄧析子》歸入"名家"。清《提要》因鄧析曾"作竹刑，鄭國用之"(見《列子·力命篇》)，又因其內容"大旨則主於勢統於尊，事核於實，於法家爲近"，將《鄧析子》歸入"子部法家類"。實則今存《鄧析子》文與春秋時鄭國"竹刑"無關，其主旨側重於言談辯説致勝之術，在循名責實的過程中提倡注意轉换視角、拓寬思路，故應將《鄧析子》歸入名家。實際上,《鄧析子》爲戰國"名辯"之嚆矢，中國古代邏輯思想之正宗。

八、《尹文子今解》後録有魏黄初末年山陽仲長氏《舊序》。《舊序》作者因《莊子·天下篇》言尹文嚮往"願天下之安寧，以活民命"，遂不同意劉向將此書歸於"刑名家"("刑名"即"形名"，"形"已由實物抽象出來成爲"名家"的概念)。《舊序》作者坦承自己"未能究其詳"，實未讀懂《尹文子》。《舊序》又謂尹文子"學于公孫龍"。按：尹文早于公孫龍，長沙王啓湘考證甚詳，見《尹文子校詮叙》(《周秦名家三子校詮》，古籍出版社 1957 年版，第 20—21 頁)。另,《四庫全書總目提要》將《尹文子》歸入"子部雜家類"也是不妥的。

九、先秦典籍之最難讀者，莫過於《公孫龍子》與《墨辯》。人謂《尚書》難讀，因其來自遠古，"佶屈聱牙"，然《尚書》所涉爲政治生活，常理之中尚能揣摩，邏輯學所討論，全在抽象概念之間争辯是非，若無專門基礎，則如墮五里霧中，此即司馬談論六家之要指所謂"名家苛察繳繞，使人不得反其意"。陳先生精通邏輯學，因此其《今解》能在前人基礎上更進一步，多有發明。如《公孫龍子》六篇之順序，前人多以《跡府》爲第一，隨後依次是《白馬論》、《指物論》、《通變論》、《堅白論》、《名實論》。陳先生指出：《跡府》爲後人所纂輯，應置最後；《名實論》是公孫龍“正名實”的根本理論和方法，即公孫龍的認識論，是《公孫龍子》的總論，應列爲首篇；《指物論》是正名實的原則，即公孫龍的世界觀，置第二；其餘《白馬論》、《堅白論》、《通變論》三篇，都是假物取譬，即都是用一件或一些具體事實説明正名實的道理。陳先生在每篇前撰有解題，每節後加有説明，這些是讀懂《公孫龍子》的鑰匙，也是陳先生分析批評《公孫龍子》的精華所在。

十、我們在整理的過程中，由鄧析子、尹文子到公孫龍子，有一種漸入佳境的快意。然《公孫龍子》仍是先民認識世界、探討名實關係過程中一個尚未成熟的階段，由老子的道，經儒墨的名，到公孫龍的“離堅白”、“白馬非馬”，走向了詭辯。（參見《墨辯今解》，《經上　經説上》第 67 條“堅白”解）詭辯亦是中國人理論思維能力提高過程的一個環節。經名、墨辯論，到《墨辯》成書，中國先秦邏輯學大體成熟。讀《墨辯今解》，建議讀者在讀過《墨辯今解序》、《〈墨辯〉的作者和成書年代問題》之後，先讀《大取》篇目下的解，接着讀《小取》篇，再讀《大取》篇，再讀《經上　經説上》、《經下　經説下》，這是先易後難的辦法。晚清大儒孫詒讓著《墨子閒詁》，指出：“此書最難讀者莫如《經》、《經説》四篇”，誠然。孫詒讓又云：“竊謂先秦古子，誼恉深遠，如登岳觀海，莫能窮其涯涘……此書甫成，已有旋覺其誤者……疏陋之咎，無可自掩，且以睎望於後之能校讀是書者。”陳高傭先生，庶幾乎能校讀是書者也。

臧　振

2013 年 10 月 6 日

目　录

墨辯今解序

《墨辯》爲兩千年前的古籍，我是二十世紀的今人，以二十世紀的今人解釋兩千年前的古籍，所以名爲《墨辯今解》。

所有後代人們對於古代典籍的注解，都是各時代的人們就自己對於古代典籍的理解，并以自己的語言對於古代典籍的説明，就當時來説，都可以説是當時的古籍今解。漢代人對於古代典籍的注解，在漢代的時候是當時的古籍今解，宋代人對於古代典籍的注解，在宋代的時候也是當時的古籍今解。古籍今解既不是後人的創作，也不是古書的翻版，是後人對於古籍的理解和説明。對於古籍的理解必須符合古人的原意，對於古籍的説明必須使今人看得懂。要符合古人原意就不能穿鑿附會，要使今人看得懂就要講得明白淺顯。古人的原意和今人的理解，無論從時代上來説，或從人的知識程度上來説，兩者之間總有一定的距離。古籍今解就是要把二者的距離使得盡量縮小，以至於完全消失，也就是要從古人原意和今人理解的矛盾中進行鬥争，求得二者的對立統一。

《墨辯》這個名稱由晉代魯勝開始提出，本來是指墨子書中的《經上、下》和《經説上、下》四篇書言。晉人好談名理，《墨經》

多講名辯，所以魯勝稱《墨經》爲《墨辯》。實則，《大取篇》也多講名辯，《小取篇》則直可説是一篇名辯專論，因此，近年來人們多以《經上、下》、《經説上、下》和《大取》、《小取》六篇書統名爲《墨辯》。這六篇書在墨子書中篇幅不算大，内容卻很廣泛，有哲學、邏輯、辯證法、政治、法律、經濟、倫理、心理、數學、力學和光學等。《墨辯》這個名稱并不足以概括全部内容，但是這個名稱似乎已經是約定俗成，所以我們也就沿用了。

這六篇書中所講的道理多和現代科學相吻合，有些問題的提出和解答是在科學史上的最早時期，所以《墨辯》不僅是我國很寶貴的文化遺產，在世界文化史上也有崇高的地位。但是因爲文句簡樸，義理奧深，訛誤脱衍既多，又有古文奇字，經與經説分離，彼此接合困難，經文旁行句讀變爲直行連讀，更加行列錯亂，所以梁啓超説治墨經有八難（《墨經校釋自序》），孫詒讓説"先秦諸子之訛舛不可讀，未有甚於此書者"（《墨子閒詁序》）。

墨學爲先秦顯學，《墨經》本爲墨徒俱誦之書，秦漢以後，墨學衰落，這六篇書也就很少有人研讀。晋代魯勝曾爲《經上、下》及《經説上、下》四篇書作注解，名爲《墨辯注》，早已失傳，《隋書・經籍志》已不著録。鄭樵《通志・藝文略》所舉《墨子樂臺注》也不存在，對此六篇書是否有注不可知。清初傅山曾作《大取篇釋》，現存《霜紅龕集》，爲清代中葉以前僅見的一篇關於《墨辯》的注釋，惜甚簡略，缺少精義。清中葉以前關於《墨辯》的研究所能言者僅僅如此。清代中葉，畢沅、汪中等承校勘古籍的風氣校注《墨子》書，對於《墨辯》即多加注意。張惠言著《墨子經説解》纔引起人們對於《墨辯》作專門研究的興趣。七八十年來經過多少人的校勘注解，這六篇難讀的古籍大半可以通讀了，但是其中還有些問題須再加研究。《墨辯今解》就是在前人所作的基礎上我對於這六篇古籍的學習。

凡例

（一）本書先列校勘，次舉訓詁，再講義理，并將原文盡可能譯解爲現代語。對原文的譯解，有的是簡單直譯，有的且譯且加解説，有的原文語句簡樸，義理深奥，就加以比較詳細的説明。

（二）本書校勘，凡前人校勘，已經被人公認爲是的，即據以改正，并在校語中説明舊本字句是什麼，據何人校改。凡前人校勘没有被人公認爲是，我個人以爲可採取的，暫不據改，衹在校語中説明據某人所説，當作什麼。凡自己的校勘，仍寫舊字句，衹在校語中説明當作什麼或疑當作什麼。凡譌誤衍脱太多的文句，除在校語中説明當如何校正，并將校正後的全文另行寫出，用〖 〗號附後，以便閲讀。有些簡單校勘，用下列符號表明：□衍文號、［ ］增字號、（ ）當作某字或同某字。凡採取前人的校勘，關於他所舉的證據和理由，儘量從簡，讀者要知道詳情，可參考原書。

（三）本書解釋，大體是先解字義，後解文句。對《經上、下》和《經説上、下》則先解經文，後解經説。有的經文和經説不便分開解釋，就合并解釋。遇有需要批判的地方，隨時加以批判。各家解釋可供參考的酌量採録。

（四）本古爲今用的原則，對於書中所講有和現在學説思想相符合處，則儘量指出，以便相互印證。有些可以爲我們學習馬克思列寧主義和毛澤東思想作參考的，更將馬列主義經典和毛主席著作摘引，以資啓發。

（五）遇有衆説紛紜、莫衷一是的校勘和解釋，自己如没有特殊的新見解，則僅採取其中比較近是的一種説法，對於其他各家所説不再提及。對前人不正確的説法，概不採取，非十分必要，也不加批判。

（六）本書原文主要依據孫詒讓定本《墨子閒詁》。孫定本校訂有誤，則依舊本。

《墨辯》的作者和成書的年代問題

《墨辯》的作者是什麽人？成書在什麽年代？這是研究《墨辯》必須解决的問題。所謂《墨辯》是指《墨子》書中的《經上、下》、《經説上、下》和《大取》、《小取》等六篇書言。這兩個問題主要的是作者的問題，作者的問題解决，成書的年代問題即可隨着解决。

關於《墨辯》的作者，今日以前大概有三種不同的説法：一種説法以爲《墨辯》是墨子本人所著；另一種説法以爲《墨辯》不是墨子本人所著，而是墨子以後的墨徒所著；第三種説法則以爲《墨辯》六篇，有的是墨子本人所著，有的是墨徒所著，不是某一個人單獨的著作，而是墨子本人和弟子們的共同著作。大概在清代中葉以前，人們多以爲《墨辯》是墨子所著，清代中葉以後纔有人以爲《墨辯》不是墨子所著，而爲墨徒所著，或不全爲墨子所著，其中有的是墨徒所著。

先秦諸子，《孟子》、《莊子》、《荀子》、《韓非子》、《吕氏春秋》等書中都曾説到墨家，但是特别提到《墨經》的衹有《莊子》。《莊子·天下篇》説：

> 相里勤之弟子五侯之徒，南方之墨者苦獲、己齒、鄧陵子之屬俱誦《墨經》而倍譎不同，相謂“别墨”。以堅白同異之辯相訾，以觭偶不仵之辭相應，以巨子爲聖人，皆願爲之尸，冀得爲其後世，至今不决。

在這段話中雖然没有提到《墨經》是什麽人作的，但是既説“相里勤之弟子五侯之徒，南方之墨者苦獲、已齒、鄧陵子之屬俱誦《墨經》”，則可知當這些墨徒學習的時候，《墨經》已經成書。不然，他們不會當作共同必修的課程來學習。再明確點説，至遲當莊子時代，《墨經》已經成書，不然莊子不會提到《墨經》。

秦漢以後墨學衰微，史籍記載和私家著録提到《墨子》書的時候，多以爲是墨翟所撰。《墨辯》爲《墨子》書的一部分，《墨子》書既爲墨翟所撰，《墨辯》當然也爲墨翟所撰。

晋代魯勝作《墨辯注》，是秦漢以後到清代中葉以前唯一研究《墨經》的人。他也以爲《墨經》是墨子所著，所以説“墨子著書作《辯經》以立名本”(《墨辯注叙》)。魯勝所謂《辯經》是指《經上、下》及《經説上、下》四篇書言。

清代中葉，治墨學的人漸多，對於《墨子》書的著者問題，也和前人有些不同的看法了，但是對於《墨辯》的作者仍以爲是墨子。畢沅《墨子注叙》説："今惟《親士》、《脩身》及《經上》、《經下》疑翟自著，餘篇稱子墨子，《耕柱篇》并稱子禽子，則是門人小子記録所聞。”孫星衍《墨子注後叙》説：“《親士》、《脩身》、《經上》、《經下》及《説》凡六篇，皆翟自著。”《四庫全書總目提要》説：“《墨子》十五卷，舊本題墨翟撰。考《漢書·藝文志》，《墨子》七十一篇，注曰：名翟，宋大夫。《隋書·經籍志》亦曰宋大夫墨翟撰。然其中多稱子墨子，則門人之言，非所自著。”畢沅、孫星衍及《四庫全書總目提要》作者都是以書中有無子墨子的稱呼判定是否墨子所著。畢沅、孫星衍是明言《墨經》爲墨子所著。《四庫全書總目提要》的作者雖然没有明言《墨經》爲墨子所著，然既以稱子墨子爲門人之言，則可以説不稱子墨子的幾篇爲墨子所著，《墨經》無子墨子的稱呼（僅《大取篇》有一個子墨子的稱呼），當然是墨子所著。以有無子墨子的稱呼而判定是否墨子所著，理由并不充足，推斷也不正確，但是比之以前人們不加分别，籠統以爲《墨子》書即墨翟所撰的看法，至少對於《墨子》書的作者是感到有了問題。

與畢沅、孫星衍同時，汪中治墨子，對於《墨辯》便以爲不是墨子所著。他説：“《經上》至《小取》六篇，當時謂之《墨經》，莊周稱‘相里勤之弟子五侯之徒，南方之墨者苦獲、已齒、鄧陵子之屬，以堅白同異之辯相訾，以觭偶不仵之辭相應’者也。公孫龍爲平原君客，當趙惠文、孝成二王之世。惠施相魏，當惠襄二王之世。二子實始爲是學，是時墨子之没久矣。其徒誦之，并非墨子本書。”(《述學・墨子序》) 汪中雖然没有説出《墨經》是何人所作，但是既説墨徒所誦的《墨經》非《墨子》本書，則可知《經上》至《小取》六篇書不是墨子所著，他的理由是這六篇書中所講的堅白同異之説爲惠施、公孫龍等人的學説，惠施、公孫龍在墨子以後。墨子是不會談到這些問題的。他的意思是墨徒所誦的《墨經》當另有其書，是墨子所著。汪中以爲這六篇書不是墨子所著，這是他和前人不同的獨見，但他以爲《墨辯》中所説堅白同異的道理就是惠施、公孫龍的學説，則是錯誤的，且因此導致後來一些人的錯誤。

清朝末年，孫詒讓著《墨子閒詁》，便承汪説而言："《經説上、下》篇與莊周書所述惠施之論及公孫龍書相出入，似原出墨子而諸鉅子以其説綴益之。"(《墨子閒詁序》) 又説："按以下四篇（指《經上、下》及《經説上、下》）皆名家言，又有算術及光學、重學之説。精眇簡奥，未易宣究，其堅白異同之辯，則與公孫龍書及《莊子·天下篇》所述惠施之言相出入。莊子云：'相里勤之弟子五侯之徒，南方之墨者苦獲、已齒、鄧陵子之屬，俱誦《墨經》而倍譎不同，相謂別墨，以堅白同異之辯相訾，以觭偶不仵之辭相應。'《莊子》所言，即指此經。晉魯勝注《墨辯》，叙云：《墨辯》有上下《經》，《經》各有《説》，凡四篇，與其書衆篇連第，故獨存。亦即此四篇。《莊子·駢拇》又云：'駢於辯者纍瓦結繩，竄句遊心於堅白同異之間，而敝跬譽無用之言，非乎，而楊墨是已。'據《莊子》所言，則似戰國之時，墨家別傳之學，不盡墨子之本恉，畢謂墨子自著，考之未審。"(《經上》注）孫氏的意思是：一、墨徒俱誦的《墨經》即《經上、下》及《經説上、下》四篇；二、這四篇書是墨家別傳之學，不完全是墨子本來的意思；三、這四篇書不是墨子所著。孫氏説這四篇書不是墨子所著，是沿襲汪中所説。但既説這四篇書是墨家別傳之學，又説它們就是墨徒俱誦的墨經，這是矛盾的，因爲墨家別傳之學不會是墨徒都要學習的東西。四篇書不是墨子所著，究爲何人所著，孫氏没有明言。所謂"別傳之學"這個名稱也不正確，大概孫氏以爲所謂別墨即墨家別傳之學。按墨家以兼爲正，以別爲非，別墨即非正墨，即不是真墨而是僞墨，并不是別傳之學的意思。

民國初年張爾田著《原墨篇》説："《經上、下》,《經説上、下》，莊周名之曰別墨而魯勝稱之曰《辯經》者也。《大取》、《小取》，則又專爲《語經》而作者也，以余考之，皆非墨家學術之正宗也。……《經上》、《經下》、《經説上、下》及《大取》、《小取》六篇所言，多與《公孫龍子》相符合，真粹然名家之學也，豈非莊生所謂以堅白同異之辯相訾，魯勝所謂作辯經以立名本者哉。"（轉引自《古史辯》第四册上編，樸社 1935 年版，第 233 頁）張氏此説是根據孫詒讓的意見而對《莊子》文的曲解，《莊子》所謂"相謂別墨"，并不是説《經上、下》、《經説上、下》爲別墨。鄧雲昭著《墨經正文解義》，作《別墨考》，他以爲別墨就是惠施、公孫龍等人，這些人都是學於墨而又別於墨以相高者，即都是得《墨辯》的一端又與相左者。（據譚戒甫《墨辯發微》，科学出版社 1958 年版，第 15 頁）這完全是望文生義，并非事實。此後胡適著《中國哲學史大綱》，即沿襲孫、張、鄧諸人的説法，以爲惠施、公孫龍等人就是別墨，別墨猶言新墨。因此説："《墨辯》諸篇，苟非施、龍所作，必爲其同時之人所作無疑。因爲此六篇中所討論之物，全爲施龍時代哲學家争論最烈之問題。"（《中國哲學史大綱》第八章第一節）胡適把《莊子》所謂"相謂別墨"當作自爲別墨，把別墨解作新墨，把惠施、公孫龍當作別墨，全是臆説謬論，已經被多人駁斥。按所謂別墨這個名稱是墨家分派以後彼此互相攻擊時，給對方所加的一個惡名，即非真墨的僞墨，好像荀子稱其他儒者爲賤儒一樣，根本不是一個學派的名稱。《墨辯》中所言堅白同異的問題雖然是施、龍時代哲學家討論最烈的問題，但《墨辯》中關於這些問題的見解多和施、龍的見解是對立的而不是相同的，所以《墨辯》絶不是施、龍所作。至言"苟非施、龍所作，必爲其同時之人所作無疑”，也不確。《墨辯》六篇討論的問題很廣泛，堅白同異衹是其中的一小部分問題，也不是其中的主要問題，不能因此而即斷定是施、龍同時代的人所作。且胡適所謂施、龍同時代之人似即與施、龍同派之人，這同樣是説不通的。《墨辯》所講堅白同異和施、龍是對立的，和施、龍同派之人當然也是對立的。《墨辯》不是施、龍所作，一定也不是施、龍同派之人所作。

汪中把《墨辯》中所講的堅白同異之辯認爲是惠施、公孫龍的學説。孫詒讓認爲是與公孫龍書及《莊子·天下篇》所述惠施之言相出入，胡適則直謂“《墨辯》諸篇，苟非施、龍所作，必爲其同時之人所作無疑”，這都是要從堅白同異的問題上探討《墨辯》的作者。汪中最初提出這個問題是有意義的，但是後來的人單從這個問題上去追求，就鑽入牛角尖了。

梁啓超對於這個問題的看法，便不是專從這一點上着眼。他著《墨經校釋》説：“孫、胡説非也。《經上、下》,《經説上、下》,《大取》、《小取》六篇，雖皆多言名學，而諸篇性質各異，不容并爲一談。《大取》、《小取》既不名經，自是後世墨者所記，斷不能因彼篇中有‘墨者’之文，而牽及經之真僞，蓋彼本在經之範圍外也（胡氏誤認六篇同出一人手，此根本致誤處）。經分上下兩篇，文例不同。《經上》必爲墨子自著無疑。《經下》或墨子自著，或禽滑釐、孟勝諸賢補續，未敢懸斷。”（《飲冰室合集》專集第十册，《墨經校釋》,《讀墨經餘記》，第 2 頁）“細按四篇之文，《經下》或比《經上》時代稍後，其兩《經》皆墨子著耶？抑《經下》出自弟子手耶？未敢確斷，《經説》則决非出自一人，且未必出自一時代，或經百數十年遞相增益，亦未可知。故其文詳略顯晦，互不相同，則雖公孫龍之徒所論述者，亦在其中，固無足怪。”（同上，第3頁）梁啓超不單從堅白同異的問題上探討《墨辯》的作者問題，這是看得比較全面了。因此，他説：“斷不能謂《墨經》爲施、龍輩所作，蓋施、龍輩所祖述者，不過《墨經》中一小部分，而其説之内容又頗與經異也。”但是他又説：“施、龍輩確爲‘别墨’，其學説確從《墨經》中衍出，無可疑也。”梁氏對於“别墨”的問題仍採取了胡適的謬論。

梁啓超雖然説“斷不能謂《墨經》爲施、龍輩所作”，但是又説“施、龍之徒所論述者亦在其中”，是對於施、龍學説與《墨辯》思想的不同還没有明確的認識。因而他對於《墨辯》與施、龍的關係也就不能有正確的看法。

章士釗以爲《墨辯》思想和施、龍學説根本是相反的，今存《墨辯》六篇不是墨子自著，也絶不是惠施、公孫龍等所著，而是和惠施同時的墨家弟子所述。他説：“《墨經》爲何人所作乎？……以愚推之，墨子自著之《辯經》，非自始無有，即久已亡絶。果其有而未亡，經中巍然自立之定義，使其層纍成爲一科，不含破性，徒與人角智爲者，必較今六篇爲多且詳。以施、龍之出後於墨子，墨子固不得如預言者，知某時將有某某求勝於彼，而先設爲若干條駁義以爲之備也。其後墨者傳經，節節遇有名家者流，相與爲難，因釋經以拒之，而後起諸問，經中焉能備載。其徒各不得已，因以己所崇信詮解師説，詮解不同而派别以起，此《天下篇》所謂‘俱誦墨經而倍譎不同’者也。今之六篇殆墨家弟子所撰述。惟其爲相里勤與五侯之徒乎？抑南方之墨者苦獲、已齒、鄧陵之屬乎？俱無可考。要之，此與彼輩夙所誦習之經迥乎不同，而爲其徒之一派半述半創，以抗禦名家謷者如施、龍輩焉，則愚所信爲千慮一得，無可置疑。”（《名墨訾應論》，《邏輯指要》附録，時代精神社 1943 年版，第 435 頁）章氏説“今之六篇殆墨家弟子所撰述……此與彼輩夙所誦習之經迥乎不同”，即汪中所謂“其徒誦之并非《墨子》本書”的意思。而説此六篇係墨徒之一派抗禦名家如施、龍輩的半述半創，確係創見。自魯勝以來糾纏不清的一個問題——惠施、公孫龍學説與《墨辯》的關係問題至此纔算弄清了。即惠施、公孫龍并不是祖述《墨辯》之學的，也不是所謂别墨，惠施、公孫龍的學説是名家的學説，《墨辯》是墨家的學説，名墨兩家是根本不同的。因之，《墨辯》中所有的堅白同異之説是和施、龍之説針鋒相對的，并不是施、龍學説的記述。這樣就可以明確斷定《墨辯》絶不是施、龍所作，也不是施、龍同派之人所作。

《墨辯》不是惠施、公孫龍等人所作，這個問題的確定，對於《墨辯》作者的問題是减去了一個大的糾纏，但是對於《墨辯》的作者還是没有正面的解决。章氏所謂“今之六篇殆墨家弟子所撰述”，仍嫌籠統。因此，梁啓超所提出的“《經説》則决非出自一人，且并未必出自一時代，或經百數十年遞相增益，亦未可知”，這種説法，便對大家有了極大的啓發。

譚戒甫著《墨辯發微》採取梁氏説，謂：“（一）墨子書頗駁雜，中惟《經上、下》有其自著之文，餘均相里、祖夫（即相夫氏——引者注）、鄧陵三子及其門人後學所記録。（二）田俅等四人（即田俅、我子、隋巢、胡非——引者注）皆嘗親受業於墨子之門，而三墨門人皆爲墨家二三傳之弟子，《墨經》爲彼等所俱誦，《説》之十九且爲彼等所追録，即視《墨辯》爲三墨及門人之書亦無不

可。”(《墨辯發微》，第 23 頁)

方授楚著《墨學源流》，以爲《墨辯》六篇都是墨家後學所著，其成書年代則在楚威王以後至荀子以前的一段時間。他以爲《墨經》辭約義豐，非一人所能作，似佛教經典結集，爲開會決定者。

侯外廬、趙紀彬、杜國庠等著《中國思想通史》大體同意方氏的意見，而對於六篇書的著成次序更加以排定，并將成書的下限更加推遲。他們説：“《墨經》六篇决不是墨子自著的……可以説作者并非一人，編定亦非成於一時，大抵墨子再傳及三傳弟子裏帶有名辯色采的人均可能先後參與其事。倘使由各篇内容來推定，則年代的先後大體是這樣的順序：《經上》→《經下》→《經説上》→《經説下》→《大取》→《小取》。方授楚説：‘《墨經》辭約義豐，包羅甚富，如决定爲一人所著，亦非一人所能著也。……吾頗疑其如佛教經典結集，乃開會决定之者。’(《墨學源流》) 如果如此，則最後一次編定，或者與《大取》、《小取》兩篇的寫成約略同時，當在《荀子》成書與《韓非子》成書的年代中間，相當於田鳩即田俅子的時代。”(《中國思想通史》第一卷，人民出版社 1957 年版，第 483、484 頁)

自從汪中提出現存《墨辯》六篇不是墨子所著的説法以來，研究《墨辯》的人大部分是根據他的意見進行研究討論，雖然還没有得出完全一致的結論，而對於《墨辯》不是惠施、公孫龍等人所作，《墨辯》思想與惠施、公孫龍學説不同，《墨辯》各篇不是一人所寫，不是成於一時，則大體有相同的看法了。但是在這期間也還有些人主張《墨辯》爲墨子所著，如尹桐陽著《墨子新釋》，張煊著《墨子經説解》，欒調甫著《墨經注》，范耕研著《墨辯疏證》，詹劍峰著《墨家的形式邏輯》，就都以爲《墨辯》是墨子所著。但是就是竭力主張《墨經》爲墨子所著的詹劍峰也衹能説“這部經大體是墨子自著，但其中不無墨家後學增益和引伸的部分”(《墨家的形式邏輯》，湖北人民出版社 1957 年版，第 169 頁)，并不敢説全部都是墨子所著。

《墨辯》的著者和成書的時代問題，至今還是没有一個共同承認的結論。我以爲關於這個問題的解决，應當先把《大取》、《小取》二篇和《經上、下》及《經説上、下》四篇分别開來看。

《大取》、《小取》二篇很明顯地可以看出不是墨子所著。第一，因爲《大取篇》有子墨子的稱呼，《小取篇》一再稱墨者。墨子本人不能自己稱子墨子，也不會自己稱墨者。第二，這兩篇中有些理論已經不是墨子本來的思想。如《大取篇》所謂“愛衆世與愛寡世相若，兼愛之有相若，愛尚世與愛後世，一若今世之人也”，《小取篇》所謂“愛人待周愛人而後爲愛人”，這都是兼愛思想的修正。這樣的説法比墨子本來的兼愛説是範圍擴大了，但是也就抽象空虚了(參閲《大取篇》“愛衆世與愛寡世相若”節解)。又如《大取篇》講天和天志，和墨子所講的天和天志相比，就覺着减少了很多的迷信思想。又如關於鬼的問題，《大取》、《小取》雖然都曾提及，但是墨子的主張是“聖人之治天下也，故必先鬼神而後人”(《明鬼下》)，《大取篇》則説“治人有(又)爲鬼”，是先人而後鬼了。諸如此類，《大取》、《小取》二篇中所講的一些道理，有的是墨子思想的總結，有的是墨子思想的發展，有的是墨子思想的修正，總之有些道理和墨子本人的思想或多或少是有所不同了。第三，有些問題不是墨子時代所争論的問題。如《大取篇》所謂“愛人不外己，己在所愛之中”,《小取篇》所謂“白馬,馬也,乘白馬,乘馬也,驪馬,馬也,乘驪馬,乘馬也”,“殺盗非殺人也”,這些問題都不是墨子時代所争論的問題,而是莊周、公孫龍、荀卿等人所争論的問題。當然,這些問題墨子時代也是有的,但是成爲争論的問題則不是墨子時代的事情。這就如性的問題,孔子時代就已經有了,但是性善性惡的争論,則是孟子、荀子時代的事情。根據這三種理由,所以我們斷定《大取》、《小取》二篇不是墨子所著。

那麽,《大取》、《小取》是什麽人著的?我以爲這兩篇東西很難確實指出它們的著者。大概都是墨徒中長於談辯者所著。《大取》内容多不聯貫,好像劄記斷篇,可能不是一個人的專著,而是幾個人著作的纂輯,至少是兩個人著的,如《語經》一部分可能就是另一人所著。也可能《語經》本來不屬於《大取》而是獨立成篇的,編者把它附入《大取》而又把一些簡策錯亂了。《小取》理論貫串,組織嚴密,當是出於一人之手。這兩篇書的寫成比《經上、下》及《經説上、下》都較晚,可能是與荀子同時代或稍後於荀子,因爲荀子説“聖人不愛己,殺盗非殺人也,此乃惑於用名以亂名也”(《正名篇》)。《大取篇》對於“聖人不愛己”的批評加以解釋説:“愛人不外己,己在所愛之中,己在所愛,愛加於己。倫列之愛己,愛人也。”《小取篇》對於“殺盗非殺人”的批評則説是不懂“是而不然”的辭例,是“内膠外閉與心毋空”。這樣針鋒相對的辯論完全可以説明是先有荀子的批評然後有墨家的答辯。《莊子·天運篇》也曾提到“殺盗非殺人”的問題,不過細玩《小取篇》對於“殺盗非殺人”的論證,似對荀子言,非對莊子言,因爲莊子對於“殺盗非殺人”的話并没有像荀子那樣批評的厲害。《大取》是輯的,《小取》是著的。《大取》多就事例上講名辯,《小取》專從理論上講名辯。這兩篇東西的成書約在公元前三世紀中葉至二世紀中葉。

關於《經上、下》及《經説上、下》的作者及成書年代的問題,首先應當解決的一個問題,即《莊子》所謂“相里勤之弟子五侯之徒,南方之墨者苦獲、己齒、鄧陵子之屬俱誦《墨經》”的《墨經》是否即現存的《墨經》?我以爲《墨經》有原始《墨經》和現存《墨經》的分别。原始《墨經》爲墨子自著或墨子口講由弟子筆録而成的,墨子生前就已經成書。《莊子》所謂墨徒俱誦的《墨經》即指原始《墨經》言。因爲墨子死後墨學就分爲三派,所謂五侯之徒和苦獲、己齒、鄧陵子之屬雖然不敢確定就是三墨,當可以確定不是同一派系,不然,下文不會接着説“倍譎不同,相謂别墨”。因此,他們所俱誦的《墨經》,絶不能是三墨之中的任何一派或任何一人所著,因爲既已分派相訾相應,則一派所著的書絶不會爲他派的人所俱誦,也不會是三墨所合著,因爲主張不同的人根本不能合著一書。《墨經》既爲墨徒所俱誦,一定是墨徒們的共同必修的經典教本。這種經典教本,一定是墨子本人所著或墨子本人所講而爲弟子們所記録的。不然,不會有使墨徒們俱誦的權威。

但是從現存《墨經》來看,其中有些條文所講的道理和墨子自著的説法是有矛盾的。第一,墨子講天志、明鬼,《經上、下》則没有一條講到天志或鬼的問題。第二,墨子兼愛的主要意思是“兼相愛,交相利”,《墨經》則把兼愛發展爲盡愛,以爲“無窮不害兼”,“不知其數而知其盡也”,“不知其處,不害愛之”(《經下》第72、73、74條)。第三,有些條文是針對戰國時代各派思想而發的,如堅白相盈是針對公孫龍的離堅白說而說的，“五行毋常勝”是針對鄒衍的五行常勝說而說的，“無不必待有”是對老子所謂“有無相生”而說的，“仁義之爲內外也罔”是針對告子所謂“仁內義外”而說的，“學之無益也，說在誹者”是針對老子所謂“絶學無憂”和莊子所謂“生也有益而知也無涯”而說的，“謂辯無勝必不當”和“非誹者諄”是針對莊子辯無勝負和“不譴是非”而說的，“圓規寫交也”和“方規見交也”，是針對辯者所謂“規不可以爲圓”和“矩不方”而說的，“火熱說在頓”是針對辯者所謂“火不熱”而說的，“非半弗新則不動”是針對辯者所謂“一尺之捶日取其半萬世而不竭”而說的，諸如此類，爲了批判戰國時代各家學說思想而立的命題很多。這些學說思想上所争論的問題都是墨子以後纔有的，墨子生時絶不會寫出這樣批判性的條文。因此可以說，現存的《墨經》不是原始的《墨經》，五侯之徒和苦獲、已齒、鄧陵子之屬俱誦的《墨經》不是現存的《墨經》而是原始的《墨經》。

那麽五侯之徒和苦獲、已齒、鄧陵子之屬俱誦的原始《墨經》是什麽？宋濂《諸子辯》說《墨子》“上卷七篇號曰經，下卷六篇號曰論，共十三篇”。宋濂所謂號曰經的七篇是指《親士》、《修身》、《所染》、《法儀》、《七患》、《辭過》、《三辯》等七篇。宋濂所言是據十三篇本言，《經上、下》及《經說上、下》在十三篇之後，宋濂似乎未見，不然，明明有號稱經的專篇，何必把《親士》等七篇名爲經。胡適著《中國哲學史大綱》以爲墨徒俱誦的《墨經》不是《經上、下》、《經說上、下》及《大取》、《小取》等六篇而是如《兼愛》、《非攻》等篇。這更是妄說。《墨子》書中明明有號稱經的專篇，而爲了要論證自己的謬說，把本來不名爲經的《兼愛》、《非攻》等篇硬要説成是墨徒們俱誦的經，這真是指鹿爲馬。《兼愛》、《非攻》等篇都有上中下三篇，當是三墨記録的纂輯，在字句上雖稍有不同，而内容則大體是相同的，哪能説倍譎不同。章士釗著《名墨訾應論》説："墨子自著之《辯經》非自始無有，即久已亡絶。果其有而未亡，經中巍然自立之定義，使其層纍成爲一科，不含破性，徒與人角智爲者，必較今六篇爲多且詳。"章氏此説也不確。既有墨徒俱誦的《墨經》，則此《墨經》必爲墨子所著，那能説墨子自著之《辯經》自始無有。《墨經》既爲墨徒所俱誦，則此書在墨徒中的流傳一定是廣泛的，流傳廣泛的東西似不容易亡絶。墨書中有些東西不是墨徒所俱誦的，那些東西没有亡絶，爲墨徒所俱誦的東西倒反而亡絶，這是説不通的。至於説"果其有而未亡，經中巍然自立之定義，使其層纍成爲一科，不含破性，徒與人角智爲者，必較今六篇爲詳且多"，理由更不充足。今存《墨辯》六篇除《經下》和《經説下》有一部分含有破性的條文外，《經上》、《經説上》及《大取》、《小取》含有破性的條文并不多，反過來看，如《非攻》、《非命》、《非儒》等篇雖然不是墨子親筆著的，總是墨子親口講的，其中含有破性的言論倒并不少。至於説"巍然自立之定義，使其層纍成爲一科"，《小取篇》的講辯固然足以當之，就是《經上》講知識、講倫理、講同異，《經下》講光學等，還能説不够"巍然自立之定義，層纍成爲一科"嗎？所以即便現存的《墨經》的確不是墨子所著，而章氏所持的理由是不能論證此事的。

我以爲現存的《墨經》不是原始的《墨經》，但現存《墨經》就是在原始《墨經》的基礎上逐漸增加修正而成的。

原始《墨經》是墨子編著的，或由墨子講授弟子們筆録的。它的内容一部分是前人已有思想的傳述，一部分是墨子自己思想的發表，前人已有的思想，或是得之於傳聞，或是得之於簡策，自己的思想則或是前人思想的推演，或是自己實踐的總結。墨子説："古之善者則述之，今之善者則作之。"（《耕柱篇》）可見墨子重述古，也重創作。原始《墨經》即半述半創的，至於那些條文是述古的，那些條文是創作的，現在已經難以區别。事實上述古也不是照樣抄録，創作也不是毫無根據。無論述古或創作，都成爲墨家一家之言了。墨子即以此作爲教本，對弟子講授，所以墨子死後，弟子們無論如何分裂，而對於這一教本都是要誦讀的。《墨經》是學習談辯、從事和説書的教本，《尚賢》、《尚同》、《兼愛》、《非攻》、《節用》、《節葬》、《天志》、《明鬼》、《非樂》、《非命》等篇好像講説主義和政策的大報告。

墨子死後，墨家弟子們爲了破敵立已，對於這個共同必修的教本是不斷加以修訂補充的。墨家是有組織的，巨子是墨家的領袖，每次修訂補充的最後審定和編纂大概都是由巨子來决定，方授楚所謂"如佛教經典結集，乃開會决定之者"，大體近是，但是决定權是以巨子爲主。《墨經》中有些條文顯然是墨子思想的發展、修正或補充，有些條文顯然是針對墨子以後各家學説思想的批判，有些條文的文體語氣顯然有點特殊，這就都可以説是墨子死後每次修訂的時候補充增加的。有些不合時宜的條文也可能在修訂補充的時候被删削。參與修訂補充的墨徒們是談辯、説書、從事三派的人都有，不過談辯派的工作比較突出，所以《經上、下》、《經説上、下》講知識和名辯特别精彩。

《經上》多爲概念的定義，《經下》多爲判斷的解説。學説思想的正確與否就在它對於事物的判斷正確與否,《墨經》中對於各派學説思想的批判，多在《經下》。

《經説》也是隨着《經》文陸續寫成的，原始的《經》文甚簡短質樸，好像《春秋》的記事條文。《春秋》是記事的，文句簡單質樸，人還比較容易明瞭,《墨經》是説理的，文句簡單質樸，人就不容易明瞭。如衹言 :“故，所得而後成也”(《經上》第 1 條),“止類以行之，説在同”(《經下》第 1 條)，人們讀了這些文句實在難以明瞭它的道理，所以當墨子以纂輯的原始《墨經》教授弟子們的時候，一定要加以講解，有的講解是對經文的説明，有的講解是對經文的論證，有的講解是對經文的補充，弟子們把這些講解記録下來就成爲《經説》。最早的《經説》主要的是弟子們對於墨子講解的記録，但是也有弟子們自己對於經文的解釋。以後歷次對於《墨經》的修訂，所有新增加的條文，按時代的文體本可以作比較詳盡的論説，也不必經與説分離，但是爲了要保存原始《墨經》的體例，仍採取了簡短質樸的文句,《經》文之外又有《經説》。這樣後來每次增加的《經》文與《經説》就可能是一個人或一些人同時寫成的。

總之,《經上、下》、《經説上、下》這四篇東西，從思想上來看，有些條文是墨子以後纔能有的，從文體上看，這種文體是墨子以前的文體。墨子的《兼愛》、《非攻》等篇雖然不是墨子親筆寫的，卻是他親口講的，那樣有條理、有系統、組織嚴密的長篇巨論，和《墨經》的簡短質樸文句相比，顯然是《墨經》在前而《兼愛》、《非攻》等篇在後，墨子講天志、明鬼，那樣宗教迷信的思想和《墨經》的科學思想相比，又顯然是天志、明鬼等思想在前而科學思想在後。文體和思想的這個矛盾是解决《墨經》作者和成書年代問題的一個重要關鍵，歷來研究《墨經》作者和成書年代問題的人多没有從這個關鍵上着眼。我以上所説，是解决這一矛盾問題所作的假定。

關於《墨辯》的作者及成書年代所得的結論是這樣：

一、《經上、下》及《經説上、下》是纂輯不是專著。開始纂輯者爲墨子和弟子們，以後經過幾次修訂纔成爲現存的《墨經》，現存《墨經》是在原始《墨經》的基礎上發展而成的，但現存《墨經》已經和原始《墨經》大不相同了。最後的修訂約與公孫龍同時或稍後，因其中關於堅白問題都是針對公孫龍的，而公孫龍以後如荀卿、韓非等人的思想不見有批判的條文。公孫龍的生卒年代約爲公元前 320—250 年，則《經上、下》及《經説上、下》的最後修訂約在公元前 250 年的前後。墨子生卒年代爲公元前 490—403 年，假定原始《墨經》爲墨子中年以後所纂輯，則《墨經》自最初的纂輯以至最後的修訂約當公元前 450—250 年，經過約二百年。《墨經》可説是公元前五世紀至公元前三世紀中葉陸續纂輯的書。

二、《大取》是纂輯，《小取》是專著，這兩篇的編著，約和荀子同時或稍後。荀子生卒年代猶無定論，據各家所説，約當公元前 298—213（？），則《大取》、《小取》的成書至早當在公元前三世紀中葉，也可説是成於公元前三世紀中葉至二世紀中葉的期間，大概距《經上、下》和《經説上、下》最後一次的補充修訂不會很久。【整理者按：前二世紀中葉已到西漢前期，似乎太遲。】

經上　經説上

（1）

經　故，所得而後成也。

説　（故），小故，有之不必然，無之必不然。體也，若尺有端。大故，有之必然，若見之成見也。

校　《經説》“若尺有端”舊脱尺字，據伍非百校增。“大故，有之必然”舊作“大故，有之必無然”，章太炎、梁啓超皆謂無字衍，據删。

解　故即通俗所謂原故，即科學上所謂因果關係的因。《説文》攴部：“故，使爲之也。”即言任何事物的形成、發展和變化，都有使它所以然的原故。孟子云：“苟求其故，千歲之日至可坐而致也。”（《離婁下》）即言假如能求得原故，就是千年的冬至和夏至可以坐到那裏就知道。體即次條所謂“體分於兼也”的體。兼是全體，體是部分。尺是幾何學上所謂綫，端是幾何學上所謂點（據陳澧説）。“見之成見”上見字指視覺機能言，下見字指視覺行爲言，如看見什麽東西。

這一條是講事物的因果關係。《經》文“故，所得而後成也”

是説任何事物的形成都是有一定的原因。《經説》將此理更加詳細分析説明：任何事物的形成，它的原因不是單純唯一的，而是相當複雜的。有的是主要原因，即所謂大故，有的是副次原因，即所謂小故。副次原因對於事物的形成是：有它不一定就能形成，没有它就一定不能形成。它是全部原因中的部分原因，好像一條綫的各點。點不是綫，但是没有點也不能成爲綫。主要原因對於事物的形成是有决定性的，有它就必然能形成，如人能看見東西，當然需要有物有光和人的眼睛，而主要的還是人的眼睛。

因果關係是事物的相互關係。世界上的一切事物都是彼此聯繫着、相互依賴着、相互制約着的，絶不是彼此隔離孤立、不相依賴、不相制約的。一個事物的發生必然有使它不得不發生的前一個事物，一個事物的發展變化必然要引起跟着它的另一個事物的發展變化。這樣有必然聯繫的兩個事物，前一個就是原因，後一個就是結果，二者的必然聯繫就是因果關係。種瓜得瓜，種豆得豆。瓜、豆的播種是因，瓜、豆的收穫是果，我們所以能收穫瓜、豆是因爲曾經播種瓜、豆的原故，這就是所謂“故，所得而後成也”，也就是所謂因果關係。但是在現實上，因果關係不是這樣簡單的。一個事物的形成有主要原因，還有副次原因。主要原因對於結果的産生是有决定性的作用，副次原因對於結果的産生没有决定性作用，但是不能缺少的。播種對於收穫來説就是有决定性的主要原因，就是所謂“有之必然”的“大故”。但是播種須有適當的土壤、適當的水分、適當的陽光與適當的空氣、適當的肥料等，纔能有生長、有收穫。土壤、水分、陽光、空氣、肥料等就是副次的原因，就是所謂小故。所謂“有之不必然，無之必不然”，就是説有土壤、水分、陽光、空氣和肥料不一定就能有收穫，但是没有這些東西就一定不能有收穫。

科學上把主要的原因名爲原因，把副次原因名爲條件，原因和條件配合纔能有結果産生。在印度哲學中，主要原因名爲因，副次原因名爲緣，因緣和合，事物乃成。

按邏輯來説，所有現實事物都是受因果律支配的，所有正確反映現實事物的因果關係的思維都是合乎充足理由律的。現實事物的因果關係是由原因産生結果，有結果必有原因。充足理由律的公式是有推斷必有理由，由理由可以得出推斷。墨家對於故這個概念的解釋和應用兼有這兩種意義，如此條所説就是講事物的因果關係。如《經上》第32條所謂“以説出故”，就是指充足理由言。

因果概念在人類思想史上是有重大意義的。人們在生活實踐的過程中，積纍長久的經驗，最早是對於一些現實事物的簡單聯繫有了粗淺的認識。太陽落了就要天黑，雨水大了就要河漲，天氣冷了草木要枯黄，天氣熱了草木就茂盛。人們把這些前後相連的現象構成知識，就是因果概念最早的基礎。以後再經過漫長的歲月，人們對於現實事物的聯繫認識多了，經驗豐富了，知識發達了，於是纔有概括性的抽象的因果概念産生。但是隨着概括性的抽象的因果概念的産生，唯心論的和迷信的因果思想也就産生了。他們以爲終極的因是上帝，鬼神是在冥冥之中操縱因果的。“作善降之百昌，作不善降之百殃”，即言善惡是人作的，昌殃是天降的。由此發展又經過了很久的時間，人們對於事物的因果關係纔有比較正確的認識。真正的因果關係是客觀現實事物的本身的相互聯繫，是必然的聯繫，而不是衹爲前後次序的排列。這就是科學上的因果關係。科學上的一切發明和創造，都是根據事物的因果關係，運用思維的充足理由而產生的。

黑格爾在《哲學史講演録》中說："在泰勒士那裏就還没有本原（即原則）這個概念，没有原因這個概念。例如，世界上有着許多民族，它們就完全没有這個概念（原因）；要有這個概念，就必須有高級的發展階段。"（轉引自列寧《哲學筆記》，人民出版社1960年版，第272頁）《墨經》第一條開宗明義就提出因果關係的問題，對於因果關係的道理講得相當正確，對於主要原因（大故）和副次原因（小故）又分析得這樣精細，這是貫串全部墨經的一個根本原則，也是一個基本的思想方法。這是我國古代思想史上很可寶貴的遺産，也是世界思想史上很早的科學思想。

故即所以，《經下》第10條云："物之所以然，與所以知之，與所以使人知之，不必同。"所謂"所以"即"使爲之也"的意思，也即"所得而後成也"的意思。人們常說"知其然而不知其所以然"，即衹知道某種事物的情况而不知道某種事物所以産生的原因。《耕柱篇》說："葉公子高問政於仲尼曰：'善爲政者若之何？'仲尼對曰：'善爲政者，遠者近之，而舊者新之。'子墨子聞之曰：'葉公子高未得其問也，仲尼亦未得其所以對也。葉公子高豈不知善爲政者，遠者近之，而舊者新之哉？問所以爲之若之何也。不以人之所不智告人，以所智告之，故葉公子高未得其問也，仲尼亦未得其所以對也。'"這就是談葉公子高的問和仲尼的對，都衹是善爲政者的然，而不是善爲政者的所以然，就是没有説出"所得而後成也"的故，就是没有從因果聯繫上説明事物的必然性，就是不合充足理由律的思維。

{侯外廬等説："比方加熱於水，達到攝氏百度就變成汽。從原因方面説，是"使爲之也"；從結果方面説，則是'所得而後成也'；就事物本身來説，則爲'物之所以然'或規律。一切事物的所以然，一定有若干的故。僅爲故的一部分而無决定性的故，叫做'小故'，諸故中起着决定作用的纔叫做大故。"（《中國思想通史》第一卷，人民出版社 1957 年版，第 505 頁）此説是。}

（2）

經　體，分於兼也。

説　（體），若二之一，尺之端也。

解　體是部分，兼是全體。部分是從全體分出來的，所以《經》文云"體，分於兼也"。《經説》是舉例説明《經》義。尺是幾何學上所謂綫，端是點。所謂"體分於兼"就如兩個東西中的一個，一條綫上的各點。兩個東西在一處是兼，其中的一個就是體。綫是積點而成，綫是兼，其中的點就是體。

{《墨經》中"二"與"一"這兩個字，有時是全體與部分的意思。如《經説上》第 83 條："物者體也，二者盡也"，是明白指出二是全體的意思。《經説下》第 4 條："二與一亡，不與一在。"《經下》第 5 條："不可偏去而二，説在見與俱，一與二，廣與脩。"這些所謂二與一，都有全體和部分的意思。}

（3）

經　知，材也。

説　（知材），知也者，所以知也，而必知，若明。

校　《墨經》通例,《經説》標題衹取經文首一字。此以“知材”二字標題，因第五條《經》文首一字也是知字，故加一材字作區别。梁謂材字衍，非是。

解　《經》文：知是材能，即感覺器官的機能。《經説》云：感覺器官的機能是人所以能認識事物的主要原因，有感覺器官的機能，人就一定能認識一切。例如有視覺器官的機能，就可以看到各種事物。明即孟子所謂“明足以察秋毫之末而不見輿薪”(《梁惠王上》) 的明，即視覺器官的機能。

知識是人們對於現實事物的認識，人們的認識是客觀現實事物在人們意識中的反映。人們對於事物的認識，第一步必須通過感覺器官對於現實事物有所感覺。憑視覺我們看見東西的形色，憑聽覺我們聽到外界的聲音，憑嗅覺我們聞着香臭美惡，憑味覺我們嘗着酸甜苦辣，憑觸覺我們感到寒熱軟硬，這些感覺器官的機能就是此處所謂“知，材也”的知。有這些感覺器官的機能，人們就一定能對於事物有所認識。没有這些機能或其一感覺器官失掉它的機能，人們對於事物的認識就不可能，或者要受到一定的限制，所以説“知也者，所以知也，而必知”。衹舉視覺爲例，即可概括其他，所以説“若明”。

自此以下四條是墨家講知識構成的步驟，即認識的發展階段。古人對於知識構成的步驟還没有能像現在心理學和邏輯學上的精密分析。現在我們知道知識的構成是要經過以下各階段：感覺、知覺、表象、概念、判斷和推理。感覺、知覺和表象是感性的知識，概念、判斷和推理是理性的知識。此條所謂“所以知也，而必知”的兩知字，我們今日看來是相當於感覺、知覺和表象的知識，即感性的知識。講知識而首重感覺，這是唯物主義的思想。

（4）

經　慮，求也。

説　（慮），慮也者，以其知有求也，而不必得之，若睨。

解　《説文》心部："慮，謀思也。" 慮即我們今日所謂思慮、考慮、思維。求，《穀梁》隱三年傳云："求之爲言，得不得未可知之辭也。" 求即我們今日所謂追求、尋求。睨，《説文》目部："睨，衺視也。"《禮記·中庸》云 "睨而視之，猶以爲遠" 即此義。

《經》文的意思是説：人們對於事物的認識在憑感官的機能獲得感覺材料以後，就可以運用思維，進一步追求事物的本質和規律。《經説》解釋云；思維就是以感官機能爲基礎的進一步追求。但思維不一定都能獲得正確的認識，如用眼邪（斜）看東西就不一定能把事物看得正確。如果思維方法不正確，對於事物的認識也是不能正確的。《禮記·大學》説："慮而後能得。" 能得衹是有獲得的可能而不是必然就能獲得。人們對於客觀現實事物是能認識的，但是思維方法如不正確就不可能獲得正確的認識。此處用睨爲例説明慮不必得，就是以看的方法譬思維的方法。

（5）

經　知，接也。

説　（知），知也者，以其知遇物而能貌之，若見。

校　《經説》"知遇物" 的 "遇" 舊作過，孫詒讓、王闓運、伍非百皆言疑當爲遇，于省吾言寶曆本作遇，據改。

解 《經》文“知，接也”的知和《經説》“知也者”的知，都是知道的知，指人對於事物的知覺言。《經説》“以其知遇物”的知是第3條“知，材也”的知，指感覺器官的機能言。

《經》文“知，接也”，是説人的知覺就是人對於事物的接觸。《經説》將此義更加詳細具體説明，知覺就是人們用感官的機能和事物接觸之後而獲得的映象，如眼看見東西就是人們的視覺和外界的東西接觸之後所得的映象。“貌之”就是我們今日所謂復寫、摹寫、映象等。

正確的知識是人們對於客觀現實事物的正確反映。第一，必須有客觀現實事物；第二，必須有人們的感覺器官；第三，人們的感覺器官必須和現實事物接觸；第四，必須把接觸的事物正確地反映到人的意識中。墨家把知解釋爲接，并説是“以其知遇物而能貌之”，大體就是這個意思。《吕氏春秋·觀世篇》説：“瞑者目無由接也，無由接而言見，謊。”蘇軾《日喻》説：“生而眇者不識日，問之有目者，曰‘日之狀如銅盤’。扣盤而得其聲。他日聞鍾以爲日也。生而眇者不識日，問之有目者，曰‘日之光如燭’。捫燭而得其形。他日揣籥以爲日也。”生而眇者對於日的錯誤認識，就是因爲他不能以其知遇物而貌之。

（6）

經 恕，明也。

説 （恕），恕也者，以其知論物而其知之也著，若明。

校 《經》文恕字，顧廣圻、孫詒讓據道藏本、吴鈔本改爲恕字，謂即智字。并將《經説》二恕字也改爲恕。譚戒甫謂：“舊本恕字不誤，道藏本、吴鈔本《説》也不誤，《經》偶誤耳。”譚説是。

解　恕是推度，以己度人，推己及物，由此推彼都是恕。我們今日所謂推理、推論就是恕。《經》文“明也”的明即明瞭的明。《經説》的著與明同義。“若明”的明與見同。

《經》文“恕，明也”，是説推理的作用可以使人的認識明確。《經説》“恕也者，以其知論物而其知之也著，若明”，是説推理就是根據已知的道理推論未知的事物而使知識明確的作用。論即《小取篇》“論求群言之比”的論。《釋名》云：“論，倫也，有倫理也。”有倫理即有條理系統的意思。論物即研究事物的條理系統。

推理是由此推及彼、由近推及遠、由表推及裏、由顯推及隱、由粗推及精、由現象推及本質、由事實推及規律、由已知推及未知的思維活動。由推理所得的知識不是直觀的知識。但是由正確推理所認識的事物也就如同自己親眼看見的一樣。例如光的運動速度在我們的感覺器官上不能有直觀的印象，但是我們在思維中已有每秒鐘三十萬公里的運動概念，這就是“以其知論物而知之也著，若明”。毛主席説：“我們的實踐證明：感覺到了的東西，我們不能立刻理解它，祇有理解了的東西纔更深刻地感覺它。感覺祇能解決現象問題，理論纔能解決本質問題。”(《實踐論》,《毛澤東選集》第一卷，人民出版社 1952 年版，第 275 頁)“理解”、“理論”，就都是恕的事情。

古人講恕都是推度義，唯因我國思想向來着重在倫理方面，所以對於恕的道理也多就人和人的關係言，而不是就人對自然的認識言。儒家常以忠恕并舉。如《論語》言：“夫子之道忠恕而已矣。”

(《里仁篇》)“子貢問曰：‘有一言而可以終身行之者乎？’子曰：‘其恕乎？己所不欲，勿施於人。’”(《衛靈公篇》)孟子言：“强恕而行，求仁莫近焉。”(《盡心上》)《中庸》言：“忠恕違道不遠，施諸己而不願，亦勿施於人。”後來朱熹注《論語》說：“盡己之謂忠，推己及人之謂恕。”儒家這些關於恕的講法，很明顯地是衹就人己關係言。其他各家也多如此。《管子·版法解》：“度恕者度之於己也。”《尸子·恕篇》：“恕者以身爲度也。”墨家此處講恕是就知識上講，是把恕看作人們認識事物的一個重要的思想方法，即推理。這和各家相比是把恕的意義看得廣大了。章太炎說：“心能推度曰恕，故夫聞一以知十，舉一隅而以三隅反者，恕之事也。守恕者若比類。荀卿蓋云‘坐於室而見四海，處於今而論久遠，疏觀萬物而知其情，參稽治亂而知其度’，此謂用恕者矣。”(《檢論》三，《訂孔》下篇）章氏此說即墨家所謂恕的意思。

以上四條是墨家對於知識的總論。第 3 條“知，材也”，是說知識的獲得必須先有感官的機能。第 4 條“慮，求也”，是說知識的獲得必須經過正確思維的能動作用。這兩條都是講認識的可能性。第 5 條“知，接也”，是說人們在認識的過程中第一階段所獲得的是感性的知識、直觀的知識。第 6 條“恕，明也”，是說人們在認識過程中的第二階段是由感性知識進一步發展成爲理性的知識。理性的知識是由推論得出來的，是更明確的知識，由遇物而到論物是人的認識由被動而到能動的發展。

歐洲哲學史上關於認識的問題，有所謂經驗論和唯理論的兩派學說：經驗論重視感性的知識而輕視理性的知識，唯理論重視理性的知識而輕視感性的知識。實則正確的知識都是以感性的知識爲基礎而上升爲理性知識的。墨家講知，既提到“接知”，又講到“恕知”。“接知”是感性的知識，“恕知”是理性的知識，早在二千餘年以前墨家對於感性和理性的關係已經有比較正確的瞭解了。

（7）

經　仁，體愛也。

說　（仁），愛己者非爲用己也，不若愛馬。著若明。

校　《經說》“著若明”三字，伍百非說涉上文衍，據删。

解　“體愛也”的體即所謂身體力行的體，也即今人所謂體現的體。譚云：“體愛也者，《韓非子·外儲說左》云楚王謂田鳩曰：‘墨子顯學也，其體身則可。’則此體即體身之體，言愛人當體諸己身，方謂之仁。”（注：“體身”原爲“身體”，譚據王先謙乙正。原文也通。）譚說近是。《經》文云“仁，體愛也”，即言仁是體現愛的。

仁完全是人對人的同情心，是毫無私利觀念參雜其中的。人都是愛自己的，愛自己并不是爲了要用自己，因此推愛己之心愛人，也不是爲了要用人。愛人和愛馬不同，愛馬是爲了用馬，愛人不是爲了用人，所以《經說》云“愛己者非爲用己也，不若愛馬”。

儒家、墨家皆言仁，兩家把仁都當作愛，唯儒家以爲愛應有差等，墨家以爲愛應兼愛。差等之愛是“親親而仁民，仁民而愛物”（《孟子·盡心上》），兼愛之愛是“視人之國若視其國，視人之家若視其家，視人之身若視其身”（《兼愛中》），這是兩家在原則上的分別。至於體現仁的方法，兩家是没有多大分歧的。墨子說：“爲人之家若爲其家，夫誰獨舉其家以亂人之家者哉？”（《兼愛下》）“凡天下禍篡怨恨其（同之）所以起者，以不相愛也，是以仁者非之。”(《兼愛中》) 孔子説：“夫仁者已欲立而立人，已欲達而達人。能近取譬，可謂仁之方也已。”(《論語·述而篇》)。孟子説：“仁者以其所愛及其所不愛。”(《盡心下》) 這都是推已及人的方法，即擴而充之的方法，也就是上一條所謂恕的方法。

爲用而愛是市儈的實用主義。老弱的人無用就不愛，殘廢的人無用就不愛，疏遠的人對我無用就不愛，甚至以前有用現在和以後無用的人也不愛，那就所愛的人太少了，這樣必至流爲孟子所謂“以其所不愛及其所愛”，如何能談到仁？

（8）

經　義，利也。

説　（義），志以天下爲芬，而能能利之，不必用。

解　王闓運謂：“芬即分字，讀爲職分之分。”“而能能利之”，上能字爲才能的能，下能字爲能不能的能。（采張之鋭、高亨注）

義就是利，利不是個人一已的私利，而是天下衆人的公利。祇要是對大衆有利的事情就是義。所以一個人如能以天下爲已任，把天下的事當作自已分内的事，而自已的才能又確能有利於人民，就能行義。不必一定要見用於世，得君從政，纔能行義。

墨家苦行救世，“摩頂放踵，利天下爲之”，就是志以天下爲分的精神。墨家的人又都有技術。墨子本人是車工，墨徒禽滑釐等會造守圉之器，可以説他們都有能利人民的才能。《公輸篇》曾記載墨子對楚惠王説：“臣之弟子禽滑釐等三百人已持臣守圉之器在宋城上而待楚寇矣，雖殺臣不能絶也。”就可以説明行義不必見用。

從這條可以看出儒墨兩家的不同。第一，儒家以爲義和利是對立的，墨家以爲義和利是統一的。所以孔子説："君子喻於義，小人喻於利。"（《論語·里仁篇》）又説："放於利而行多怨。"（同上）因此孔子"罕言利"（《論語·子罕篇》）。梁惠王問孟子："何以利吾國。"孟子答説："王何必曰利，亦有仁義而已矣。"（《梁惠王上》）墨家卻直截了當地説："義，利也。"儒家把利看爲是個人的私利，所以把義和利看爲是對立的；墨家把利看爲是天下大衆的公利，所以把義和利看爲是統一的。第二，儒家以爲一定要見用於世然後能行義。所以孔子説："用之則行，舍之則藏。"（《論語·述而篇》）墨家則説："志以天下爲分而能能利之，不必用。"第三，儒家所注重的才能是事君治民的才能，墨家所注重的才能是關於技術的才能。所以孔子對於學稼學圃視爲小人之事，孟子以爲自己講道德説仁義就可以比梓匠輪輿多享受一點。墨家之徒則多會製造守圉之器，而以爲聖王制法是要"凡天下群百工、輪車、鞼匏、陶、冶、梓匠，使各從事其所能"（《節用中》）。

（9）

經　禮，敬也。

説（禮），貴者公，賤者名，而俱有敬僈焉，等異論也。

校　高校"名"爲"台"，近是。

解　畢沅云："僈，慢字異文。"僈、嫚、慢三字通，都是和敬對立的概念。《説文》攴部："敬、肅也。"心部："慢，惰也。"《論語》云："君子無衆寡，無小大，毋敢慢。"（《堯曰篇》）《禮記·曲禮》云："毋不敬。"敬當我們今日所謂嚴肅、謹嚴。慢當我們今日所謂怠慢、傲慢。台讀爲臺，即《左傳》所謂“王臣公，公臣大夫，大夫臣士，士臣皂，皂臣輿，輿臣隸，隸臣僚，僚臣僕，僕臣臺”的臺，大概後人抄寫簡化爲台。古代等級，王以下公最尊貴，臺最卑賤，故此處以公、臺對舉。張惠言云：“論讀爲倫。”“等異倫”言貴賤之人俱有敬慢是相等的。

《經》文云：禮是敬的精神表現。《經説》將此義用敬慢兩個對立概念加以説明，并加以補充，云：禮和貴賤的等差不能混淆，禮不因貴賤的等差而有分别，所以無論尊貴的公或是卑賤的臺都要循禮，都要表現肅敬的精神，而不要有傲慢的態度。但是一般説來人都是有敬慢兩種精神并存的，即對一些人是能敬的，而對另一些人則不敬而慢了，在某些事情上是能敬的，而對於另一些事情則不敬而慢了，在某些時候和某些地方是能敬的，而在另一些時候和另一些地方則不敬而慢了。禮是人人應當遵守的，而且是無論對任何人、做任何事、在任何時候和任何地方都應當遵守的。敬而不慢就是禮。

古人把禮當作統治階級的專有品，以爲禮對於被統治階級的人民是無關係的，所以説“刑不上大夫，禮不下庶人”。墨家則以爲上自公下至臺不論貴賤尊卑都應當遵禮。《孝經》云：“禮者敬而已矣。”（《廣要道章》）同此義。

（10）

經　行，爲也。

説　（行），所爲不善名，行也。所爲善名，巧也，若爲盜。

解　善爲尚之假借，即尚賢尚同的尚，即貴尚、好尚的意思。

《經》文云：行就是對於事情的作爲，就是幹事。《經説》云：所幹不爲名是行，所幹爲名是投機取巧，就如盜賊一樣。《大取篇》云："諸聖人所先，爲人欲名實，實不必名。"可參證。

（11）

經　實，榮也。

説　（實），其志氣之見也，使人如己，不若金聲玉服。

解　《爾雅·釋草》："華，榮也。木謂之華，草謂之榮。不榮而實者謂之秀，榮而不實者謂之英。"榮本來是植物的花，實是植物的實，古人以爲稻麥等物是不開花即結實的，所以説"不榮而實謂之秀"，牡丹、芍藥等物是開花而不結實的，所以説"榮而不實謂之英"。植物的榮、實，引伸爲人的榮、實。榮即外表的榮華，實即内部的實質。有諸内必形諸外，内部有實在的東西，外表纔能有榮華的氣象，所以《經》文云"實，榮也"。

人的實質就是志氣，志氣的表現是"視人之國若視其國，視人之家若視其家，視人之身若視其身"，不是像穿着有金玉裝飾的華美衣服徒炫耀人的耳目。所以《經説》云："其志氣之見也，使人如己，不若金聲玉服。"見讀爲現，即表現的現。"使人如己"即兼愛的意思，也就是儒家所謂"己欲立而立人，己欲達而達人"，成己成物的意思。"金聲玉服"即有金玉裝飾的華美衣服。譚引《辭過篇》説："鑄金以爲鈎，珠玉以爲珮（佩），女工作文采，男工作刻鏤，以爲身服。此非云益煗之情也，單財勞力，畢歸之於無用也。"金聲玉服即喻華而不實。

按：此所謂實榮即如後人所謂孔墨之榮。孔墨身爲匹夫，而能教化當時人民，影響後世思想，就是因爲他們的志氣之見也，能使人如己。而當時諸侯大夫生則爲榮，没則已焉者，就如同金聲玉服一樣，衹不過炫耀人的耳目於一時罷了。

《孟子》書上説："昔者王豹處於淇而河西善謳，綿駒處於高唐而齊右善歌，華周杞梁之妻善哭其夫而變國俗，有諸内必形諸外。"(《告子下》) 這也可説是實榮的例證。

"其志氣之見也，使人如己"即志功的關係，可參考墨家講志功的道理。

這一條和上一條有密切的關係。上條講真正的爲不是愛名，這條講有真正的實纔能有外表的榮。這都是墨家崇實尚質的一貫主張。

(12)

經 忠，以爲利而强低也。

説 (忠)，不利，弱子亥足將入，止容。

校 《經》文"强低"，王闓運校爲"强仕"，孫詒讓校爲"强君"，我疑當爲"强作"。《經説》"子亥"，曹耀湘、張之鋭、高亨皆較爲孩，兹從之。

解 《經》文云：忠這種品質，是在看到對人們有利的事情就要强幹的。《經説》舉例説：如在不利的地方，小孩要進來的時候，就不容許他進來。這就是以爲利而强作，就是忠。不叫小孩到不利的地方就是對小孩有利的。孟子説："今人乍見孺子將入於井，皆有怵惕惻隱之心。"似即此意。

墨家主兼愛，摩頂放踵利天下爲之。如墨子和弟子禽滑釐等三百人持守圉之器止楚攻宋的行爲，就是以爲有利於人民而强作的精神。而墨子反對楚王和公輸盤攻宋的一段話，就像“不利，弱孩足將入，止容”的情形。我們現在忠於國家，忠於共産主義，也都是以爲有利於人民，所以要積極强幹。

古人講忠不限於忠君。《説文》心部：“忠，敬也。盡心爲忠。”王闓運校“强低”爲“强仕”，孫詒讓校爲“强君”，似皆爲君主思想所囿。

（13）

經　孝，利親也。

説　（孝），以親爲芬而能能利親，不必得。

解　此條文句形成與第 8 條略同，“芬”字與“能能”二字的解釋也同第 8 條。

將《經》文與《經説》合起來看，意思是説：孝就是利親，一定要對親有實際的利益纔能説是孝。因此，首先要把孝親看爲自己的職分，不是外來的命令要我們作的，要發於真情，不應當勉强做作。又要有一定的才能，實際上能對親有利。因爲甘旨之奉，温凉之需，都須有一定生活資料，而生活資料的獲得則須有相當的才能。小孩終日依依膝下而不能奉養父母是不能稱爲孝的。父母生時不能奉養，死後徒事哭泣哀毀，也不足以言孝。更應當不要存心爲自己有所獲得，爲了承繼産業而孝親是不對的，爲了搏得美好聲譽而孝親是不對的，就是爲了要得父母歡心而孝親也是不應當的。因爲不要説産業和聲譽是不可必得的，就是親的歡心也是不可必得的。例如舜對於瞽瞍、申生對於獻公是真正的孝，完全是發於至情，行乎其所不得不行的。衹要能“以親爲分，而能能利親”，得親歡心是孝，不得親歡心也不失爲孝。

墨家常以志功合言，愛利并舉，即動機與效果并重之意。第 8 條言義是“志以天下爲分，而能能利之”，這一條言孝是“志以親爲分，而能能利之”，即合志功、并愛利的意思。

（14）

經　信，言合於意也。

説　（信），不以其言之當也，使人視城得金。

解　當即正當的當。譚引《荀子·不苟篇》楊倞注：“當，謂合禮義也。”《經》文云：心口爲一就是信，信就是心裏有什麽意思如實説出來。孫云：“言與意相合無僞飾。”張云：“不欺其志。”并是。《經説》云：所謂心口如一，不一定説出來的話都是正當的，如我知道城上有金，告訴了别人，别人根據我的話，果然在城上找得了金，這就證明我的話是信實的，而不是欺騙人的。至於我對别人説城上有金的話是否正當可以不管。也許城上有金的事是根本不應當告人的，也許别人聽了我的話找得了金是一件非義違法的事情，那都是另一問題。這就如一個人曾做過壞事或存過壞心，衹要能如實説出，也就説明他是忠誠老實了。

儒家講信是和道德密切結合的。孔子説：“信近於義，言可復也。”（《論語·學而篇》）孟子説：“大人者，言不必信，行不必果，惟義所在。”（《離婁下》）所以孔子對於“其父攘羊，而子證之”的事情不承認是直，而説“父爲子隱，子爲父隱”是“直在其中”。（《論語·子路篇》）墨家講信是着重在心口如一，言語和事實相符，不一定要合于道義。儒家把信看爲是善的問題，墨家把信看爲是真的問題。

（15）

經　佴，自作也。

說　（佴），與人遇，人衆，循。

校　佴，疑當爲誀，言旁與亻旁草書形似。誀與恥同。佴字在《經上》有兩條（此條與下文第72條），似重。佴字本義爲佽、貳，即副貳的意思。第72條云："佴，所然也。"《說》云："然也者，民若法也？" 此與本義相合，且在第71條"法，所若而然"之後，也頗聯貫。此條所言，似與佴之本義無涉，又與上下文忠、孝、信、諂、慊等概念不聯貫，故疑有誤，且疑佴當爲誀。作，疑當爲怍。畢云："字書無循字。" 譚云："循假爲遁，同從盾聲，故得通用。"

解　《說文》心部："恥，辱也。""怍，慚也。"《經》文云："誀，自怍也。"是說所謂耻辱是自己內心的慚愧。如果自己內心沒有慚愧，外界所給的耻辱，并不足以爲耻辱；如果自己內心有慚愧，就是沒有外界所給的耻辱，也是自覺耻辱的。《經說》云："與人遇，人衆，循。"是說因爲自己內心有慚愧，所以和人相遇，在人多的場面下，慚愧得好像無地自容，直想逃遁。這就如今日說"慚愧得抬不起頭來，恨不得鑽進地縫裏去"，"羞得不敢和人見面"等情形。

（16）

經 誯，作嗛也。

説 （誯），爲是之台，彼也弗爲也。

校 《經説》首“爲是”二字舊重，據孫校删。

解 字書無誯字。孫云：“誯狷同聲假借字。”嗛爲歉之假借。《説文》口部嗛字段注：“嗛亦假借爲歉字。”欠部：“歉，嗛食不滿也。”段注：“謂口銜食不滿也，引伸爲凡未滿之稱。”“古多假嗛爲歉。”《經説》“爲是之台”，之猶則也（《經傳釋詞》），台同怡。《説文》口部：“台，説也。”台説即怡悦。

《經》文云“誯，作嗛也”，是説狷是在工作上表現得不够圓滿的意思。《經説》“爲是之台，彼也弗爲也”，是説狷者在工作上是作這些事情他就願意，對於那些事情他就不幹了。即有些事情他是願意作的，另一些事情他是不願意作的。《論語》云“狷者有所不爲”（《子路篇》）即此意。狷者潔身自好，獨善其身，和狂者相反，古人常以狂狷并提，作爲人們兩種相對的品質。狷與介常連用，稱爲狷介。介即界限，狷者有所不爲就好像有一定的界限。

（17）

經 廉，作非也。

説 （廉），己惟爲之，知其䫨也。

校 孫云：“廉疑當作慊，惟當作雖。”梁云：“作疑當作怍。”高云：“疑䫨即恥之異文。”

解 孫云：“《禮記·坊記》注云：‘慊，恨不滿之貌也。’《孟子·公孫丑篇》：‘吾何慊乎哉？’趙注云：‘慊，少也。’《淮南子·齊俗訓》高注云：'慊，恨也。'"《經》文云：歉是慚愧自己有了錯誤。《經説》云：慊的意思是自己雖然做了錯誤的事情，但是知道羞耻的。

（18）

經 令，不爲所作也。

説 （令），所令非身弗行。

校 《經説》標題令字舊缺，援例補。

解 《經》文云：令是對於所作的事情自己不作而叫別人去作的意思。《經説》補充《經》文的意思云：令固然是對於所作的事情自己不作而叫別人去作的意思，但是自己本身也要能作，而且要盡可能親身去作，專憑命令，自己不能躬行實踐是不行的。

我國古代思想家都注重實踐。儒墨兩家的思想雖然在許多方面是不同的，而注重實踐、以身作則的精神都是相同的。所以孔子説："其身正不令而行，其身不正雖令不從。"（《論語·子路篇》）墨子也説："政者口言之，身必行之。"（《公孟篇》）

《禮記·大學》云："堯舜率天下以仁而民從之，桀紂率天下以暴而民從之，其所令反其所好而民不從。是故君子有諸己而後求諸人，無諸己而後非諸人，所藏乎身不恕而能喻諸人者，未之有也。"同此義。

此條《經説》對《經》文是從反面作補充説明。下文第37條云："罪，犯禁也。"《經説》云："不在禁，惟害無罪，殆姑。"同此例。第49條《經》文："庫，易也。"《經説》："區穴，若斯貌常。"第50條《經》文："動，或徙也。"《經説》："偏際徙者，户樞免瑟。”雖不是完全從反面作補充説明，也略同此例。

于省吾説：“身應讀作申……所令非身弗行應讀作所令非申弗行。申命乃古人之常語。”(《雙劍誃諸子新證》，中華書局1962年版，第154頁）按：如讀身爲申，則如後人所謂三令五申之意，也就是今人所謂不能强迫命令，應當耐心説服的意思。此説也可通。

（19）

經　任，士損己而益所爲也。

説（任），爲身之所惡，以成人之所急。

解《經》文云：任是人們情願對自己有所損失而能對於所作的事情有益的一種精神。《經説》更加具體的解釋云：任的精神就是爲了要成全人們的急難，情願幹自己所不願幹的事情。

後人常以任俠并言，其實任是任，俠是俠，任俠是有分別的。任是儒墨兩家都講的。《論語》云：“士不可以不弘毅，任重而道遠。仁以爲己任，不亦重乎。死而後已，不亦遠乎？”(《泰伯篇》)儒家所謂任雖然和此處墨家所謂任在意義上不盡相同，卻都是就所作的事情表示一種高度負責的精神。孔子“知其不可爲而爲”，墨子“摩頂放踵利天下爲之”，都是任的精神表現，即都是損己而益所爲的精神。至於俠則是如豫讓、荆軻、聶政、專諸、朱家、郭解等人的行爲，所謂“己諾必誠，不愛其軀，赴士之厄困”者。(《史記·游俠傳》)因爲儒墨衹講任而不講俠，所以關於游俠的人物和事實，“儒墨皆排擯不載，自秦以前，匹夫之俠，湮滅不見”（同上）。《莊子·天下篇》説：“以繩墨自矯而備世之急，古之道術有在於是者，墨翟、滑禽釐等聞其風而悦之。”《列子·楊朱篇》張湛

注："禹翟之教，忘己而濟物也。""備世之急"，"忘己而濟物"，正是任的精神，但不是後世所謂俠。任的精神，主要的是對於事情的負責，俠的行爲有的是祇對於個人負責。

（20）

經　勇，志之所以敢也。

説　（勇），以其敢於是也，命之；不以其不敢於是也，害之。

解　《經》文云：勇是使人的心志所以敢作敢爲的精神。《經説》解釋云：勇的表現必須有具體事實，因此所謂勇不是要求人在任何方面和任何事情上都敢作敢爲，祇要他在某一方面或某一種事情上敢作敢爲，就可以説他是勇，至於他在别的方面和别的事情上有所不敢，并不妨礙稱他爲勇。命猶名，命之即名爲勇，稱爲勇。

勇是人的一種品質，這種品質是意志的表現。意志是和知識感情有密切關係的。人們對於現實事物，有了正確的知識，發生了强烈的感情，在實踐上就可以有堅决的勇氣。人們有没有勇氣和事物作鬥争，是由於他對於事情的認識和感情而决定。認識了水的規律就敢和水作鬥争，認識了電的規律就敢和電作鬥争，認識了資本主義社會發展的規律就敢和資本主義作鬥争。母親愛護自己的兒女心切，就敢和侵害兒女的毒蟲猛獸作鬥争，勞動人民熱愛和平憎恨戰争，就敢和侵略成性的帝國主義作鬥争。但是一個敢於馴服電力的工人，并不見得就敢在波濤洶湧的長江大海中游泳，一個爲了救護兒女敢和毒蟲猛獸搏鬥的母親，在平常的時候可能對於狗吠也是害怕的，就是在社會主義革命和反侵略戰争中，轟轟烈烈，敢於鬥争，甚至不惜犧牲自己生命的英雄人物，平時他們在某些没有經驗過的事情上也許表現得就不够勇敢。

毛主席説："常常聽到一些同志在不能勇敢接受工作任務時説出來一句話：没有把握。爲什麽没有把握呢？因爲他對於這項工作的内容和環境没有規律性的瞭解，或者他從來就没有接觸過這類工作，或者接觸得不多，因而無從談這類工作的規律性。及至把工作情況和環境給以詳細分析之後，他就覺得比較地有了把握，願意去做這項工作。如果這個人在這項工作中經過了一個時期，他有了這項工作的經驗了，而他又是一個虚心體察情況的人，不是一個主觀地、片面地、表面地看問題的人，他就能够自己做出應該怎樣進行工作的結論，他的工作勇氣也就可以大大地提高了。"(《實踐論》,《毛澤東選集》第一卷，人民出版社 1952 年版，第 278 頁。重點是引者加的)《墨經》此條講勇，對於爲什麽人有勇有不勇的問題没有説明。毛主席的話正是説明這個道理。

（21）

經 力，刑之所以奮也。

説 （力），重之謂，下與重，奮也。

解 畢云："刑，同形。"《廣雅·釋詁》："奮，動也。"孫云："與，疑當作舉。"形即形象，即物體。《經》文云：力是使物體所以運動的原因。《經説》解釋云：力就是重，有力就有重，一個物體無論落下或舉起都有重，就是由於物體的運動。

錢臨照説："我們固然不能説在墨子時代，我們的祖先已經知道物體之有重量是由於地球對它的吸引而來的，我們也不能説《墨經》這條中的形字有今日物理學上質量的意義。但從這條《經》文中看來，我們的確可以説我們的祖先在二千多年以前已經開始對力、重、運動之間的關係有正確的觀察和研究了。”（《古代中國物理學的成就》,《物理通報》第一卷第三期）

上條言“勇，志之所以敢也”，此條言“力，刑之所以奮也”，“所以”即“故”，即“使爲之也”的意思，也就是“所得而後成也”的意思，就是説，志之所以敢是因爲勇的精神，刑之所以奮是因爲力的作用。

（22）

經　生，刑與知處也。

説　（生），楹之生，商不可必也。

校　孫云：“吴鈔本楹作盈。”楹盈通。

解　刑同形，即形體。知是知覺。《經》文云：形體和知覺同處的時候就是生。《經上》第66條云：“盈，莫不有也。”引伸爲相合相涵，所以言堅白相盈不相外。此所謂盈即相合相涵的意思。高云：“《廣雅·釋詁》:‘商，常也。’”《經説》云：形體和知覺相合就是生，但是這種現象是不能經常固定的，一旦形體和知覺分離，就不是生而是死了。

按：墨家這樣講生，還是二元論的思想。所謂形就是肉體，所謂知就是精神。肉體和精神結合是生，分離是死，這樣對於有鬼論還是不能根本推翻。《墨子·明鬼下》一再説：“若以死者無知則止矣，若死而有知，不出三年，必使吾君知之。”此所謂“形與知處”，即根據墨子思想而來，不過不言“死而有知”，比墨子的有鬼論是進步了。

（23）

經 卧，知無知也。

説 （卧）。

校 以下兩條《經説》都衹有標題而無解釋，或有闕文，或因經義易曉不須解釋，不可考。

解 此所謂卧即今人所謂睡。上知字是第3條“知，材也”的知，即感覺器官的機能。下知字是第5條“知，接也”的知，指知覺言。“卧，知無知也。”是説人在睡着的時候感覺器官的機能就没有知覺作用了。

按：知覺是比感覺進一步的意識作用，是複合的感覺。當人在睡着的時候，有些感覺還是有作用的，如被蚊虱咬時覺癢，風吹來了覺凉，有東西壓着身體覺重。但并不能知道是怎麽癢，怎樣凉，怎樣重，即没有知覺了。

（24）

經 夢，卧而以爲然也。

説 （夢）。

解 夢爲㝱之簡筆。《説文》㝱部：“㝱，寐而覺者也。”然，即實在、真實、事實。本經中講然字的地方很多，如“小故有之不必然，無之必不然”（《經上》第1條），“盡，其不然也”（《經上》第43條），“物或傷之，然也”（《經説下》第10條），同此義。“卧而以爲然”，即睡着以後把意識中的表象當作真實事物了。梁解此條云：“夢者，知無知而自以爲有知也。”

二元論的人們以爲夢是靈魂的行爲。恩格斯説："在遠古時代，人們還絲毫不知道自己身體的構造，還不會解釋夢的事，便以爲他們的思維和感覺不是他們身體的活動，而是某種獨特的東西，即寄居在這個身體内而在人死亡後就離開這個身體的靈魂的活動。"（《費爾巴哈與德國古典哲學的終結》，人民出版社 1959 年版，第 13 頁）"在蒙昧人和低級野蠻人中間，現在還到處流行着一種想法，以爲他們所夢見的人的形象是暫時離開肉體的靈魂；并且認爲真實的人應當對於作夢者在夢中所見到的自己的行爲負責。"（同上書，第 13 頁注）墨家説生是形與知處，是二元論的思想。説夢是卧而以爲然，雖然没有説明夢的所以然，但是也没有什麽神秘的思想，這説明墨家對於生命的二元論已經不是蒙昧人和低級野蠻人的二元論了。

（25）

經　平，知無欲惡也。

説　（平），惔然。

校　惔疑爲淡之誤，篆文水旁和心旁相似，或爲淡之假借。

解　《説文》亏部："平，語平舒也。"《廣韻》："平，達也。"《增韻》："平，坦也。"此所謂平是把平的一般意義專就知識來説。知即第 81 條所謂問、説、親的知，即知識。《説文》水部："淡，薄味也。"後人常以平淡連用。淡澹通，引伸爲澹泊恬静。《經》文"平，知無欲惡也。"是説不夾雜情感作用的純理知就是平。情感作用表現最明顯的是愛憎，欲惡就是愛憎。此以欲惡代表一切感情，故云"無欲惡"。用今日的話來説就是：真正的知識是正確反映客觀現實的，客觀現實是離開人們的意識而獨立存在的，是不因人的愛憎而有所變易的。因此科學研究者的態度總是平静恬澹的，絶不是喜怒爲用的。所以《經説》解釋云："淡然。"《經》第76條："爲，窮知而縣於欲也。"《貴義篇》云："必去喜去怒去樂去悲去愛而用仁義。"可參證。

《禮記·大學》説："人莫知其子之惡，莫知其苗之碩。"莊子説："名實未變，喜怒爲用。"(《齊物論》)都説明知有欲惡就不能平。

{{侯外廬等云："'知'的要素是以客觀作標準，客觀即此派所講的'平'字，故説'平，知無欲惡也。'"(《中國思想通史》第一卷，人民出版社1957年版，第490頁)}}

(26、27)

經　利，所得而喜也。

説　(利)，得是而喜，則是利也。其害也，非是也。

經　害，所得而惡也。

説　(害)，得是而惡，則是害也。其利也，非是也。

解　這兩條《經》文和《經説》都易解。《經》文是利害兩個概念的定義。《經説》是對於定義的正反證明。利害是對立的，利是人所喜悦的，害是人所憎惡的。所以《經》文云："利，所得而喜也。""害，所得而惡也。"利既是人所喜悦的，害既是人所憎惡的，因此絶没有人受到害而喜悦，得到利而憎惡的。所以《經説》云："得是而喜，則是利也。其害也，非是也。""得是而惡，則是害也。其利也，非是也。"

此處所謂得害没有指出是一人的利害，還是天下的利害，衹就人情來説，人對於利總是喜悦的，對於害總是憎惡的。至於對於什麽樣的利應當喜悦，什麽樣的利不應當喜悦，對於什麽樣的害應當憎惡，什麽樣的害不應當憎惡，又須權其是非輕重而定。《大取篇》對於利害問題有比較詳細的論説，其要義不外是“利之中取大，害之中取小”，而利害的大小是以義爲標準。墨家重功利，所以在墨書中講到利害的地方很多。

（28）

經　治，求得也。

説　（治），吾事治矣，人有治，南北譽之。

解　《荀子·修身篇》:“少而理曰治。”治訓爲理，所以後人治理二字常聯用。理本義爲治玉，引伸爲分理、肌理、文理、條理。《經上》第86條《説》云:“順長，治也。”治即依照自然規律獲得預期結果的行爲。如治身、治家、治國、治事、治學、治人，都是要依照自然規律獲得預期的結果。《經》文“治，求得也”就是這個意思。

《經説》:“吾事治矣，人有治，南北譽之。”這是舉例説明《經》文。孫云:“有讀爲又。”我把事情辦好了，又把人也治好了。四方的人都加以稱贊，這就是治。譚云:“舉南北，兼東西言。蓋謂治化遠及於四海之外而無訖處，亦兼愛無窮之義。”

所謂“吾事治矣，人有治”，似即《禮記·大學》所謂修身、齊家、治國、平天下的意思。“南北譽之”，似即《禮記·中庸》所謂“聲名洋溢乎中國，施及蠻貊，舟車所至，人力所通，天之所覆，地之所載，日月所照，霜露所墜，凡有血氣者莫不尊親”的意思。

另解：“吾事治矣，人有治”，是説我把自己的事情辦好，又把别人的事情也辦好。“人有治”即人之事又治，承上文省略事字。此即“視人之國若視其國，視人之家若視其家，視人之身若視其身”的意思，即兼愛的意思。

（29）

經 譽，明美也。

説 （譽），必其行也，其言之忻，使人督之。

校 孫將前條“譽之”二字屬本條，非是。“譽之”應屬上條，此條《經説》標題譽字舊脱，援例補。

解 譽是對於人的好的方面的表揚，所以《經》文云“譽，明美也”。《經説》云：對於人的表揚一定要根據他的實際行爲，不能憑自己的主觀意見，也不能衹憑别人的傳説，更不能衹根據他自己的話。表揚的話是可以使人聽了忻悦的，但一個人常常因受到表揚而驕傲自滿，所以對於一個人表揚之後，更要使人督察他，使他繼續進步。忻同欣。《説文》目部：“督，察也。”督即今人所謂督察、督促、監督。孔子説：“如有所譽者，其有所試矣。”（《論語·衛靈公篇》）又説：“今吾於人也，聽其言而觀其行。”（《論語·公冶長篇》）似同此意。

（30）

經 誹，明惡也。

説 誹，必其行也，其言之忤。

校　怍舊作忻，梁云“當爲怍”，據改。

解　誹是對於人的壞的方面的批評，所以《經》文云“誹，明惡也”。《經說》云：批評和表揚一樣，一定也要根據一個人的實際行爲，不能憑自己的主觀意見，也不能衹憑別人的傳說。批評的目的是要使人認識錯誤，改惡遷善，所以批評的話一定要使被批評的人感覺慚愧，纔能有效。

譽人之美以後更要“使人督之”，恐怕被譽者驕傲自滿，不再求進步。誹人之惡以後不再“使人督之”，希望被誹者自己覺悟，自動改正。

（31）

經　舉，擬實也。

說　（舉），告以文名舉彼實故也。

校　《經說》“故也”，舊爲“也故”，據曹耀湘校正。

解　舉即邏輯上的命題。《說文》手部：“擬，度也。”《易·繫辭傳》：“聖人有以見天下之賾，而擬諸形容，象其物宜。”今人常說摹擬、比擬。此所謂擬即摹擬的意思，也就是今人所謂反映的意思。“舉，擬實也。”是說命題是反映現實的。《荀子·正名篇》：“名聞而實喻，名之用也。纍而成文，名之麗也。”（麗同儷）文名即不是單獨一個名，也不是沒有聯繫的一些雜亂名，而是纍而成文的名，即互相聯繫起來構成一個文句的名。一個命題總是由主詞、賓詞和系詞三個要素構成的。如“水是有彈性的”，“石頭不是生物”，這些命題無論是肯定或否定的，總是由三個詞構成的，即都是由名的聯繫（儷）而構成一個完整的文句。作爲命題的文句不是由人隨意擬造的，而是反映現實事物的，故即事實。《廣雅·釋詁》："故，事也。"今人也常説"事故"。"舉彼實故也"，即反映現實事物的意思。命題是判斷的語文表達，判斷是命題的思維内容。當我們在思維中構造判斷的時候，還是在自己對於事物的認識過程中，當我們用命題把判斷表達出來的時候，就不僅僅是爲了自己的認識，而是更要把自己對於事物的認識，叫其他的人們知道。因此説："告以文名舉彼實故也。"所謂告，即《經下》第10條《説》"告之，使智也"的意思。

章士釗説："命題在《墨辯》中有二字：一曰言，一曰舉。大抵前者出口説事之常名，後者明術致用之專號。故曰：'言，出舉也。'又曰：'舉，擬實也。'言之而正墨家稱爲正舉，不正稱爲狂舉。舉奈何？《經説》曰：'以文名舉彼實也。'文者實之賓，謂僅僅著之文字爲然爾。……惟舉彼實云者，止於兩詞相次，實仍不彰，於是綴系（copula）尚焉。《荀子·正名篇》云：'纍而成文，名之麗也。'麗以綴系當之可通。"（《邏輯指要》，時代精神社1943年版，第87—88頁）此説近是，可參考。

高亨説："由文名二字觀之，知舉之爲辭，至少爲一句；由實故二字觀之，知舉之所擬，至少爲一事。此經所未備而以説補足之也。如'牛有角'是舉也。牛也、有也、角也，各爲一名，三名合則文名矣。牛也、有也、角也、各爲一實，三實合則實故矣。"此説是。

（32）

經　言，出舉也。

說（言），言也者，諸口能之，出民者也。民若畫俿也。言也謂。言猶石致也。

校《經說》標題言字舊闕，援例補。孫謂兩民字及石字皆爲名之誤。“言也謂”應作“言謂也”。全文校正應如下：〖（言），言也者，諸口能之，出名者也。名若畫俿也。言，謂也。言猶名致也。〗

解《經》文云：言語就是表達命題的。諸口猶衆口，即衆人之口。名即名字，鄭康成注二《禮》、《論語》云：“古曰名，今曰字。”段玉裁云：“名者自其有音言之，文者自其有形言之，字者自其滋生言之。”（《說文解字叙注》）下文第79條：“聲出口，俱有名”的名即此條所謂名。畢云：“俿，虎字異文。”孫云：“猶與由通。”致，成也。《經說》云：言語是人的口都能說的。言語就是把概念用名字表達出來。名字是現實事物的符號，是反映現實事物的摹本，就好像人們照真老虎作出來的老虎畫像。謂是所謂和所以謂，所謂是實，所以謂是名。實是命題的主詞，名是賓詞。“言，謂也。言猶名致也。”是說一個語句，一個命題是由所謂的主詞和所以謂的賓詞構成的，即語言是由名字構成的。

（33）

經　且，言且然也。

說（且），自前曰且，自後曰已，方然亦且。若石者也。

校《經》文“言且然也”舊爲“且言然也”。畢謂且字衍，非是。譚謂且言當作言且，據乙正。“若石者也”四字，俞樾云：“涉下條‘若名者也’而衍，又誤名爲石。”據刪。

解　這一條是講且字在語文中所表達的時間意義。這是語法上的問題。《經》文“且，言且然也”，是説且這個字是且然的意思。怎麽叫且然？《經説》解釋云：從一件事情發生之前説是且，從一件事情發生之後説是已，一件事情正在發生的時候也可説是且。

“自前曰且”，如後人所作章回小説所謂“且聽下回分解”。“自後曰已”即我們現在所謂“已經”或“已然”。“方然亦且”如普通所謂“暫且”。

《小取篇》：“且入井，非入井也；止且入井，止入井也。且出門，非出門也；止且出門，止出門也。”且入井和且出門的且都是將然而未然的意思，即所謂“自前曰且”。“止且入井”和“止且出門”的且都是方然的意思，即所謂“方然亦且”。俞樾説：“凡事以事前言之或臨事言之，皆可曰且，如‘歲且更始’之且，事前之且也。如‘匪且有且’之且，《毛傳》云‘此也’，此方然之且也。惟從事後言之，則爲已然之事，不得言且，故云‘自後曰已’。”

（34）

經　君，臣萌通約也。

説　（君），以若名者也。

解　萌同氓，民也。以，爲也。若，順也，如也。《經》文云：君是臣民共同約定而有，共同制約而存的。《經説》承《經》文意云：因此君一定要按照自己的名分做事，纔能獲得臣民的共同擁戴。此即所謂循名責實的意思。

人們在原始公社時代，共同勞動，共同生活，生產力很薄弱，没有剩餘生產，没有人剥削人的事情，没有階級的分化，没有統治者與被統治者的區别，因此也就無所謂君與臣民的區别。後來隨着生産工具的進步和生産力的發展，社會上有了剩餘生産，有了人剥削人的事情，有了階級（奴隸主與奴隸），有了統治者與被統治者的區别，於是也就有了君、臣、民這些不同名稱的人物了。君是統治階級的最高代表者，民是被統治階級的人們，臣是幫助君統治人民的人。君雖然是階級社會的産物，但是在社會初有所謂君的時候，也還帶有原始的民主色彩。“君，臣萌通約也”，即反映這種情形。

《尚同中》云：“明乎民之無正長以一同天下之義，而天下亂也，是故選擇天下賢良聖知辯慧之人，立以爲天子，使從事乎一同天下之義。”即此義。

（35）

經　功，利民也。

説　（功），不待時，若衣裘。

校　舊本“功不待時若衣裘”七字重，據畢、張、孫校删。

解　《經》文云：有利於人民就是功。意即如果祇是有利於自己私人，或祇是有利於少數的統治者，都不能算是功。《經説》云：人民是時時需要我們工作的，我們爲人民工作不應當等待時候，如夏日穿衣，冬日穿裘，那樣要有一定的時候。

《史記·自序》云：“墨者……夏日葛衣，冬日鹿裘。”此所謂“若衣裘”似言衣裘是適用於一定時候的，爲人民工作不是限於一定時候，而是任何時候都可以的。這似針對儒家“用之則行，舍之則藏”（《論語·述而篇》）與“天下有道則見，無道則隱”（《論語·泰伯篇》）而言。

第8條《經説》講義是“志以天下爲芬而能能利之，不必用”。此所謂“不待時”有不必用的意思。

（36）

經 賞，上報下之功也。

説 （賞），上報下之功也。

校 《經説》“上報下之功也”六字，舊錯在下條“殆姑”之下，據孫校移此。此條和第38條《經説》都與《經》文同，是爲特例。或本來如此，或後人抄録《經》文當《説》，無從臆斷。

解 賞是上報下的功。一定要下屬有功纔行賞，絶不能隨意濫賞。這樣纔能賞得其當，可以鼓勵大家。墨家尚功利，重名實，所以要論功行賞。

（37）

經 罪，犯禁也。

説 （罪），不在禁，惟害無罪，殆姑。

校 殆姑疑當爲如殆，姑如形近而誤，又與殆字相倒。

解 惟通雖。殆通怠。《説文》心部：“怠，慢也。”《玉篇》：“懈也。”此所謂怠即怠惰。將《經》文和《經説》合起來看，是説違犯國家的禁令就有罪。如不違犯禁令雖然有所妨害也是没有罪的，如怠惰，對於他個人、家庭和社會都是有害的，但不違犯禁令，不是有罪。

（38）

經　罰，上報下之罪也。

説（罰），上報下之罪也。

解　罰如賞一樣，一定要下屬有罪纔能行罰，絶不應當濫加處罰。

春秋戰國時代，諸侯多有隨自己喜怒而濫行賞罰的。第 35 條言“功，利民也”，第 36 條言“賞，上報下之功也”，意即上之所賞必須是對人民有利的功。第 37 條言“罪，犯禁也”，第 38 條言“罰，上報下之罪也”，意即上之所罰必須是違犯禁令的罪。第 35 條至 38 條四條在文句和意義上是互有聯繫的。

（39）

經　同，異而俱於之一也。

説（侗），二人而俱見是楹也，若事君。

校　張惠言據《經》文“同”謂《經説》“侗”當作“同”。范耕研據《經説》“侗”謂《經》文“同”當作“侗”。孫云同侗古通，孫説是。

解　梁云："之訓此。" 所謂同并不是完全没有差異的，而是在差異之中都有一個共同點，即盡管有些事物是彼此互有差異而都於此點是一致的，所以《經》文云“同，異而俱於之一也”。《經説》舉例説明此理。如兩個人都看見一個柱子，盡管他們所看到的方面不同，所見柱子的顔色、形狀也可能有些差異，而就他們同看到一個柱子這點來説則是相同的。如臣子事君，各人的職位高低不同，各人的能力大小不同，各人所做的事情難易不同，但就盡心竭力同事一君來説是相同的。

墨家尚同，所謂尚同并不是不顧各人的差異要叫大家成爲一個樣子，而是要大家“一同天下之義”，這就是所謂“異而俱於之一也”。墨家這樣講同異，就是異中求同的方法。“明同異之處”是墨家所謂辯的主要意義之一（見《小取篇》），所以《墨經》中講到同異的地方很多。

梁疑此條當在下文第 89 條“同異交得放有無”之下。譚將此條歸下截言同異處，即移至第 87 條“異，二、不體、不合、不類”與第 89 條“同異交得放有無”之間作爲第 88 條。梁譚二氏説可參考。

（40）

經　久，彌異時也。

説　（久），合古今旦莫

校　此條《經》文舊與下條《經》文合爲一條作“久彌異時也，宇（舊作守）彌異所也”，梁校分爲二條，兹從之。《經説》舊作：“今久古今且莫。”王引之云：“且當爲旦。”胡适校上今字爲合，移久字下。據正。

解　久即時間。《玉篇》：“彌，徧也。”時間是無始無終、不可分割的一大綿延，所以《經》文云“久，彌異時也”。莫同暮，旦暮即晝夜。彌異時即包括古今晝夜的一切時間，所以《經説》云“合古今旦暮”。

（41）

經　宇，彌異所也。

說（宇），蒙東西南北。

校《經》文宇字舊爲守字，據王引之校改。《經說》舊爲“宇東西家南北”，胡适謂家爲冢之誤，冢即蒙字，當移東字上，改爲蒙東西南北，兹據改。

解 宇即空間，“彌異所”即徧及各處所。蒙，古作冢。《說文》冃部：“冢，覆也。”“蒙東西南北”，即包括東西南北四方的意思。

時間、空間兩個概念是兩個極重要的範疇概念。古今中外的哲學家及科學家對於這兩個概念有各種各樣的不同解說，而根本分歧不外唯物與唯心兩派。唯物主義者承認時間空間是客觀的存在，唯心主義者則以爲是人的主觀觀念。

列寧說：“唯物主義既然承認客觀實在即運動着的物質不依賴於我們的意識而存在，也就必然要承認時間和空間的客觀實在性。這首先就和康德主義不同。康德主義在這個問題上是站在唯心主義方面的，它認爲時間和空間不是客觀存在，而是人的直觀形式。”（《唯物主義和經驗批判主義》，人民出版社 1960 年版，第 178 頁）“正如物或物體不是簡單的現象，不是感覺的復合，而是作用於我們感官的客觀實在一樣，空間和時間也不是現象的簡單形式，而是存在的客觀實在形式。”（同上書，第 179 頁）唯心主義者認爲“不是具有感覺的人存在於空間和時間中，而是空間和時間存在於人裏面，依賴於人，爲人所生”（同上書，第 181 頁）。

我國古人用宇宙二字作爲空間與時間的名號，宇是空間，宙是時間。《淮南子·齊俗訓》：“往古來今謂之宙，上下四方謂之宇。”久宇、宇宙，都表示時間和空間是客觀的存在，這是我國古人對於時間和空間的樸素唯物主義。

（42）

經 窮，或有前不容尺也。

說 （窮），或不容尺，有窮；莫不容尺，無窮也。

解 《經》文“或有前不容尺”的或字與《經說》“或不容尺”的或字不同義。《經》文或字即域之本字，是區域的意思。《經說》或字爲有的意思。或與莫相對爲文，莫者無也，或者有也。《易・益》上九“莫益之，或繫之”，是證。（參閱《經傳釋詞》或字條）譚云：“有同又。”尺即綫。這一條是對於窮這個概念的説明。《經》文云：窮是一個區域的邊緣極處再往前連一綫之地也不容有了。《經說》是對於《經》文的説明，也是對於《經》文的補充。從一個有限的區域來說，一個區域到了不容再有一綫餘地的邊緣極處是有窮；但是從整個區域來說，即蒙東西南北的宇是没有不容一綫的邊緣，那就是無窮。

此窮字即《經下》第63條“久有窮無窮”和《經下》第72條“無窮不害兼”，“南者有窮則可盡，無窮則不可盡”的窮字。有窮和無窮是兩個對立統一的概念。例如時間，就其永遠綿延來説是無窮的，而就某一階段來説是有窮的。空間也是如此，就其茫無邊際來説是無窮的，就某一區域來説是有窮的。就人的認識來説，人的認識能力的發展是無窮的，但是人在某一階段的認識則是有局限的。梁云：“《莊子・天下篇》述惠施説‘南方無窮而有窮’即此意。”

（43）

經　盡，莫不然也。

説　（盡），但止動。

校　孫云："但疑當作俱。"

解　莫不然即同然。止即静，止動即動静。把《經》文和《經説》合起來看，是説盡這個概念是同然的意思，即没有不然的意思。如動静兩種現象就是所有事物俱有的，這就是所謂盡。

宇宙間的一切事物都是在永恒運動着，但是就某一時間和某一空間的事物來説，又都是静止着。物質的運動是絶對的，静止是相對的。恩格斯説："平衡和運動是分不開的。在天體的運動中存在着平衡中的運動，和運動中的平衡（相對的）。"（《自然辯證法》，人民出版社 1955 年版，第 205 頁）墨家以止動爲所有事物莫不然的屬性，講的雖然太粗略，但是在古代能有這樣科學的認識是可寶貴的。

墨家所謂盡有似形式邏輯所謂外延，但不是完全與外延相同。如此處所謂莫不然，似即邏輯上所謂周延，而以下第 69 條所謂"俱盡、俱不盡，相盡、不相盡"，又有相合的意思。（參閲詹劍峰《墨家的形式邏輯》，湖北人民出版社 1957 年版，第 53—54 頁）

（44）

經　始，當時也。

説　（始），時或有久，或無久，始當無久。

解　始即當下一瞬間。時間是無始無終，綿延不斷的。人們爲了實踐的便利，把它分爲古今旦暮，這就是有久的時間。當下一瞬間，即没有古今之分，也没有旦暮之别，這就是無久的時間。例如我們平常説“我開始工作”，這句話中所謂始的切確意義衹能是限於開始的一瞬間。早一瞬間還没有開始，晚一瞬間已經開始，都不是“始”。就是説“十年前的今天我開始參加了教學工作”，或是“明天我要開始勞動鍛煉”，也衹是指十年前今天開始參加教學工作的那一瞬間，或是指明天開始參加勞動鍛煉的那一瞬間。一瞬間的前或後都不是當時，就都不是“始”。真正的時間是無始無終的，我們在實踐的過程中，看到事物的生成、發展、變化與滅亡卻是有始有終的，這不能説始之前没有時間，終之後没有時間。時間的任何一瞬間或可以作爲始，也可以作爲終。

（45）

經 化，徵易也。

説 （化），若蛙爲鶉。

解 《廣韻》：“徵，證也，明也。”《書·洪範》：“念用庶徵。”即證驗、現象、特徵的意思。《經》文“化，徵易也”，是説所謂變化就是事物特徵的變易。《經説》“若蛙爲鶉”是舉例説明特徵的變易就如蛙變爲鶉。一個四脚無羽的兩棲動物變爲兩脚有羽的飛鳥就是徵易。

任何一種事物都有它的特徵。特徵是由事物的最本質的屬性形成的。我們對於一種事物的認識，主要的是要認識它的特徵。我們要分辨兩種事物的差異，主要的也要着重在它們的特徵的差異。由一種事物變化成另一種事物，它的主要表現也在特徵的變化。如汽變爲水，水變爲冰，蠶變爲蛹，蛹變爲蛾，封建社會變爲資本主義社會，資本主義社會變爲社會主義社會，都是特徵的變易，也就是此所謂化。《説文》黽部："蛙，蝦蟆屬。"蛙大概即田鷄之類。《禮記·月令篇》、《吕氏春秋·季春紀》、《淮南·時則訓》都有"田鼠化爲鴽"之説。《淮南》高注："鴽，鶉也。"《淮南·齊俗訓》云："夫蝦蟆爲鶉，生非其類，唯聖人知其化。"這些傳説在現代動物學上都没有根據，墨家當時引此爲例，是没有經過切實的觀察和實驗，信以爲真的。

自古以來，形而上學總是把自然界看作静止不動和一成不變的狀態，所以我國古人有"天不變，道亦不變"之説，歐洲古代有"種不變"之説。辯證法與此相反，是把自然界看作永遠不斷運動着、不斷變化與發展着的。它的變化發展過程不是簡單增長的過程，不是衹有量變的過程，而是由量變而進到質變的過程，即由舊質態到新質態，由原有特徵而變成另一種特徵了。

（46）

經　損，偏去也。

説（損），偏也者，兼之體也，其體或去或存，謂其存者損。

校　"其體或去或存"舊本去下脱或字，王引之云當有或字，據補。

解　兼是全體，第二條云"體，分於兼也"。偏是全體的部分。全體中去掉一部分名爲損。全體中去掉一部分就是有一部分是去掉了，有一部分還是存在的，所謂損是就存在的部分而言。

一個東西，各部分都存在的時候，是全有，不能説是損，各部分都没有的時候是全無，也不能説是損，衹有去掉一部分的時候纔能名爲損。但是所謂損是就存在的一部分而言，説它是損失了另一部分，并不是就已經損失了的一部分而言，也不是就原來的全部而言。因爲就已經去掉的一部分來説，它可能是仍然存在於它處，也可能是已經完全毀滅，仍然存在於它處不能名爲損，已經毀滅也不能名爲損。就原來的全部説，可以説損失了一部分，也可以説還存在一部分，不應當衹言損而不言存，唯有就存在的一部分來説，損的意義纔切確。這是墨家對於損這個概念的意義的規定。

一般對於損這個概念，總是就一個東西没有損毀時的整體而言，或是就已經損失了的那一部分而言。如説“這個茶杯的把子已經損毀了”，就是説這個茶杯原來是有把子的，現在是損毀了。又如説“我損失了三元錢”，這是不管我本來有多少錢，三元錢的損失總是事實，就是指已經損失的那一部分而言。墨家所謂損和一般説法不同。

高云：“以余推測，此反駁名家之説也。蓋名家有‘缺器不損’之説。所謂‘缺器不損’者，器之全體有一部分既損而去，有一部分未損而存，所謂損者指器之全體而言，固非指所去之部分而言，亦非指所存之部分而言也。謂其全器損可也，謂其去者損不可也，謂其存者損亦不可也。所謂缺器者乃所存之部分，所存之部分固未嘗損也。故名家立‘缺器不損’之説也。如有一鼎缺其耳，其去者鼎耳也，其存者鼎身也。所謂損者，非鼎耳損也，非鼎身損也，乃全鼎損也。所謂缺鼎者，非全鼎也，乃鼎身也。鼎身不損，即缺鼎不損，是其例也。要之，名家謂全器損，不謂存者損，墨家謂存者損，其義適相針對。”高説可參考。

（47）

經　大益。

校　伍非百云："大益當作益大也。"本條有經無説。

解　孫云："此與前云'損，偏去也'，損益義似正相對，疑謂凡體損之則小，益之則大也。"孫説近是。

（48）

經　儇，秵秪。

説　（儇），昫民也。

校　秵疑當爲俱。孫云："吴鈔本秪作祇。"昫疑當爲恂。

解　《説文》人部："儇，慧也。"心部："慧，儇也。"儇慧互訓。《説文》心部："恂，信心也。"《論語》："恂恂如也。"（《鄉黨篇》）王肅注："温恭貌。"《説文》示部："祇，敬也。"《經》文"儇，俱祇"，是説真正有智慧的人無論在思想上或在行爲上，隨時隨地都表現出一種温良恭敬的態度。《經説》重述《經》文的意思云：有智慧的人就是温良恭敬的人。

佛家講止觀、定慧，宋儒講居敬窮理。墨家所謂儇和祇有似止觀、定慧和居敬窮理。

（49）

經　庫，易也。

説　（庫），區穴若斯貌常。

校　《經説》若字，疑當在區字上。

解 《説文》广部："庫，兵車臧也。"段注："引伸之，凡貯物之舍皆曰庫"。易，變化也。《説文》匸部："區，臧隱也。"從品在匸中。《説文》穴部："穴，土室也。"段注："引伸之，凡空竅皆爲穴。"區穴即後人所謂窖藏。

將《經》文和《經説》合起來看，意思是説，庫房裏藏的東西是容易起變化的。假如把東西窖藏起來，就可以保持一定的形貌。

按：在房屋裏藏的東西，常常受到空氣陽光等外界的侵蝕，容易起變化。窖藏的東西不容易受到空氣陽光等外界的侵蝕，所以在一定的時期内可以保持一定的形貌。農民們常把一些蔬菜穀物窖藏起來，可以保持相當長久的時期，考古家在古墳中發掘出來的古器物多能保持當時的形貌，即其例。

另解：庫藏的東西是要隨時變易的。易指取用、移動或變賣。窖藏的東西是預備長久保存的。斯貌常即長久保存的意思。

(50)

經 動，或從也。

説 (動)，偏祭從者户樞免瑟。

校 孫言《經》文與《經説》兩從字并當作徙。或當爲域之正字。祭當作際。魯大東云："《孝經·士章》疏：'祭者，際也。'可知祭際古同義。"

解 《經上》第46條云："偏也者，兼之體也。"偏即部分的意思。《廣韻》："際，邊也。"魯大東云："瑟與寨之音形俱近而訛，寨爲塞之假字，可互通也。"免，去也，脱也。户樞免瑟，即户樞免去障塞的意思。一般户樞，因有門框的障塞至多祇能轉動半周，若免去門框的障塞，就可以轉動一周，如今日一些大廳所有的旋轉門是。

《經》文云：運動是區域的移動。一個東西的運動就是它在空間上的移動。《經説》云：但是有些東西的運動不是整體的移動而衹是邊緣的移動，如户樞不受障塞時的轉動是。

所謂域徙之動如地球之繞太陽公轉是。所謂偏際徙之動，如地球之繞軸自轉是。大至星球，小至粒子，事物的運動不外域徙之動與偏際徙之動二者。前者爲位置的變動，後者爲位置不變而本身的轉動。

（51）

經 止，以久也。

説 （止），無久之不止，當牛非馬，若矢過楹；有久之不止，當馬非馬，若人過梁。

校 矢舊本作夫，王引之云“夫當作矢”，據改。

解 把《經》文和《經説》合起來看，意思是説，静止是就時間説，“時或有久，或無久”（《經上》第44條《説》），無久是一瞬間，有久是包括古今旦暮各個階段而言，即不是一瞬間而是指有一定階段的時間。事物是都有止動兩種現象的，所以第43條云“盡，莫不然也”，“俱止動”。事物的運動就一瞬間來説是不停止的，這個道理的正確明白，如牛非馬的道理，飛矢很快地經過柱子就是例子。若就有一定階段的時間來説，事物的運動是有相對静止的現象。如人過橋梁雖然整個過程是動，但每一步可以説是一止，并且當人在橋梁上行走而没有通過的時候，也可説人是止於橋梁。這明明是止，若説不是止，正如明明是馬而説不是馬，是説不通的。

本條言止，上條言動，文義相對和上文利害、譽誹、賞罰等對舉一樣。動是就空間言，所以説“動，域徙也”，止是就時間言，所以説“止，以久也”。

（52）

經 必，不已也。

説 （必），一然者，一不然者，必，不必也。是，非，必也。

校 《經説》標題必字下舊有“謂臺執者，若弟兄”八字，曹、譚皆校爲次條之説，玆改移下條。

解 這一條是墨家關於辯證法的根本理論，是講對立統一和發展變化的。《經》文“必，不已也”，即是説，一般人以爲必然就是一定不能變易的，事實上不是如此，必然是永遠發展變化不能停止的，而不是固定不能變易的。《經説》對於此理加以闡發云：一切事物和概念都是對立的，有然就有不然，因之有必就有不必。然與不然，必與不必，永遠是對立的，又是不斷地互相轉化的。這種矛盾發展的道理，可以是非兩個概念來代表。是非是對立的，是不是非，非不是是。是非又是可以轉化的，是可以轉化爲非，非可以轉化爲是。是非的矛盾與統一是永遠在發展變化之中，這就是必然的道理。必然就是這樣永遠不停的發展變化，也祇有這樣永遠不停的發展變化纔是必然。《説文》八部：“必，分極也。”引伸爲事物凡到極點不能再進就是必，事物的一定規律人們不能隨意變易就是必然。墨家此處講必不是解字，而是用必這個概念説明辯證的規律。恩格斯説：“物質的運動變化，它在某個時候以鐵的必然性毀滅自己在地球上的最高花朵——思維着的精神，而在另外的某個地方和某個時候又一定以同一種鐵的必然性把它重新產生出來。”（《自然辯證法》，人民出版社 1955 年版，第 20 頁）這是按着辯證法對於必然問題的正確説明。此條與《經下》第 81 條“不是與是同，説在不州”，可以互相參證。

另解：《經》文“必，不已也”，據《經説》“必，不必也”，已爲必之誤。“必，不必也”，即言有必然就有不必然，必然和不必然是對立統一而且可以互相轉化的。也可通。

（53）

經　平，同高也。

説　（平），謂臺執者也，若弟兄。

校　此條舊無説，據曹、譚校將上條“謂臺執者也，若弟兄”八字移作此條説，并補一標題平字。執當爲埶，即今勢字。

解　《經》文云：平是同高的意思，凡高度相同的形象都可説是平。《經説》舉例説明：臺的形勢總是平的，所以俗言平臺。又如弟兄在輩行上也總是平等的。臺勢的平是物的平，弟兄輩行的平是人的平。

另解：臺同擡。《廣韻》：“擡，舉也。”即今人所謂擡東西的擡，擡東西一定要平，“謂臺勢者也”解作擡東西的形勢，也可通。（譚如此解）

（54）

經　同長，以缶相盡也。

説　（同），楗與狂之同長也。

校　楗，孫定本作捷，吴鈔本作揵。畢云：“一本作楗。”作楗是，據改。《經上》體例,《經》文多以首一字爲逗。王闓運謂此條“同長”應連續爲逗，王説是。第 63、85、94、95 條皆非以首一字爲逗。梁謂長字衍，非是。

解　缶即正。孫云：“正，武后作缶。”盡即第 43 條所謂“莫不然也”的盡，也就是第 67 條所謂“俱盡”、“俱不盡”和“相盡”、“不相盡”的盡，此相盡即相等意。正，直也。楗即俗言所謂關門棍。老子云：“善閉者無關楗而不可開。”范應元注：“横曰關，直曰楗。”是楗爲關門時堅立的木棍。狂當讀爲匡，同框，此所謂狂即今人所謂門框。門框上下爲長，左右爲寬，楗與框是同長的。《經》文言：“同長，以正相盡也。”凡長度相同的東西，如正直無屈，總是相等的。《經説》舉例云：如關門棍和門框就是長度相等的。(此解采譚、高二氏説)

(55)

經　中，同長也。

説　(中)心，自是往相若也。

校　《經説》中心二字舊誤倒，據譚校乙正。

解　這一條是對於中這個概念的説明。把《經》文和《經説》合起來看，所謂中就是中心，中心是由一點到各方邊界的距離都相等的，所以説“中，同長也”,“心，自是往相若也”。

按：此所謂“中，同長也”,“心，自是往相若也”，衹能就平面圓與立體圓來説，如就平面方形、立體方形或其他非圓的各種形象來説就不能這樣説了。《經》文和《經説》對於中這個概念都没有加以限定，是不够明確的。中這個概念在中國思想史上是很重要的，在哲學史上、倫理思想史上與政治思想史上常常談到中的道理。各家所謂中大概都是就人事言，而不是就自然言。人事上的中就是無過無不及的意思。但是各家對於中這個概念都沒有作出一個明確的定義。宋儒曾說“中者，天下之正道”，又說“不偏之謂中”（二語并見朱熹《中庸集注》引程頤語），這似乎是對於中作的定義，但是所謂“中者，天下之正道”，仍是就人事而言，而且這樣抽象的說法，仍不能給人一個具體明確的概念，而所謂“不偏之謂中”是否定的說法，又不合定義的規則。由此可見，我國古人雖然最好講中，卻從來沒有把中這個概念講得明確。墨家此處講中是就自然形象言，是比較合乎定義規則的，但因文字太簡單仍不够明確。此條是對於中的定義，第 59 條是對於圜的定義。

（56）

經　厚，有所大也。

說　（厚），惟無所大。

解　這一條是講厚和大的關係，意義很簡明。厚即厚薄的厚，即體積。大即大小的大，即面積。惟，獨也。《經》文“厚，有所大也”，是說有厚就有大，也可說有厚纔有大；即有體積就是面積，也可說有體積纔有面積。體積與面積是不能分離的。《經說》“惟無所大”是從反面說明，没有單獨的大，即没有無厚的大，没有無體積的面積。

《莊子・天下篇》引惠施的話說“無厚不可積也，其大千里”，是說無厚是没有體積的，不是没有面積的，無體之面可以大至千里。墨家此條可說是針對惠施這話而說的。

按幾何學説，點是無長度和寬度的，綫是無厚度和寬度的，面是無體的。這是脱離現實的抽象概念——科學的抽象。現實上是没有無長度和寬度的點、無厚度和寬度的綫和無體的面。惠施的話是合乎幾何學的，墨家的話是合乎現實的。墨家重實際，講功效，所以處處從現實上着眼。惠施等人多從概念上着眼，有時流於概念游戲，有時合乎科學的抽象。如言無厚可以有大，即合乎幾何學的科學抽象説法。如果墨家此處所言“厚，有所大”是對惠施所謂無厚可大千里的批評，就不免失之偏重現實對象而忽略了科學的抽象。恩格斯關於數學的現實和抽象這樣説：“純數學是以現實世界的空間的形式和數量的關係——這是非常現實的資料——爲對象的。這些資料表現於非常抽象的形式之中，這一事實衹能表面地掩蓋它的來自現實世界的根源。可是要能够在純粹狀態中去研究這些形式和關係，那麼就必須完全使它們脱離其内容，把内容放置在一邊作爲不相干的東西，這樣我們就得到没有面積的點，没有厚度和寬度的綫，a 和 b，x 和 y，常數和變數，衹有在結末，我們纔能達到理性本身自由創造和想象的産物——虚數。”（《反杜林論》，人民出版社 1957 年版，第 37—38 頁）

（57）

經 日中，㱏南也。

校 此條與下一條皆無説。

解 㱏即正字。太陽到了中天的時候就是在我們的正南。這是我們居住北半球的一般人的常識，也就是人們多少年來的經驗。我國天文學發達很早，遠在殷代，甲骨文上已經有了相當準確的記載。但是地球是圓的和地球繞太陽運行的事實在春秋戰國時代人們是不知道的。所以此處墨家説“日中，正南也”，也衹是根據實際經驗而言。墨家這話可能是針對當時的辯者説的。《莊子·天下篇》引惠施的話説：“日方中方睨。”睨，邪視也。意以爲光陰迅速，瞬息即變，人以爲日方正中，實際上已經是偏斜。惠施的話從地球轉動的迅速和辯證法來説是説得通的。墨家此處所謂日中正南是以人們的常識爲根據的，就邏輯來説也是説得通的。因爲光陰無論如何迅速總有相對静止的一瞬間，在日午中天的一瞬間，我們説日在正南是可以的。

（58）

經　直，參也。

解《經下》第37條云：“衡指之，參直之也。”衡，橫。參，縱。《論語·衛靈公篇》：“立則見其參於前也，在輿則見其倚於衡也。”參於前即縱立於前。從字義上來説，“直，參也”可説是古義。唯墨家此條不至於是僅爲直字作訓詁，但究爲何義，因文太簡略，或有脱落，不明。陳澧説：“此即《海島算經》所謂後表與前表參相值也。”李儼等在參字上加一相字作“直，相參也”，解云：“‘參’是指三點共一直綫。後世劉徽所著《海島算經》中用‘參相直’來表示三點共一直綫。”（李儼、杜石然《中國古代數學簡史》，中華書局1963年版，第27頁）

（59）

經　圜，一中同長也。

説 （圜），規寫交也。

校 交舊爲支，孫校爲交，據改。

解 規即畫圓的儀器。《玉篇》云："規，正圜之器也。"把《經》文和《經説》合起來看，這一條是對於圓的定義。圓是以一點爲中心對圓周各點的距離同長的，即用規圍繞一個中心畫一條與中心距離相等的曲綫首尾相交就成爲圓。幾何學上對於圓的定義是：圓是由平面上的一個中心保持着相等距離而運動所形成的曲綫。墨家此處對於圓的定義雖然文字簡略，但是和幾何學上所講的圓大體是相合的，而且它的語句是合乎邏輯上的定義規則的，"圜，一中同長也"是一般的定義形式，"圜，規寫交也"是發生的定義形式。

（60）

經 方，柱隅四讙也。

説 （方），矩見交也。

校 見交舊爲見支，孫校爲寫交，與上條同。按：支校爲交是，見不必改可通。

解 讙，欒調甫、高亨、譚戒甫皆云疑當爲權。權，平也，引伸爲等。柱是方形的邊，隅是方形的角。方形是四邊和四角都相等的，所以説"方，柱隅四權也"。矩是畫方的儀器，用矩畫方形，短的兩頭相接就成，所以説"矩，見交也"。按：矩即所謂曲尺，兩矩相接即成方形。

《莊子·天下篇》引辯者之言説："規不可以爲圓，矩不方。"是説規本身不能爲圓，而是人用規纔能畫出圓。矩本身不是方，而是人用矩纔能畫出方，這就如説“火不熱”、“炭不熱”一樣，都是玩弄概念的詭辯。墨家此處説規寫交就成爲圓，矩見交就成爲方，似針對辯者以上的話而説的。

（61）

經　倍，爲二也。

説　（倍），二尺與尺，但去一。

解　《説文》二部：“二，地之數也，從耦一。”段注：“耦者，二人并耕之稱。故凡奇耦字用之。耦一者，兩其一也。”由此引伸，二即耦、雙、倍的意思。去，差也。相去即相差。《經》文云“倍，爲二也”，義即某數的一倍總是雙數或偶數。《經説》舉例云：如二尺和一尺，祇差一尺，而二尺就是一尺的一倍。

（62）

經　端，體之無厚而最前者也。

説　（端），是無同也。

校　厚舊作序，王引之云當作厚，據改。

解　端即幾何學上的點。體即下文第68條“體攖不相盡”的體，此處可講作物體或形體。一般説來，一個具體的物體總是有厚的，即有體積的。但是幾何學上的點是没有體積的。積點而成綫，積綫而成面，積面而成體，點可以説是體的最初的東西，所以《經》文云“端，體之無厚而最前者也”。譚云：“是，題之省文。《説文》：‘題，頟也，從頁，是聲。’‘耑，物初生之題也。’段玉裁注：‘題者，頟也。人體頟爲最上，物之初見即其頟也。古發端字作此。今則端行而耑廢，乃多用爲專矣。'"《經說》"是無同也"，是說所謂"體之無厚而最前者"的端，和東西初露頭的額無相同之處。東西初露頭的額是在最前但不是無厚。無厚之端是幾何學上的抽象之端，有厚之端是現實事物的具體之端。

（63）

經 有間，中也。

說 （有間），謂夾之者也。

解 間即間隙，有間隙就是兩個東西的中間有了空隙，空隙總是在兩個東西的中間，所以《經》文云"有間，中也"。因此，所謂有間是就夾有空隙的兩個東西而言。如說這塊石頭和那塊石頭之間有空隙，這塊木板和那塊木板之間有空隙，這條綫和那條綫之間有空隙，乃至星球之間有空隙，粒子之間有空隙，都是就有空隙的兩個東西而言，而不是指兩個東西之間所夾的空隙言，所以《經說》云"謂夾之者也"。

（64）

經 間，不及旁也。

說 （間），謂夾者也。尺前於區穴而後於端，不夾於端與區內。及，及非齊之及也。

校 梁云："《經說》區内疑爲區間之訛，穴字疑衍。因下既訛間爲内，此文涉下衍内字，又涉形近訛爲穴耳。"梁說是。

解 間是間隙，區是幾何學上的面，尺是綫，端是點。《經》文"間，不及旁也"，是說所謂間就是不涉及兩旁的空隙，也就是不及兩旁的中。不及旁即今人所謂不着邊。《經説》對於不及旁的意義更確切地説：間隙是指物體所夾的空隙處而言，卻不是凡夾在兩物中間的都名爲間。如所謂點、綫、面，按次序來説，由點而成綫，由綫而成面，綫是在面之前與點之後的，也好像是在點與面之間的，但這不能説綫是夾於點與面之間，即不能説綫爲點與面所夾。所謂"不及旁"的及本有齊等的意義，如説馬及牛、人及物、我及你，都是用及這個連接詞把兩個以上的齊等概念聯繫起來。這是及的一般意義。此處所謂"及"卻不是表示齊等的意義，而是"着"或"到"的意義。"不及旁"即不着邊、不到邊的意思。梁疑"及，及非齊之及"句爲後學按識之語，非本文語，近是。

（65）

經　纑，間虛也。

説　（纑），間虛也者，兩木之間，謂其無木者也。

校　《經説》"間虛也者"，舊本無間字，王引之據《經》文增。"兩木之間謂其無木者也。"章太炎云："木當作朩，今隸或無別。"

解　《説文》糸部："纑，布縷也。"朩部："朩，分枲莖皮也。""枲，麻也。"《經》文"纑，間虛也"，是説布縷之間是空虛的。《經説》解釋云：所謂間虛，就是由麻織成布，兩縷麻的結合雖然看來是很密切的，實際上它們之間總是有無麻的空隙處。

各家對此條有各種不同的校解，此從章太炎説。（章説見陶鴻慶《讀諸子札記・序》）

按：63、64、65三條是互相连贯的，都是關於間的説明。第63條講"有間"，是就"夾之者"而言，是講能間。第64條講

“間”，是就“夾者”言，是講所間。這一條（第65條）講間虛，是就能所合一的間言。上兩條都衹是用抽象概括的方法説明能間和所間的本質及其意義，這一條是用具體實例説明能間和所間的本質及其意義。兩木是能間即第63條所謂夾之者，兩木之間的間虛是所間，即第64條所謂夾者。三條合起來把間這個概念講明確了。這是墨家運用邏輯方法説明一個概念的很好例證。

（66）

經 盈，莫不有也。

説 （盈），無盈無厚。

解 《説文》皿部："盈，滿器也。"《廣雅·釋詁》："盈，滿也。"此處所謂盈也是充滿的意思，引伸爲内容、包涵等義。《經》文“盈，莫不有也”，是説一個事物或一類事物對於它所應有的内容無所不有就是盈。《經説》用反證的話説明此理。厚即體積，也就是實體。無内容就無實體。無内容的事物成爲空殼子，無内容的概念成爲空洞名詞。墨家所謂盈適當形式邏輯上的内涵，但不是完全等於内涵，如所謂堅白相盈不相盈即爲相合相涵的意思。（參閲詹劍峰《墨家的形式邏輯》，湖北人民出版社1957年版，第51—53頁）

（67）

經 堅白，不相外也。

説 （堅），於尺無所往而不得得二。異處不相盈，相非，是相外也。

校 《經説》尺字孫云當作石。高云："得字不當重。"標題堅字舊在異字上，從譚校移上。

解 《經》文云：堅白兩種屬性是不排斥的。《經説》舉石爲例云：拿石頭來看，無論任何一塊石頭没有不是同時具有堅白二種屬性的。又對於《經》文所謂"相外"加以解釋云：兩個東西各在一處而不相容，互相排斥，就是相外。《釋名·釋言語》："非，排也。"

《公孫龍子·堅白論》云："無堅得白，其舉也二。無白得堅，其舉也二。"又云："視不得其所堅而得其所白者無堅也，拊不得其所白而得其所堅者無白也。"公孫龍以爲堅白兩種屬性是彼此分離不相聯繫的。堅是堅，白是白，可以有堅無白，也可以有白無堅，并不是有堅一定有白，有白一定有堅。墨家對這種堅白相外的説法不以爲然，所以説"堅白，不相外也"。

堅白問題是很早就有的一個問題。《論語·陽貨篇》孔子説："不曰堅乎，磨而不磷；不曰白乎，涅而不緇。"可見孔子以前，人們已經把堅白常常并提了。原來人們衹是用堅這個概念表達事物的堅硬性，用白這個概念表達事物的純潔性，堅硬和純潔是事物的兩種優良屬性，也是人的兩種優良品質，這本來是很具體、很明確的，但是經過相當時期的發展，有些人把這兩個概念完全抽象化，成爲一個哲學上争論的問題了。如所謂名家公孫龍是主張堅白相排斥的，墨家則是主張堅白不相排斥的。《公孫龍子》中有專論這個問題的《堅白論》，《墨經》中也有幾處談到這個問題。今日看來，這些争論近於玩弄概念的文字游戲，是没有意義的，是不合邏輯的。所謂堅白是現實事物所表現的兩種屬性。堅即我們今日所謂硬度，一個東西的硬度是由分子結合的疏密而表現的。白是顏色的一種，顏色是由光譜的反映而表現的。人們對於東西的硬度和顏色能够認識是由於現實事物的這些屬性在人們意識中的反映。一個東西可以是又堅又白的，如白石是。一個東西也可以是堅而不白的，如煤炭是。一個東西也可以是白而不堅的，如棉花是。一個東西也可以是不堅不白的，如墨水是。人們對於事物的屬性的認識也是隨認識的發展而不同的。當在感覺的階段，因爲人們的感官機能有一定的限制，人們的感覺所得的映象是各各分離不相聯繫的，一種感官衹能認識它可能認識的屬性，而不能認識它所不可能認識的屬性。例如，我們能認識石頭的硬度是觸覺的作用，能認識石頭的顏色是視覺的作用。衹用手摩而不用眼看，是衹能感覺石頭是堅的而不能感覺它還是白的。衹用眼看而不用手摩，是衹能感覺石頭是白的而不能感覺它還是堅的。必須要同時既用手摩又用眼看，而且要在意識中把由觸覺和視覺所獲得的映象綜合起來，纔能知道石頭是堅的又是白的。這已經是超過感覺的作用而發展爲知覺的作用了。因此，對於堅白的爭論要獲得正確結論：第一，要限定衹就白石這種對象言，其他堅而不白、白而不堅或不堅不白的東西都不談，而且在白石的各種屬性中，衹就堅白兩種屬性言，至於其他屬性如溫度、氣味、大小、輕重等屬性也都不談。第二，要知道石頭的堅白兩種屬性都是客觀存在的，是在不同的物質基礎上表現出來的兩種現象，并不是因人的認識纔有的。第三，要明確所謂堅白相外不相外的問題是人們的認識的階段問題，當人們的認識還在感覺的階段堅白是相外的，當人們的認識發展到知覺的階段堅白就不相外了。這樣對於堅白問題的解決，纔是科學的解決，纔不至流爲毫無意義的文字游戲。我們在此特別把這個問題提出加以説明，并把古人關於這一問題的争論加以批判，是希望讀者不要再爲這個問題跟着古人多費無意義的心思。以後在本經中再遇到這個問題的時候也就不須再加細説了。

（68）

經　攖，相得也。

説（攖），尺與尺俱不盡，端與端俱盡，尺與端或盡或不盡。堅白之攖相盡，體攖不相盡。

校《經説》“尺與尺俱不盡”句的“俱不”疑當爲“不俱”，俱盡、不俱盡與相盡、不相盡文正相對。“端與端俱盡”，與舊作無，俱舊作但，據張校改。“尺與端或盡或不盡”句的端字舊在“體攖不相盡”下，據孫校移上。

解　梁云：“攖，相接觸也。”《孟子·盡心下》：“虎負隅，莫之敢攖。”趙岐以迫近釋攖。《淮南子·俶真訓》云：“攖人心也。”高誘注云：“攖，迫也。”《莊子·大宗師》云：“其名爲攖寧。”《釋文》引崔氏注云：“攖，有所繫著也。”《莊子·在宥》云：“汝慎無攖人心。”司馬彪注云：“攖，引也。”《玉篇》云：“攖，結也。”迫也、引也、結也、繫著也，皆有接觸義。（參閱焦循《孟子正義·盡心下》“虎負嵎莫之敢攖”正義及《墨子閒詁》本條注）相得，《韻會》“與人契合曰相得”，古人言“君臣相得”、“相得益彰”即此義。尺是幾何學上的綫，端是幾何學上的點，體是體積，堅白是事物的屬性。

這條是講相攖和相得的道理。《經》文是概括言，《經説》是分別講，把《經》文和《經説》合起來看，意思是説：相接觸的東西就能彼此相合。但是它們的相合，有的是完全相合，有的不是完全相合。就以點、綫、體的形象及堅白的屬性爲例來説：綫是長短曲直不同的，因此綫和綫相接觸不是都能完全相合。點和點是大小相同的，因此點和點相接觸是都能完全相合。綫是積點而成，綫和點相接觸或者能完全相合或者不能完全相合。就點和綫上的任何一點來説是相合的，因爲點和點是大小相同的。就點和綫來説是不相合的，因爲綫總是比點長的。就事物的屬性來説，一塊石頭有堅白兩種屬性，有堅就有白，有白就有堅，堅白是相涵相合的，但是就物體來説，兩個物體是不相涵相合的。

細玩文義，俱盡與不俱盡，相盡與不相盡，意義有别，俱盡是相等的意思，相盡是相涵的意思。

（69）

經　仳，有以相攖，有不相攖也。

説　（仳），兩有端而後可。

校　《經》文仳舊作似，孫云："當依《説》作仳，形近而誤。"據改。梁云："以字，涉上文似字而衍。"

解　仳通比，即比較的比。端是點。這是講比較的方法。《經》文云：事物的比較，有的是用相接觸的方法，有的是用不相接觸的方法。《經説》云：要比較兩個事物無論用相接觸的方法或用不相接觸的方法，兩者都要有一共同點然後能作比較。例如，我們要比較兩塊布的長短可以把兩塊布放到一處作比較，要比較兩本書的厚薄可以把兩個書放到一處作比較，推之其他事物衹要可能放到一處，都可以用互相接觸的方法作比較。但是有些東西是不能用互相接觸的方法作比較的。古代的人和現代的人不能放到一處作比較，山東的泰山和陝西的華山不能放到一處作比較，火星上的情形和地球上的情形不能放到一處作比較，流星的速度和馬跑的速度不能放到一處作比較，宇宙間類如這樣不能用接觸的方法作比較的東西很多。不管是用互相接觸的方法或用不互相接觸的方法，相比的兩個事物總要有一個共同之點，例如或比長度，或比高度，或比重量，或比質量，必須有一個共同之點纔可以作比較。不然，要把三角形和道德相比，就無法得出結論，因爲二者之間無共同之點。

另解：以字當讀爲似，第二有字讀爲又。比，親也，密也，合也。《經》文“仳，有以相攖，有不相攖也”，是說事物的親密結合是有似相接觸又不相接觸的。《經說》“兩有端而後可”，是說兩個事物的親近總得二者都有一點爲親近之處。按：此所謂比，如構成事物的粒子的結合是。粒子的結合即有似相接觸又不相接觸。有似相攖又不相攖即有間，以別於下條次的無間。

（70）

經　次，無間而不相攖也。

說　（次），無厚而後可。

校　《經》文“不相攖”舊作“不攖攖”，據孫校改。

解　《說文》欠部：“次，不前不精也。”徐曰：“不前是次於上也，不精是其次也。”引伸爲次序。《經》文云：次是事物的排列毫無間隙而彼此不相接觸的意思。《經說》承《經》文的意思更進一步說：事物不相接觸，當然不至相交或疊合，所以無厚而後可。

上文第63條《經》文言“有間，中也”，此條《經》文言“無間”，當然就“無中”。上文第66條《經説》言“無盈無厚”，此條《經説》言“無厚”，當然也就“無盈”。從第62條起，所講端、間、盈、攖、仳、次等概念是互有聯繫的，要連貫閱讀。

高云：“次即幾何學所謂相切也。攖即幾何學所謂相交也。二者相切，其中無間，而并不相交。故曰：‘次，無間而不相攖也。’厚即幾何學所謂體也。幾何學所謂相切，或兩點相切，或兩直綫相切，或兩平面相切而無兩體相切。蓋兩體相依，衹有其體之某點某綫某面相切，必不能全體相切也。故相切衹能就點綫面言之，不能就體言之。故曰：‘無厚而後可。’” 高説是。

（71）

經 法，所若而然也。

説 （法），意、規、員，三也俱，可以爲法。

解 梁云：“若，順也，似也，肖也。”員同圓。“三也俱”的“也”通“者”。法之本義爲模型。引伸爲操作的方法、事物的規律、政法的制度。器物的模型是根據實物而造成的，操作的方法是根據事物的條理而形成的，人們認識到的事物規律是根據事物本身的規律而獲得的，人們制定的政法制度是根據實際的國情民俗而制定的，所以説“法，所若而然也”，所若而然就是依順客觀實際而然的，不是人們可以隨意捏造的。因此，凡所謂法都是一定的思想、一定的方法和一定的效果三者密切結合的。如幾何形象圓的形成，就是人們先有一個圓的概念，運用畫圓的儀器規來製作，從而得到圓的圖形。這樣所得的圓形就是根據實物的圓形而製成的，也就是和實際的圓符合的。推之其他一切器物的模型、操作的方法、事物的規律和政法的制度，都必須思想、方法和效果三者俱備而後可。

法是依順實際事物而有的，人們又必須依順法纔可以處理實際事物，是事物爲法之所若，法又爲人之所若。《法儀篇》云："天下從事者不可以無法儀，無法儀而其事能成者無有也。雖至士之爲將相者皆有法，雖至百工從事者亦皆有法。百工爲方以矩，爲圓以規，直以繩，正以縣，平以水（平以水三字從孫校增），無巧工不巧工，皆以此五者爲法。巧者能中之，不巧者雖不能中，仿依以從事，猶逾已。故百工從事，皆有法所度（依《群書治要》所字衍，下同）。今大者治天下，其次治大國，而無法所度，此不若百工辯也。"這就是説，法必須爲人所若。

譚云："《淮南·主術訓》云：'法生於義，義生於衆適，衆適合於人心，此治之要也……法者非天墮，非地生，發於人間而反以自正。'其説正與此相會。"

（72）

經　佴，所然也。

説　（佴），然也者，民若法也。

解　《説文》人部："佴，佽也。"《爾雅·釋言》："佴，貳也。"郭璞注："佴次爲副貳。"佽、貳、副貳，即隨正事物而有的副次事物，如今人所謂副職、副本、副牌、副角色等。副職是隨正職而有，副本是隨正本而有，副牌是隨正牌而有，副角色是隨正角色而有。然即真實、實在。《經》文云"佴，所然也"，是説副的事物就是依照正的事物而有的。所，指事之辭，即《論語》"視其所以，觀其所由，察其所安”的“所”(《爲政篇》)，也即“所謂，名也”的“所”(《經上》第81條)。正的事物是然，就是副的事物的所然。《經説》對於“然也”解釋云：所謂“然也”就是人民順從法規的意思。此條承上條而來，上條言“法，所若而然也”，此條言“佴，所然也”，“然也者，民若法也”，都是説所謂然是客觀的實在，人們能依從客觀實在，就是依從法。客觀實在的規律是正，人們依從它所表現行爲就是佴。

(73)

經　説，所以明也。

校　此條無説。

解　《説文》言部：“説，説釋也。一曰談説。”《小取篇》云“以説出故”，即所以明的意思。《經下》各條都有“説在……”，即所以明的實例。《經上》第81條云：“知，聞、説、親。”《經説》云：“方不庫，説也。”説是推理，也是證明，推理和證明都是用充足理由對於事物的説明，正是所謂“以説出故”，也就是此條所謂“所以明也”。

(74)

經　彼，不可兩，不可也。

説　(彼)，凡牛樞非牛，兩也，無以非也。

校　《經》文彼舊作攸，張、孫校作彼，據改。“不可也”句疑當作“可不也”，不可二字誤倒。《經説》“樞”，張之鋭云“當作區”，近是。

解　彼是争論的對象，在争論時，甲乙兩方各持己見互相辯論，所辯論的對象是離開甲乙兩方而獨立存在的第三者，即彼。“可不也”的不字讀爲否。區，别也。

此條講辯論的對象。《經》文“彼，不可兩，可不也”，是説辯論的對象同時衹能是一個，不可以是兩個，辯論就是對於同一對象的肯定與否定。《經説》舉例説明：例如牛和非牛的區别是很清楚的兩種不同對象，如果甲指的對象是牛，乙指的對象是非牛，就用不着辯論。此條和下條都是關於辯的根本理論，在《墨經》中很重要，近年來各家對於這條的解釋有很多的分歧，主要是由於對經文句讀不同和對於牛樞二字的校釋不同。（關於“牛樞”二字的各家校釋，參閲譚戒甫《墨辯發微》，科學出版社版 1958 年版，第 13—14 頁）

（75）

經　辯，争彼也。辯勝，當也。

説　（辯），或謂之牛，或謂之非牛，是争彼也。是不俱當。不俱當，必或不當。不當，若犬。

校　《經説》“或謂之非牛”句舊無或字，孫疑當有或字。于省吾據綿眇閣本、堂策檻本、寶曆本，譚戒甫據陸穩刊本皆有或字，兹增。“不當若犬”句舊當若二字誤倒爲若當，據范耕研校正。

解　這一條承上條而言。《經》文云：辯論是人們對於實際對象的争論。辨論的結果總是有勝有負的，辯勝的方面就是他的判斷和争論的實際對象相符合。當就是對，就是主觀認識和客觀事實相符合。《經説》舉例説明此義：例如對於同一對象，甲説是牛，乙説是非牛，這就是對於實際對象的争論。這樣對於同一對象同時肯定與否定，不能雙方都對。不能雙方都對，就必定有一方不對。如對象確實是牛，説是非牛的一方就一定不對。非牛可以指牛以外的一切東西言，如犬就是非牛。明明是牛而説是犬就和事實完全不符合。

《經説》舉例和説明就是形式邏輯排中律的具體運用。排中律的公式是：甲是乙或是非乙（甲是乙或不是乙）。排中律告人：（1）對於一個事物的判斷，或者肯定，或者否定，二者必居其一，絶不能於肯定否定之外另有第三者。（2）兩個矛盾判斷中總有一個是真的，絶不能二者都僞。如“或謂之牛，或謂之非牛”，就是對於同一個物件的肯定或否定，二者必居其一，絶不能於肯定否定之外另有第三者。是牛和非牛的判斷也不能二者都僞，總有一方是真的。如果雙方對於同一對象的争論是“或謂之牛，或謂之馬”，這就可能雙方都不對，而絶不能保證總有一方是對的。因爲所争論的對象可能是牛或是馬，也可能既不是牛，也不是馬，而是牛馬以外的東西如犬、羊或猪等物。這就不是排中律的形式了。上條言：“彼，不可兩，可不也。”《經下》第 34 條云：“同則或謂之狗，其或謂之犬也。異則或謂之牛，其或謂之馬也。俱無勝，是不辯也。辯也者，或謂之是，或謂之非，當者勝也。”可參證。

（76）

經 爲，窮知而縣於欲也。

説（爲），欲雗其指，智不知其害，是智之罪也。若智之慎文也，無遺於其害也，而猶欲雗之，則離之。是猶食脯也，騷之利害，未可知也，欲而騷，是不以所疑止所欲也。廧外之利害，未可知也，趨之而得力，則弗趨也，是以所疑止所欲也。觀“爲，窮知而縣於欲”之理，䉵脯而非恕也，䉵指而非愚也，所爲與不所與爲，相疑也，非謀也。

校 《經説》䉵，字書無此字，畢、張疑爲難，孫疑爲㪷（義同斫），梁改爲雍，皆難通。張其鍠謂䉵爲古養字，譚謂䉵爲養之繁文，在文義上比較可通，兹從張、譚説。孫云“慎文”當爲“慎之”。陶鴻慶云：“力蓋利之壞字，與上文‘廧外之利害未可知也’，其正相承，利字闕其左半爲刀，校者遂肊改爲力耳。”“則弗趨也”，譚云“趨上當有欲字”，據補。“䉵脯”，據王闓運、曹、譚三家合校，䉵似爲惟食二字之誤合。張云：“恕爲智之誤。”“所爲與不所與爲”疑當爲“所爲與？所不爲與？”

《經説》全文校正如下：〖欲養其指，智不知其害，是智之罪也。若智之慎之也，無遺於其害也，而猶欲養之，則離之。是猶食脯也，騷之利害，未可知也，欲而騷，是不以所疑止所欲也。廧外之利害，未可知也，趨之而得利，則弗欲趨也，是以所疑止所欲也。觀“爲，窮知而縣於欲”之理，惟食脯而非智也，養指而非愚也。所爲與？所不爲與？相疑也，非謀也。〗

解 《經》文爲即人的行爲。《説文》穴部：“窮，極也。”引伸爲有限。縣同縣，《説文》県部：“縣，繫也。”“爲，窮知而縣於欲”，是説人們的行爲是既受知識的限制而又爲意欲所牽繫，所以難得正確。《經説》舉例説明此理。養指即孟子所謂“養其一指而失其肩背”之意（《告子上》），也就是《大取篇》所謂“斷指以存擥（捥）”的反面。離同罹。孫云：“《史記·管蔡世家》索隱云：

‘離即罹。罹，被也。’離之謂因欲而離患也。”騷，畢云：“騷，臊字假音，讀如《山海經》‘食之已騷’。”按：騷即非新鮮肉的怪味。脯，《説文》肉部：“脯，乾肉也。”乾肉時經長久即有怪味，吃了於人不好。所以《易·噬嗑》爻辭説：“噬腊肉遇毒。”腊肉即脯。《論語》也説孔子“沽酒市脯不食”(《鄉黨篇》)。畢、孫皆云：“廧同墻。”《經説》全文云：例如人們爲了某種不得已的原因必須去掉指頭，而他不能權其利害，還要保養指頭，這就是他的知識不能看到對他的害處，這是知識不够的罪過，假如他知道這種道理，他一定能謹慎從事，不會給自己留下什麽禍害，但是有些人也知道這個道理，而他還是要保養這個指頭，那就一定要受害。這就像吃乾肉一樣，乾肉時間經久有了騷味，騷味對於人的利害雖然還不能確定，總以謹慎爲好，但是人們爲了想吃肉就不管騷味了，這是不能以自己知識上的所疑而阻止了意欲的要求，即知識雖然有所懷疑，而意欲還是要盲目進行的。又如墻外的利害，在房子裏的人是不能確實知道的，有的人出外就得了利，但是有些人并不因此就願意走出門外，這是因爲他雖然知道有人在墻外得了利，究竟是靠不住的，這就是以知識上的所疑阻止了意欲的要求。從這些事實上就可以看到人的行爲是既受知識的限制又爲意欲所牽繫的道理，乾肉有了騷味人還要吃，并不是人的知識真正知道騷味於人無害，在必須斷掉指頭的時候，人還要保養指頭，并不是愚蠢得不知道指頭對他有害。因爲，人們的行爲既受知識的限制又爲意欲所牽繫，所以要作什麽，要不作什麽呢，總是在疑惑之中，而不能精密謀劃。

知識和意欲的對立與統一，在人的行爲上是一個很重要的問題。大概唯心論者偏重意欲，舊唯物論者偏重理知。偏重意欲者以爲人的行爲是以意欲爲動力的，人們對於事物是先有要求而後有知識的，并不是有了知識纔有要求的。相反的，偏重理知者以爲人的行爲完全是受知識支配的，人和其他動物的不同，就是因爲人的行爲不是盲目的衝動，而是由理知指導的。這個問題按辯證唯物論來説，意欲和知識是對立的又是統一的。有意欲的要求纔能獲得知識，知識愈發達意欲的要求也就愈强烈。意欲的特質是主觀能動性，知識的特質是客觀規律。人們在生活的實踐中必須掌握事物的客觀規律性，尤須發揮主觀的能動性。

墨家對於知識和意欲的問題是重視的。《經上》第 25 條云“平，知無欲惡也”，第 85 條云“欲正權利，惡正權害”，都是講知與欲的問題，可與此條參證。體會墨家所講關於知與欲的話，是以爲知識和意欲是有矛盾的。知得其平，欲得其正，就不至窮知而懸於欲，就可以權其利害，利之中取大，害之中取小。

（77）

經　已，成、亡。

説　（已），爲衣，成也；治病，亡也。

解　《經上》第 33 條云：“自後曰已。”凡事情終了就是已，我們今日説是已然。《經》文“已，成、亡”，是説已這個概念含有成和亡的兩種意義，成是積極的已，亡是消極的已。《經説》舉例説明成和亡的兩種意義：如把衣服作成就是成，把疾病治好就是亡。衣服作成是東西完全存在，縫紉工作停止了。疾病治好是疾病完全消失，治療工作停止了。無論那一種已，都是人的行爲告一段落的意思。

（78）

經 使，謂、故。

説 （使），令，謂謂也，不必成；濕，故也，必待所爲之成也。

校 《經》文“謂”，孫云“吴鈔本作爲”，譚云“謂、爲二字古本通用”。《經説》兩謂字疑衍一謂字。據《經》文“謂”也通“爲”。

解 使這個概念有兩種意義：一種是爲的意義，另一種是故的意義。發號施令就是爲，發號施令的爲在事實上不一定是能成功的。東西潮濕一定有原故，有原故就一定有結果。令是人爲的使，故是自然的使。人爲的使如發號施令常夾雜有主觀的願望，不一定能成功。自然的使如水成濕，是客觀的規律，有因就一定有果。《經上》第1條“故，所得而後成也”，第18條“所令非身弗行”，可參證。

舊注有人以“不必成濕”爲句，梁云：“‘令，謂也，濕，故也’相對成文，濕字不應屬上讀。”又各家對於濕字多所校改，皆難通，暫就本字解。

（79）

經 名，達、類、私。

説 （名），物，達也，有實，必待文多也命之；馬，類也，若實也者必以是名也命之；臧，私也，是名也止於是實也。聲出口，俱有名，若姓字麗。

校 《經説》“若姓字麗”句舊誤爲“若姓宇灑”，畢、張皆校宇爲字，曹、梁皆校灑爲麗，并是，據改。

解　此條講名的種類。《經》文云名有三種：(1)達名，(2)類名，(3)私名。《經說》舉例說明：(1)例如物這個名稱就是達名。達名是包括很廣的，草木是物，禽獸是物，山河大地、日月星辰都是物，固體東西是物，液體東西是物，氣體東西也是物，宏觀世界的東西是物，微觀世界的東西也是物，宇宙間任何一個對象的名稱都可以包括到物的名稱之下，物這個名稱不是空洞的，而是有實在對象的，這個名稱的形成不是簡單容易的，必須先有很多東西的名稱作爲它的內容，用概括的方法纔能形成，所以說"物，達也，有實，必待文多也命之"。按：達名適當形式邏輯上的範疇概念(範疇名詞)。《說文》辵部："達，行不相遇也。"引伸爲通達。達名即可以用於衆多對象都通達無阻的名稱，如時間、空間、運動、變化、形式、內容、現象、本質等名稱都屬此類。"文多也"的文同名。文、字、名三字義同。許慎《說文解字敘》云："倉頡之初作書，蓋依類象形，故謂之文。其後形聲相益，即謂之字。文者物象之本，字者言孳乳而寖多也。"段注："鄭注二《禮》、《論語》皆云：'古曰名，今曰字。'按名者自其有音言之，文者自其有形言之，字者自其孳生言之。"一個範疇名詞是由許多事物的名稱概括而成，所以說"必待文多也命之"。(2)例如馬這個名稱就是類名。這是一群同類對象的名稱。這個名稱一經形成，我們對於所有這樣的對象，就必須要用馬這個名稱來稱它，所以說"若實也者必以是名也命之"。按：類名即形式邏輯上的普遍概念(普通名詞)，如人、樹木、動物等是。(3)例如有人名爲臧，就是私名。這個名稱衹能用於名叫臧的一個人，其他第二個人就不適用，所以說"是名也止於是實也"。按：私名即形式邏輯上的單獨概念(單獨名詞），如北京、岳飛、《史記》等是。

概念是在語言的物質基礎上形成，而由語言表達的，人的聲音是表達概念的。語法上所謂名詞、代詞、動詞、形容詞、副詞、連詞、介詞、助詞、感嘆詞等九品詞，都是人口所出的聲音，也就都是概念的名稱。名稱和事物的關係就像姓名和人的關係，人給事物加以名稱，就像給人加上姓名一樣。姓字即姓名。麗是附着的意思。

郭沫若云："墨家以爲實物之名以外，動作云謂之字，似乎亦稱爲名，所謂'聲出口，俱有名'，這樣便接近邏輯術上所說的端了。"（《十批判書》，人民出版社 1962 年版，第 297 頁）

私名有實，類名有實，達名也有實，所有的名都是有實的，即所有的概念都是反映現實事物的。馮友蘭云："在先秦，關於'名'、'實'的問題是認識論中的一個重要問題。關於這問題，《墨經》認爲'實'是第一性的，'名'是第二性的，肯定名是摹擬實的。這就認爲，概念是客觀事物的反映，概念是由客觀事物决定的。這種見解是唯物主義的。"（《中國哲學史新編》，人民出版社 1962 年版，第 403 頁）

譚云："《荀子·正名篇》：'故萬物雖衆，有時而欲徧舉之，故謂之物；物也者大共名也。推而共之，共則有共，至於無共然後止。有時而欲偏舉之，故謂之鳥獸；鳥獸也者大别名也。推而别之，别則有别，至於無别然後止。'《春秋繁露·天地陰陽篇》：'萬物載名而生，聖人因其象而命之。然而可易也，皆有義從也；故正名以名義也。物也，洪名也；皆名也；而物有私名，此物也，非夫物。'（據校本）按：大共名及洪名，即此之達名；大别名及皆名，

即此之類名；至於無別然後止，所謂此物非彼物，即私名也。”（梁引《荀子》語釋此條大體同此）

邏輯上對於概念名詞的分類可以從外延與內涵兩方面來看。從外延方面看，可以分爲單獨概念、普遍概念、集合概念與範疇概念。從內涵方面看，可以分爲具體概念和抽象概念，相對概念和絶對概念，積極概念和消極概念。一般邏輯書對於概念的分類是從外延方面分的。此條對於名的分類也是以名的外延爲根據，和邏輯學家對於概念的分類大體相同，衹缺少集合概念一種。

（80）

經　謂，移、舉、加。

說　（謂），狗、犬，命也；狗，犬，舉也；叱狗，加也。

校　《經》文移字，梁云“涉前條私字而訛，據《說》當作命”，是。

解　謂就是說明。下條《經說》云：“所以謂，名也。所謂，實也。”所謂就是一句話的主詞，所以謂就是一句話的賓詞。此謂是兼所謂和所以謂而言，適當語法上的語句和邏輯上的判斷或命題。語句、判斷或命題是人們對於事物的表達，因此謂就是人們對於事物的說明。這一條是講人們對於事物說明的方法。《經》文云：說明事物的方法有三種，命法、舉法、加法。《經說》舉例說明這三種方法，例如人們把一種嗅覺靈敏、能服從主人、能看守門户和幫助狩獵的家畜命名爲狗或犬，這就是命。命是對於事物的定名。人們對於一種對象的認識，首先是根據實際的材料認識了它的本質屬性，構成概念，隨即在語言上給它一個名稱，這是命名，也就是對於事物的説明——初步説明。進一步就可以用概念構成判斷。例如人們知道“犬未成豪爲狗”(《爾雅·釋畜》)，就可以説“狗是犬”，這就是舉。《經上》第31條云：“舉，擬實也。”《經説》云：“告以文名舉彼實故也。”狗是所謂，是實。犬是所以謂，是名。“狗是犬”(狗，犬也→狗，犬)，就是所謂和所以謂的合，就是名實耦，就是“擬實”，就是“告以文名舉彼實故也”。這就成爲邏輯上的一個正式判斷了。再進一步，既對於狗這個概念有了明確的認識，就可以見到任何一個具有這樣屬性的對象都名它爲狗，人們叱“狗”，就是把約定俗成的狗這個名稱加到和它相適應的任何一個對象了。這是對於事物的認識到了很熟悉的程度了。命、舉、加，是人們説明事物的三種方法，也是人們認識事物的三個步驟。這三種方法和三個步驟是人們在日常生活、教學工作和科學研究上常常運用的。例如我們把一種東西名爲水或液體就是命，進一步我們説水是液體就是舉，以後遇到無論井水、河水、江水或海水我們都叫它爲水就是加。這三個步驟是適當於邏輯上的概念、判斷和推理的思維程序。

(81)

經 知，聞、説、親，名、實、合、爲。

説 (知)，傳受之，聞也；方不瘴，説也；身觀焉，親也。所以謂，名也；所謂，實也；名實耦，合也；志行，爲也。

校 《經》文聞字舊作間，畢據《經説》改。

解 這一條統論知識。聞、説、親，是論知識的來源及種類。名、實、合、爲，是論知識構成的要素及步驟。

合《經》文與《經説》來看，知識的來源與種類有三。

第一是聞知。《經説》云："傳受之，聞也。"此言聞知是由别人傳達，自己接受所得的知識。過去的事物，遠方的事物，都不是我們的感覺器官所能感知的，即都不是我們能够親身經歷的，但是我們從别人的口頭傳説和書刊的文字記載能够知道。原始公社的制度和事物我們是看不到了，而且也不能再顯現了，但是我們從有關它的傳説和記載上是可以知道的，而且是已經知道了。最近各社會主義國家的建設事業和各資本主義國家的階級鬥争情況，也不是我們都能親身接觸到的，但是從别人的語言傳達和報刊發表的記録上是可以知道的，而且是已經知道了。總之，凡不是由我們親身經歷所知而是接受别人傳達給我們的知識都是聞知。

第二是説知。《經説》云："方不庳，説也。"方即四方、萬方的方。庳同障。孫云："《集韻》四十漾云障或作庳。"方不庳即任何方面没有障礙。《經上》第73條云："説，所以明也。"所謂説知就是不局限於感官的直觀知識，不局限於狹小範疇的知識，即所謂推理的知識，即比感性知識進一步的理性知識。人們的知識都是以感覺爲基礎的，但是由感覺所得的感性知識，總是狹小的、表面的、粗淺的。我們要進一步把認識的範疇擴大，認識到事物的内在聯繫，使認識發展到精深的程度，就必須用推理的方法，把感性的知識上升爲理性的知識。推理就是由此推及彼、由顯推及隱、由近推及遠、由現在推及過去未來、由現象推及本質和規律的方法。由物理的能量變化現象認識到能量守恒的定律，由生物發展的現象認識到生物進化的規律，由古代的一個器物可以知道當時人民的文化程度，由某人的一句言語可以知道他的思想感情，根據今天的氣象可以預測明天的陰晴風雨，根據地球的情形可以推得火星上的大概情形，這都是推理的知識，即由歸納、演繹與類比等方法所得的理性知識，即“所以明”的説，即方不摩的説知。

第三是親知。《經説》云：“身觀焉，親也。”親知就是由自己親身經歷所得的知識，就是由人的感官所獲得的感性知識，由聽覺所聽到的聲音，由視覺所看到的形象，由嗅覺所聞到的香臭，由味覺所嘗到的甜酸苦辣，由觸覺所摩到的軟硬冷熱，這都是親知。曾經住過的地方，我們知道它的風土物產，曾經見過的人物，我們知道他的形狀性格，曾經作過的工作，我們知道處理它的方法，這也都是親知。親知是知識的基礎，也是知識的終結。如果沒有親知的基礎，就根本不能進一步超升到説知。但是説知必須再回到親知，即必須再從實踐上來證明，然後能決定知識是否正確。如能量守恒定律是經過千萬次的實驗證明它的正確性了，而關於火星上的推論還有待於事實的證明。此處把親知列在聞知、説知之後，正是這個意思。章太炎云：“親者因明以爲現量，説者因明以爲比量，聞者因明以爲聲量。”(《國故論衡・原名》) 梁云：“人類最幼稚之智識，多得自親知；其最精密之智識，亦多得自親知。人類最博深之智識，多得自聞知；其最謬誤之智識，亦多得自聞知。而説知則在兩者之間焉。”

知識構成的要素及步驟有四：名、實、合、爲。

人們的知識就是人們對於現實事物的正確認識。思維是在語言的物質基礎上進行而用語言表達的。當人們對於現實事物有了正確的認識的時候，也就在語言上有了正確的説明。人們對於事物的説明，首先是構成概念。所用以説明事物的概念是名，所説事物的概念是實，名實兩個概念聯繫成句是合。因此説："所以謂，名也；所謂，實也；名實耦，合也。"耦，配、匹。合，適當邏輯上的判斷（命題），實適當判斷的主概念（主詞），名適當判斷的賓概念（賓詞）。例如"地球是圓的"，"水是液體"，這些語句就都是名實耦的合。"地球"和"水"就是所謂，就是實；"圓的"和"液體"就是所以謂，就是名。

判斷是人們思維過程中的一個重要步驟。人們對於現實事物的認識能够作成判斷，可説是基本完成了；但是還不能説是真正完成，因爲所作成的判斷是否正確，還有待於實踐來證明。《經説》云："志行，爲也。"心之所至謂之志。志是計劃，行是行動，志行是計劃與行動，就是由計劃而行動，也就是有計劃的行動，是預期獲得某一目的的行動，這樣的行動就是爲，爲即今日所謂實踐。在實踐中所獲得的結果如果和我們所作的判斷相符，就證明它是正確的，否則是虚僞的。我國思想，注重實踐，墨家"摩頂放踵，利天下爲之"，實踐的精神更表現得明顯，所以在論到知識的來源和種類時，把親知列爲最後一種，論到知識的構成和步驟時，把行爲列爲最後一項。

馬克思説："人的思維是否具有對象的真理性，這個問題并不是一個理論問題，而是一個實踐問題。人應當在實踐中證明自己思維的真理性，即自己思維的現實性和力量，亦即自己思維的此岸性。關於離開實踐的思維是否現實的争論，是一個純粹經院哲學的問題。"（《關於費爾巴哈的提綱》，見恩格斯《費爾巴哈與德國古典哲學的終結》附録，人民出版社 1959 年版，第 50 頁）列寧説："實踐高於（理論的）認識，因爲它不但有普遍性的品格，而且還有直接現實性的品格。”(《黑格爾〈邏輯學〉一書摘要》第三册第三篇觀念的評注）毛主席對於實踐在認識中的作用更有正確詳細的説明："認識從實踐始，經過實踐得到了理論的認識，還須再回到實踐去。”“理論的東西之是否符合於客觀真理性這個問題……由感性到理性之認識運動中是没有完全解决的，也不能完全解决的，要完全地解决這個問題，祇有把理性的認識再回到社會實踐中去，應用理論於實踐，看它是否能够達到預想的目的。”“通過實踐而發現真理，又通過實踐而證實真理和發展真理。”(《實踐論》) 墨家的思想當然不是馬列主義和毛澤東思想，但是這樣注重實踐則是很可寶貴的思想，而且也正可説明我國思想歷來注重實踐的精神。

（82）

經　聞，傳、親。

説　（聞），或告之，傳也；身觀焉，親也。

校　梁改觀爲親，言觀字“疑涉上條而訛。上條釋知，可以觀爲喻；此條釋聞，不當言觀也。”梁説是。

解　此承上條對於聞知特加説明。聞有二種，傳聞與親聞。由别人轉告我的就是傳聞，我自己親耳聽到的就是親聞。傳聞是間接的聞，親聞是直接的聞。如山崩海嘯、獅吼猿啼、雄辯家的演説、音樂家的演奏，我們親自聽到纔是親聞，祇聽别人傳説就是傳聞。人們的聞知，大半得自傳聞。傳聞容易失實，必須審思明辨。

（83）

經　見，體、盡。

説（見），特者，體也；二者，盡也。

校《經説》特舊作時，據孫校改。

解　聞與見是有連帶關係的，上條言聞，此條言見。聞有二種，見也有二種，一是體見，一是盡見。“體，分於兼也。”（《經上》第 2 條）“盡，莫不然也。”（《經上》第 43 條）衹看到事物的一部分或一方面就是體見，能看到事物的全部或正反兩方面就是盡見。所以《經説》云：“特者，體也；二者，盡也。”《説文》牛部特字段注：“特本訓牡，陽數奇，引伸之爲凡單獨之稱。”孫云：“特者奇也，二者耦也。特者止見其一體，二者盡見其衆體。”按：特即部分的意思，今人所謂特殊、特别，即非一般的意思。邏輯上所謂特稱也是指一部分而言。二即正反兩方面的意思。所有的事物都有對立兩方面，表面與裏面、現象與本質、個性與共性、好的方面與壞的方面、生成發展與死亡消滅等對立方面都是同時并存的。這種樸素的辯證觀是人們在很早的時候觀察事物就會自發地運用了。任何事物，不管它的屬性如何豐富複雜，不管它的現象如何變化多樣，衹要能從正反兩方面觀察，看到二者的對立矛盾與統一，就可以獲得全面的認識。這就是所謂盡見。

（84）

經　合，缶、宜、必。

説（合），兵立反，中志工，正也；臧之爲，宜也；非彼必不有，必也。聖者用而勿必，必也者可勿疑。

校《經》文缶即正字。《經説》標題合字舊爲古字，據楊保彝校改。曹校兵爲并。孫校工爲功之省，臧當爲義，聖當爲正。并是。

《經説》全文校正如下：〖（合），并立反，中志功，正也；義之爲，宜也；非彼必不有，必也。正者用而勿必，必也者可勿疑。〗

解　這一條講合的種類，即判斷或命題的種類。《經上》第81條《説》云："名實耦，合也。"此所謂合即"名實耦"的合，即邏輯上的判斷或命題。《經》文云：合有三種，正合、宜合、必合。正合即實然判斷，宜合即當然判斷，必合即必然判斷。

《經説》對三種判斷加以解釋，并將實然判斷和必然判斷兩相比較作了區别。"并立反"即立敵共許。"中志功"即思想和實際一致。"并立反，中志功，正也"，是説立敵共許、思想和實際一致的合就是正合，就是實然判斷。如"液體是有彈性的"，"孔子是春秋時代的魯國人"，這些判斷就是實然判斷。實然判斷是正確反映事物的實在情況的，所以是立敵共許、思想和實際一致的。"義之爲，宜也"，是言如説"這是按道理你應當做的事情"，就是宜合，就是當然判斷。當然判斷是表示事物應當這樣或那樣的。這種判斷所表達的情況不一定是客觀已經存在的，有的還衹是可能的，有的還衹是人的願望，有的還表示了强制的意思。例如説"老當益壯"，"人應當認識自己的錯誤"，"人不應當自私自利"，這些話就都是表明事物應當這樣或那樣的，就都是當然判斷。"非彼必不有，必也"，是説不是某事物就必然不能有某情况，就是必合，就是必然判斷。例如"非有原因必不能有結果"，"有生必有死"，"唯有直綫的兩端之間距離最短"，這些判斷就是必然判斷。科學上的公理和定理就都是這樣的必然判斷。

三種判斷的區别，特别應當注意實然判斷和必然判斷的不同。實然判斷是對於人們有用的，但不是必然的。必然判斷是可以不加一點疑惑的。例如“有志者事竟成”這個實然判斷可以鼓勵人們樹立雄心壯志，勇往直前，對於人們的實際生活是很有教育意義的，但這個判斷不是毫無限制的，如在現今的條件下，人們要想長生不老就是不可能的。而“非有原因不能有結果”的這個必然判斷則是可以不加一點疑惑的，所以說“正者用而勿必，必也者可勿疑”。

一般邏輯教科書上關於判斷的分類，從模態上分爲或然判斷、實然判斷和必然判斷三種，没有當然判斷這一種。它們把當然判斷歸入實然判斷，如“人民應當愛護祖國”這個當然判斷，邏輯學家以爲這是“人民是應當愛護祖國的”這個實然判斷省略了系詞。墨家此處對於判斷的分類是特殊見解，值得研究。

《墨經》中所說的舉、合、辭、謂、言，都相當於邏輯上的判斷。細加分别，舉相當於判斷，合相當於命題，辭、謂和言相當於語句，上文第 81 條所說的合與此條所說的合即都相當於命題。判斷與命題是同一對象的兩個名稱，從思維上說是判斷，從語言上說是命題。邏輯研究思維，重在判斷，所以我們援用邏輯理論講《墨經》中的舉、合、辭、謂、言的時候也多用判斷這個邏輯術語。

（85）

經　欲𤯝權利，且惡𤯝權害。

說　仗者兩而勿偏。

校　張純一云：“《經》文欲上當有權字。”孫云：“且字疑衍。”《經說》仗字，孫云：“疑當作權，草書形近而訛。”權字應重，上權字爲標題。全文校正如下：〖[經] 權，欲正權利，惡正權害。

［説］（權），權者兩而勿偏。》

解　這一條主要是講權的意義。權是人們在利害、得失之間權衡其輕重緩急的思維方法。欲惡即愛憎，愛憎是人們的兩種最重要的感情。利害是人們生活上最重要的一個問題，無論是非、善惡、得失、成敗、治亂、興亡都是貫串利害問題的。"利，所得而喜也。""害，所得而惡也。"（《經上》第 26、27 條）趨利避害是人們的共同心理，興利除害是人們生活上的主要工作。因此，什麽是利，什麽是害，怎樣興利，怎樣除害，就成爲人們的重要問題。對於利害的認識是知識的作用。真正的知識是正確反映客觀現實的，是純理知的，是不夾雜一些私人愛憎感情成分的。所以《經上》第 25 條云："平，知無欲惡也。"但是利害總是和人的愛憎有關係的，要對利害的認識完全没有愛憎的感情是不可能的，最好的辦法是使愛憎正當化。愛憎正當化就可以對於利害問題按實際情况權衡輕重作適當的處理。如不把愛憎的感情正當化，則遇到實際的利害問題時，可能衹顧到目前的利害而忽略了長遠的利害，可能衹顧到一身一家的利害而忽略了國家人民的利害，甚或可能把表面是利而實際是害、表面是害而實際是利的事物分辨不清，而對利害相互依伏與相互轉化的情形，就更無法認識了。拿實例來説，和平是人所喜愛的，戰爭是人所憎惡的，但是如果人們的愛憎感情不正當化，那就可能對正義的戰爭也害怕，對屈辱的和平也願意，這樣權衡利害是絶對不能正確的，因而也就絶對不能達到趨利避害和興利除害的目的。《經》文云："欲正權利，惡正權害。"即此義。《經説》就《經》文的意思再作簡要概括的説明。"權者兩而勿偏"，義即權是在事物的正反兩方面進行深刻的、細微的、具體的考慮，使得在實踐上不發生偏差。兩即《經上》第 83 條所謂盡見。“二者，盡也。”兩即二。

按：權是一種思想方法。古代儒墨兩家對於權的思想方法都特別重視。權本爲稱錘。物體的輕重是由稱得知，稱之所以得知是由稱錘在稱杆上的位置來表明。爲了要正確知道物體的輕重，人們在稱東西的時候總是謹慎細心地在稱杆上移動稱錘的位置，使稱杆得能以支點爲中心，保持平衡狀態。所以孟子説：“權然後知輕重。”（《梁惠王上》）由此引伸，人們在利害、得失、是非、禍福、成敗、存亡等關鍵處進行考慮處理，也名爲權，即權衡的意思。再引伸，即在現實情況大變動的時候，人們能不拘守教條陳規而隨機應變，也名爲權，即權宜、權變的意思。《公羊傳》曰：“權者何？權者反於經然後有善者也。”（桓十一年）即此義。由此可見權就是處理事物的對立統一和矛盾鬥争的辯證法。孔子説：“可與立未可與權。”（《論語・子罕篇》）是説有些人在事物對立統一的平常情況下是可以站得穩的，而在事物的矛盾尖鋭化，發生大變動的時候，他們就無法隨機應變了。孟子説：“執中無權，猶執一也。”（《盡心上》）是説衹知道在事物的對立矛盾中調和折衷，不能按具體情況隨機應變，是和執一不變一樣的。墨家對於權的意義更有具體詳細的説明。《大取篇》云：“於所體之中而權其輕重之謂權。權非爲是也，亦非爲非也，權正也。斷指以存擥，利之中取大，害之中取小也。害之中取小也（者），非取害也，取利也，其所取者人之所執也。遇盜人而斷指以身免，利也。其遇盜人，害也。斷指與斷腕，利於天下相若，無擇也。死生利若一，無擇也。殺一人以利天下，非殺人以利天下也。殺已以存天下，是殺已以利天下。於事爲之中而權輕重之謂求。求爲之（是）非也。害之中取小，求爲義，非爲義也。”這段話的意思是説，權本來是稱量物體輕重的意思，而人們對於利害、是非的考慮選擇，也是權。解詳《大取篇》。

（86）

經　爲，存、亡、易、蕩、治、化。

説（爲），早臺，存也；病，亡也；買鬻，易也；霄盡，蕩也；順長，治也；鼃買，化也。

校　張云："皁古字作早。"按：皁爲竈俗字。早臺疑原爲竈臺，後人先將竈寫爲俗皁，又將皁寫爲早。"病，亡也"句，譚云："據文例或脱去一字。"按：上文第77條《經説》"治病，亡也"，疑此脱一治字，玆以意補。畢云："霄與消同。"《説文》水部："消，盡也。"皿部："盡，器中空也。"最後買字孫引或説："買當爲享，即鶉之省。"鼃買當作鼃鶉。

解　《經上》第81條云："志行，爲也。"第10條云："行，爲也。"爲是有目的的行動。這一條是對於爲的分析。《經》文云：爲有六義，存、亡、易、蕩、治、化。《經説》舉例説明：本來没有皁臺，我們修建起來就是存。存是使事物由無而有的行爲。有了疾病我們把它治好就是亡。亡是使事物由有而無的行爲。買賣交换貨物就是易。易是以有易無的行爲。把原有的東西消耗盡了就是蕩。如傾家蕩産是。循着自然規律使事物成長就是治，如治國、治民、治身、治心是。使事物的特徵有所變化就是化，如鼃化爲鶉是。

亡與蕩似難區别，體會文義，治病之亡是病去而身存，消盡之蕩是財物毫無所有，此即二者的區别。

關於爲的六義，前五種爲——存、亡、易、蕩、治的舉例和説明都是人的行爲，後一種爲——化的舉例是自然現象，似與人爲無關。大概這是援用第 45 條講化的例，意即人爲的化也和自然的化一樣，要把事物的特徵有所變易，如化敵爲友、化凶爲吉、化惡爲善等，都是徵易。

用今日的話來説，存爲即建設的行爲，亡爲即破壞的行爲，易爲即交換的行爲，蕩爲即消耗的行爲，治爲即整理的行爲，化爲即轉變的行爲。

墨家非命重力，爲就是力的表現。墨家講知識，重在實踐，爲就是實踐。

第 82 條講聞，第 83 條講見，第 84 條講合，第 86 條講爲，都是承第 81 條而來。聞即“聞、説、親”的聞，見即親，合即“名實耦”的合，爲即“志行，爲也”的爲。

（87）

經　同，重、體、合、類。

説（同），二名一實，重同也；不外於兼，體同也；俱處於室，合同也；有以同，類同也。

解　客觀現實的事物有同異，反映在人的思維中的概念有同異，人們對於事物的名稱也就有同異了。辨別事物的同異，明確概念和名稱的同異，是人們認識上的一件重要工作。所以《小取篇》以“明同異之處”爲辯的重要作用之一。《荀子·正名篇》也説：“故知者爲之分別制名以指實，上以明貴賤，下以別同異。”“同則同之，異則異之。”以下三條就都是講同異的。

《經》文云：同有四種，重同、體同、合同、類同。《經說》對於四種同作如下解釋：(1)“二名一實，重同也”，是說兩個不同的名稱指的是同一個對象就是重同。如孔丘和仲尼，人和能製造生產工具的動物，就都是二名一實的重同。(2)“不外於兼，體同也”，是說不出全體範圍之外的事物就是體同。《經上》第2條云：“體，分於兼也。”兼是全體，體是部分。例如生物是兼，動物、植物都是生物的一部分，就是體。動物和植物雖然有明顯的差異，但是它們都有生命，同屬於生物，它們的一部分本質屬性是相同的，這就是不外於兼的體同。(3)“俱處於室，合同也”，下一條云“不同所，不合也”，王闓運謂“所室互文”，俱處於室即指同所而言。如孔子和墨子對於各種問題的主張雖然有很大的分歧，但是因爲同居中國，同是中國人，和歐洲、印度等異地的思想家相比，他們總還是有中國思想家的相同處。又如同屬水族動物，同屬陸上動物，同屬寒帶植物，同屬熱帶植物，雖然形形色色，千差萬別，而因它們生長在相同處所，總有相同的屬性。此外如同鄉、同學、同夥、同事等都可說是俱處於室的合同。(4)“有以同，類同也”，以讀爲似，是說有些事物看來相像就是類同。如狼和狗相似，虎和貓相似，就是類同。

體會文義，四種同是有程度的不同。重同是完全相同，可說是同的極點。體同較差，是部分的相同。合同又較差，祇有某幾點相同。類同更差，祇有相似的同。

墨書中講類的地方頗多。《經上》第79條云：“名，達、類、私。”《經下》第1條：“止類以行之，說在同。”第2條：“推類之難，說在類之大小。”《大取篇》：“夫辭以類行者也，立辭而不明於其類，則必困矣。”“同類之同。”《小取篇》：“以類取，以類予。”這些所謂類似都和此處所謂類同的類不同。前者是同類的類，即本質屬性相同的事物，如牛之類、馬之類、動物之類、植物之類，後者是類似的類，即不一定是本質屬性相同，也可能是非本質屬性相同，如狗類似狼、貓類似虎、稗類似穀、錫類似鉛。同類的東西都是類似的，類似的東西不一定是同類。

（88）

經　異，二、不體、不合、不類。

説　（異），二必異，二也；不連屬，不體也；不同所，不合也；不有同，不類也。

校　《經》文“不體”舊脱不字，據畢校補，孫言吴鈔本不脱。

解　異是同的反面。這一條是針對上一條所講的同對於異的説明。《經》文云：異有四種，二的異、不體的異、不合的異、不類的異。《經説》對四種異解釋云：（1）“二必異，二也”，《説文》八部“必，分極也”，二必異是説二名二實必然是相異的。如牛與馬就是二名二實，名異實也異。（2）“不連屬，不體也”，體同的事物是因彼此之間有連屬的關係，即同種之下的屬是體同的，如不是同種之下的屬就是不連屬，不連屬的事物就不是體同的。如樹木和石頭，一屬植物，一屬礦物，植物礦物不同種，樹木和石頭就不連屬，因而就不是體同。（3）“不同所，不合也”，是説不同處所的事物的相異就是不合，如陸上動物和水族動物的不同處所，熱帶植物和寒帶植物的不同處所，就都是不合之異。（4）“不有同，不類也”，不有同即毫無相同之點，不祇是本質屬性不相同，非本質屬性也不相同。這樣絶不相同的事物就連類似也説不上。例如三角形和道德，感情和天王星，它們就毫無相同之點，就是不類。

《大取》、《小取》兩篇都有講同異的話，可與此參證。

（89）

經　同異交得，放有無。

説　（同異交得），於福家良，恕有無也。比度，多少也。免蚓還園，去就也。鳥折用桐，堅柔也。劍尤早，死生也。處室子子母，長少也。兩絶勝，白黑也。中央，旁也。論行行行學實，是非也。難宿，成未也。兄弟，俱適也。身處志往，存亡也。霍爲，姓故也。賈宜，貴賤也。長短、前後、輕重援。

校　此條《經説》訛誤甚多，茲集各家校改如下。於福，譚校爲旅逼（或逼）。蚓，高校爲軔。用桐，譚校爲甲捫。早，孫校爲甲。“處室子子母”句，于省吾謂寶曆本作“處室子母”。“行行行”三字高將上二行字移上句“中央”二字上。姓，張校爲性。“長短、前後、輕重援”七字誤入下條，據譚、高校移此。

全文校正如下：〖旅逼家良，恕有無也。比度，多少也。免軔還園，去就也。鳥折甲捫，堅柔也。劍尤甲，死生也。處室子母，長少也。兩絶勝，白黑也。行行，中央旁也。論行學實，是非也。難宿，成未也。兄弟，俱適也。身處志往，存亡也。霍爲，性故也。賈宜，貴賤也。長幼、前後、輕重援。〗

解　這一條《經》文和《經説》是講事物的對立統一，主要是説明同異、有無的對立統一，乃并舉多少、去就、堅柔、死生、長少、白黑、中央旁、是非、成未、俱適、存亡、性故、貴賤、長短、前後、輕重等事實爲例，證明對立統一是普遍的真理。

《經》文“同異交得，放有無”，是説事物的同異是交互相得的，就如有和無的相互關係一樣。放同仿。《玉篇》:“放，比也。”《類篇》:“放，效也。”同和異是對立的也是統一的，没有同就没有異，没有異也就没有同。這和有無的道理一樣，有和無是對立的也是統一的，没有無就没有有，没有有也就没有無。同異交得就和有無相生的道理一樣。

《經説》根據《經》文的意思列舉事實爲證。所舉共有十七組對立統一的事物，也就是十七組對立統一的概念。事物是概念的根據，概念是事物的反映。我們以下的解釋，有的就事物言，有的就概念言。

（1）“旅逼家良，恕有無也。”人們出門作旅客時總是感覺窮逼，而在家居處則感覺良好安適。由此可知出門作旅客的時候是没有多的財物，也没有親人照顧，而在家居處的時候是既有足用的財物，又有親人照顧。這就是有無的不同。這種不同是由於對比而顯出，因爲在家生活的安适纔感覺出門作客的窮逼，也正因爲出門作客的窮逼纔知道在家生活的安適。旅逼家良是相對的而不是絶對的。後人常説：“好出門不如歹在家。”“在家千日好，出門一時難。”因此，人們常把離鄉背井和安居樂業作對比，古詩文中有不少描寫離家遠行和思鄉念家的情緒。在古代列國割據，交通不便，各地人情風俗殊異的情況下，出門作客和安居家園在生活上更是有極大的差異。有無在《經》文中是用來説明同異問題的，所以在《經説》中首先以有無爲例。旅逼家良是人們生活上的兩種不同境遇，不是直接的有無現象，必須以這兩種事實爲根據加以推論，纔能看出有無的道理，所以説“恕有無也”。恕即《經上》第6條所謂“恕，明也”，即推論。

（2）“比度，多少也。”這是説多和少是從對於事物數量的比較度量而有的。有多纔有少，有少纔有多。没有多不會顯出少，没有少不會顯出多。多少是對立的，但是没有固定界限的，二者是對立統一的。

（3）“免軔還園，去就也。”高引《説文》云：“軔，礙車木也。”車開動時須先除去阻礙車輪之木，免軔即車將開行的意思。又云：“園借爲轅。”“還園即還轅，謂還轉車轅，將去此處而往彼處也。”發軔言車將向前開動，還轅言車將掉頭後轉。無論前進或後轉，離開原來的地方是去，走向所到的地方是就。去就是對立的，但都是由車子的轉動而生，又是統一的。

（4）“鳥折甲挏，堅柔也。”譚言：“折爲逝之省文。《説文》：‘逝，往也。’《淮南·覽冥篇》高誘注：‘逝猶飛也。’挏，《集韻》、《韻會》并音動。《玉篇》：‘挏，動也。’”鳥逝即鳥飛，甲挏謂負甲之蟲如龜鱉之屬的行動。鳥飛輕柔，甲蟲爬動堅重，這可説明堅柔不同。這兩種不同的形態都是行動的表現，而且堅與柔是比較的，并不是有絶對的界限，所以堅與柔是對立的又是統一的。

（5）“劍尤甲，死生也。”譚云：“《説文》：‘尤，異也。’蓋劍利人死，甲利人生，其性絶異也。”死生是對立的，但是有生纔有死，有死纔有生，二者又是統一的。

（6）“處室子母，長少也。”同處一家，有母有子，母親是長，子女是少。長少是對立的，但是有長纔能顯出少，有少纔能顯出長，二者又是統一的。

（7）“兩絶勝，白黑也。”《説文》糸部：“絶，斷絲也。”兩種絲的顔色可以相勝的是白黑二色。絲的顔色有多種，白黑二色是兩極端。白色多了可以掩蓋黑色，黑色多了可以掩蓋白色，黑白二色是對立的，但都是屬於顔色的範圍又是統一的。

（8）“行行，中央旁也。”高云：“上行字乃步趨之義，下行字乃道路之義。”行行即人行的道路。人行的道路是有中央和旁邊的分别。中央和旁邊是對立的，但是有中央纔有旁邊，有旁邊也纔能有中央，中央和旁邊又是統一的。

（9）“論行學實，是非也。”行是行爲，實是事實，《史記·莊周傳》：“率皆虚語無事實。”評論行爲，學習事實，主要的是分明是非。《小取篇》言辯，首重“明是非之分”，即此意。是非是對立的，也是統一的。即有是纔有非，有非纔有是，無是即無非，無非也無是。

（10）“難宿，成未也。”難即艱難。《廣韻》：“宿，素也。”《史記·信陵傳》有“宿將”，《莊周傳》有“宿學”之説。宿有熟義。求學作事已成則感覺熟習，未成則感覺艱難。但熟是從艱難中得來，艱難可以變爲熟習，所以成未是對立的也是統一的。

（11）“兄弟，俱適也。”《説文》人部：“俱，皆也。”俱有偕、共、全等義，引伸爲聚。《説文》辵部：“適，之也。”《方言》：“適，往也。”引伸爲離散。此所謂俱適即聚合和離散義。兄弟一母同胞，親如手足，本來是在一家聚合的，長大以後爲了工作的不同，或爲了家庭的析産，又多是要離散的。因爲本來是聚合的，纔有後來的離散，也正因爲後來的離散，纔感覺到本來的聚合是寶貴的。聚合和離散是對立的又是統一的。

（12）“身處志往，存亡也。”《玉篇》：“處，居也，止也。”《廣韻》：“處，留也，息也，定也。”身體留在此處不動，心志卻已經跑到別處，就是身體存在而心志亡失了，這就是存亡的兩種現象。如說“身在山林，心在廟堂”，就是身在此處而心往他處了。如說“心不在焉，視而不見，聽而不聞，食而不知其味”，就是身體存在而心志亡失了。存亡是對立的，但是有存纔有亡，有亡纔有存，二者又是統一的。

（13）“霍爲，性故也。”張之鋭云：“霍同鶴，水鳥也。”《説文》爪部：“爲，母猴也。”譚云：“性故者，孟子云：‘天下之言性也，則故而已矣。故者以利爲本。’《莊子·達生篇》孔子觀於吕梁一節云：‘吾生於陵而安於陵，性也。長於水而安於水，故也。’《列子·黄帝篇》亦有此語，張湛注：‘故猶素也。’蓋猴利於陵，鶴安於水，故曰性故。”高云：“性謂本性也。故謂習慣也。”“性屬先天，故屬後天。”此言鶴適於水中生活，猴適於山中生活，是先天的天性，也是後天的習慣。天性與習慣是對立的也是統一的。因爲天性本來是由長期的習慣形成（種族的習慣），習慣成自然就可以改變天性。從歷史上看來，有些動物本來是生長於水中的，因爲自然條件的變遷，演變成爲陸上動物了，有些植物本來是生長在熱帶的，經過人工的培植和改造，就在寒帶也適宜生長了，一個舊社會上不事生産的二流子，經過社會主義的教育改造就成爲一個勞動人民了。這都是習慣改變天性的事實，也就是習慣和天性對立統一的道理。

（14）“賈宜，貴賤也。”賈同價，宜即適宜。物價有貴有賤，該貴就貴，該賤就賤，這就是適宜。貴賤都是由供求關係决定的。

求過於供就貴，供過於求就賤。貴的不是永遠貴，賤的不是永遠賤，貴的可以變爲賤，賤的可以變爲貴。這就說明物價的貴賤是對立的又是可以轉化的，即是對立統一的。

（15）“長短、前後、輕重援。”客觀現實事物都是對立統一的，人們意識中的概念也都是對立統一的，即事物或概念都是同異交得的，要一項一項地都列舉出來是不可能的。上邊衹舉出十四項，此處如長短、前後、輕重等現象和概念都可援上例說明。援即援例。《小取篇》云：“援也者，曰子然，我奚獨不可以然也？”援是邏輯上的一種思維方法，也是墨家常用的方法。

章士釗云：“《墨經》有云：‘同異交得，放有無。’此條最關宏旨，解之者少。吾嘗潛心考之，此言物象正負并行之理。正負墨言同異，其下又別而爲有無。放者，仿也。以《經說》歷舉同異別象，如多少，如去就，如堅柔，如死生，如白黑，如是非、成未、存亡、新舊（原文無新舊例，章將姓故作新舊解——引者注）等皆以有無爲例，因曰‘放有無’。”（《邏輯指要》，時代精神社 1943 年版，第 31 頁）

列寧說：“可以把辯證法簡要地規定爲關於對立統一的學說。”（《黑格爾〈邏輯學〉一書摘要》）毛主席說：“事物的矛盾法則，即對立統一的法則，是唯物辯證法的最根本的法則。”（《矛盾論》）關於矛盾諸方面的同一性和鬥争性的問題，毛主席說：“同一性、統一性、一致性，互相滲透、互相貫通、互相依賴（或依存）、互相聯結或互相合作，這些不同的名詞都是一個意思，說的如下兩種情形：第一，事物發展中的每一種矛盾的兩個方面，各以和它對立着的方面爲自己存在的前提，雙方共處於一個統一體中；第二，矛盾着的雙方，依據一定的條件，各向着其相反的方面轉化。這些就是所謂同一性。”“同一性的問題如此，那末，什麽是鬥争性呢？同一性和鬥争性的關係是怎樣的呢？列寧説：‘對立的統一（一致、同一、合一），是有條件的、一時的、暫存的、相對的。互相排斥的對立的鬥争則是絶對的，正如發展、運動是絶對的一樣。’”（同上）“有條件的相對的同一性和無條件的絶對的鬥争性相結合，構成了一切事物的矛盾運動。我們中國人常説：‘相反相成。’就是説相反的東西有同一性。這句話是辯證法的，是違反形而上學的。‘相反’就是兩個矛盾方面的互相排斥，或互相鬥争。‘相成’就是在一定條件之下的兩個方面互相聯結起來，獲得了同一性。而鬥争性即寓於同一性之中，没有鬥争就没有同一性。”（同上）

《墨經》這一條講同異交得是我國古代思想史上關於辯證法的很寶貴的文獻，也是《墨經》中講辯證法最詳細的一條。但所謂同異交得似乎衹講到事物的對立統一，關於對立鬥争没有講到，這是古代辯證法的缺點。這可説是中國思想史上關於辯證法認識的一般缺點，如《易經》、《老子》及儒家所講的辯證法都有這樣的缺點。

（90）

經 聞，耳之聰也。

説 循所聞而得其意，心之察也。

校 此條與下條的《經》文和《經説》，舊本并列爲四條經文。張純一，譚戒甫并作二條。把“循所聞而得其意，心之察也”一條作爲“聞，耳之聰也”的説，把“執所言而意得見，心之辯也”一條作爲“言，口之利也”的説。兹從之。

解 《說文》耳部 :“聰，察也。”《論語》云 :“聽思聰。”(《季氏篇》) 聽覺靈敏就是聰。《廣韻》:“察，諦也，知也。”將《經》文與《經說》合起來看，是說人們能聽到聲音是耳朵的聽覺作用。但是聽覺衹是一種感覺，如果人們對於外界的聲音衹是停留在感覺階段，那衹能聽到聲音而不能認識是什麼聲音，必須進一步把聽到的聲音加以思維，纔能知道是什麼聲音。這就是由感性的認識進到理性的認識了。例如聽人說話如不用心思，就衹能聽見說話的聲音而不能領會所說的意思。所謂“心不在焉，視而不見，聽而不聞，食而不知其味”即此義。

(91)

經 言，口之利也。

說 執所言而意得見，心之辯也。

解 《說文》刀部 :“利，銛也。”范縝《神滅論》:“神之於形猶利之於刀。”利有鋭利、鋒利義，此言口之利即口之機能或技巧，係引伸義。辯同辨。將《經》文與《經說》合起來看，此言說話是口的機能。我們所以能瞭解別人的意思，當然是根據他的語言，但是要重要的是要經過自己的思維，尤其是對於一些高深的言語、隱晦的言語或詭詐的言語，非經縝密思考不能瞭解它的意義，所以說“執所言而意得見，心之辯也”。

以上二條《經說》都是《經》文的補充，都是着重說明心的作用，即思維的作用。孟子說 :“心之官則思，思則得之，不思則不得也。”(《告子上》) 荀子說 :“心居中虛以治五官。”(《天論篇》)“心有徵知。徵知則緣耳而知聲可也，緣目而知形可也。然而徵知必將待五官（五官舊作天官，從俞校改）之當薄其類，然後可也。”（《正名篇》）王充云：“是非者不徒耳目，必開心意。”（《論衡·薄葬篇》）人們對於事物的認識，必須在感覺材料的基礎上加以思維的作用。感覺是被動性的，思維是能動性的。人們的認識，不是純粹被動性的，更重要的是主觀能動性，這是辯證唯物主義的認識論。墨家對於此理已經有初步的認識。

（92）

經 諾，不一，利用。

說 （諾），超城、員止也。相從、相去、先知、是、可，五色。正五諾，皆人於知，有說。過五諾，若負無直，無說。用五諾，若自然矣。

校 《經說》超疑爲過之誤。城疑爲誠之誤。員止，孫疑當爲負正。五色，孫疑當作五也。“皆人於知”於疑爲相之誤，行書於相形似。正五諾以下二十五字舊錯在第97條《經說》“若聖人有非而不非”下，據孫校移此。

解 《說文》言部：“諾，譍也。”譍同應。《經》文“諾，不一，利用”，是說人們在日常談話、從事教學或討論爭辯的過程中，一方發表意見，對方必有應諾，應諾的形式和性質不是一樣的，但都可以利用作爲瞭解對方的根據。

《經說》列舉應諾的各種性質、形式及態度。應諾的語言，就性質來說有過誠的不同。過就是僞，誠就是真。如本來不認識而說自己認識，本來不同意而說自己同意，就是過諾。如真正認識而說自己認識，真正同意而說自己同意，就是誠諾。就形式來說，有負正的不同，負就是否定，正就是肯定。如説“我不同意你的話”，就是負諾。如説“我同意你的話”，就是正諾。再從態度上來説，應諾有五種：(1) 相從。即一方發表意見，對方完全贊同。(2) 相去。《説文》去部：“去，人相違也。”你説然我説不然，你説好我説不好，就是相去。相去即相背、相反。相從相去是兩種極端不相同的應諾。(3) 先知。先知即“先得我心之所同然”的意思，即一方發表的意見，對方早已有相同的意見。這比相從又進一步。即不是聽了發言人的意見之後經過思索研究纔表示贊同（相從），而是以爲發言人所説的話就是自己要説而未説的，現在聽了發言人的話，真有實獲我心之感。(4) 是。是即表示首肯的意思，即普通所謂點頭稱是，在程度上比先知差，比相從也差。是僅承認你説的對，是否和我的意見完全相同還有問題，要我完全從你也還是問題。例如你説“牛是生物”，我承認你説的是，但是要我來説，我就不這樣説，而要説“牛是反芻動物”。又如有人説“我害怕戰争”，這是一般人的常情，我當然承認這話是對的，但是要我來説就不這樣説，而是説“我反對戰争，但是不怕戰争”。總之所謂“是諾”是對於發言人的話雖承認爲是，但不見得就和自己的意見一致。(5) 可。可者僅可而未是之辭，可比是又差。例如發言人説：“我們一定要參加生産勞動。”對方應諾曰：“可以。”這雖然表示他没有反對的意思，卻也没有積極擁護的思想，因而也就不見得能保證實行。我們把以上五諾再以同一事例來比較看。例如我説：“我們一定要保衛世界和平。”對方説：“我贊成，我擁護。”這就是“相從”。如説：“我不同意，世界和平是無法保衛的。”這就是“相去”。如説：“我本來的意思就是如此，你的話正合我意。”這就是“先知”。如僅說“是的”，就是“是”。如僅説“可以”，就是“可”。這五種不同的應諾，語氣不同，態度不同，表達的思想也不相同，但根本的區别總不外虛僞的應諾和真誠的應諾二種。五種應諾，無論是相知、相去、先知、是或可，如是真誠的，人都能知道，因爲它是可以言之成理的。如是虛僞的，就如對人有虧負的那樣不真誠，是不能言之成理的。《説文》貝部：“負，恃也。一曰受貸不償。”段注：“凡背德忘恩曰負。”此所謂負即今人所謂虧負。直，《論語·雍也篇》：“人之生也直。”劉寶楠《正義》云：“直者，誠也。誠者，内不以自欺，外不以欺人。”對於五種應諾能够這樣明確認識，利用五諾就可以自然瞭解對方的意思。

正五諾的正即正確真誠的意思。過五諾的過即謬誤虛僞的意思。末尾的“正”、“過”和開頭的“過”、“誠”相呼應。

（93）

經 服，執說言利，巧轉則求其故。

説 （服），執，難成言，務成之；九，則求執之。

校 《經》文“言利”舊作“音利”，爲小注。畢云：“音利二字舊注，未詳其義。”孫云：“疑音利當作言利二字，本是正文，誤作小注。”據孫校改。《經説》標題服字，舊在執字下，誤倒，兹乙正。“巧轉則求其故”，前人或另作一條，或與“法同則觀其同”合作一條，均欠當，兹歸此條。

解 服即懾服、服從，以德服人、以力服人之服。執即執滯、固執。説，《説文》言部：“説，言相説司也。”段注：“説司猶刺探。”説有今人所謂調查研究的意思。九，《説文》九字段注：“《列子》、《春秋繁露》、《白虎通》、《廣雅》皆云：九，究也。"《經説》"九"與《經》文"説"同義。

《經》文"服，執説言利，巧轉則求其故"，是説要説服人，必須對於對方的固執思想加以研究，而自己的言語又要鋭利。如對方巧言飾辭，轉變論題，就要追究他的原故。巧即巧言，即今人所謂詭辯。轉即遁辭，即今所謂偷换論題。《經説》云：固執偏見的人是很難言之成理的，但是他務要構成一些歪曲的道理。因此，要説服他就要對他加以調查研究，瞭解他的固執偏見是什麽，爲什麽他要固執那種偏見。

（94）

經　法同則觀其同。

説　（法），法取同觀巧傳。

解　法字在墨書中見的很多，意義很廣泛。有的指製造東西的模型言，如《經下》第 64 條"一法者之相與也，盡，若方之相合也"。有的指國家的法制言，如《經上》第 72 條"然也者，民若法也"。有的指事物的規律言，如《經上》第 71 條《説》"意、規、員，三也俱，可以爲法"及《小取篇》"效者爲之法也，所效者所以爲之法也"。此所謂法，是法儀、法度的意義。《墨子・法儀篇》云："天下從事者不可以無法儀，無法儀而其事能成者無有也。雖至士之爲將相者皆有法，雖至百工從事者亦皆有法。百工爲方以矩，爲圓以規，直以繩，正以縣，平以水（此三字從孫校增），皆以此五者爲法。巧者皆中之，不巧者雖不能中，仿依以從事猶逾己，故百工從事皆有法度。今大者治天下，其次治大國，而無法度，此不若百工辯也。”所謂法儀、法度，似即今人所謂原則、標準。

《經》文“法同則觀其同。”是説，人們的思想、言論和行爲是都有原則的，彼此的原則如果相同，就要看相同之點是什麼。例如“孔子墨子俱道尧舜，而取捨不同。”（《韓非子・顯學篇》）這就是原則雖同而實無共同之點。因此原則相同還要看實際上的相同。法同者抽象的相同，觀其同者觀其實際的同。

《經説》“法取同觀巧傳”，是説原則取其相同是好，但是原則相同，還要看在實際上是巧妙運用還是加以修正轉變。《釋名》：“傳，轉也。”巧即《法儀篇》所謂“巧者能中之”。如列寧把馬克思主義運用於帝國主義時代，毛主席把馬克思列寧主義的普遍真理和中國革命的實際問題相結合就是巧，修正主義者否認無産階級專政、取消社會主義革命就是傳。古代學術思想也如此，所謂“儒分爲八，墨離爲三”，其中就有所謂巧的，也有所謂傳的。

（95）

經 法異則觀其宜。

説（法），取此擇彼，問故觀宜。以人之有黑者有不黑者也，止黑人。與以有愛於人有不愛於人，心愛人。是孰宜。

校《經説》“心愛人”，張謂心疑當作止。

解 鄧高鏡謂黑同墨。此條針對上條而言。上條言同，此條言異。《經》文“法異則觀其宜”，是説人們在思想、言語和行動上，如果根據的原則不同，要確定是非真僞，就要看那一種原則在事實上適宜。《經説》舉例説明《經》義云：原則不同就要有選擇，要選擇就要問那一種原則在理論上是理由充足，在事實上是適宜。如人們有的是墨家，有的不是墨家，我們就要以墨家爲是。有的人愛人，有的人不愛人，我們就要以愛人爲是。這就是擇取適宜的辦法。止，心之所止。《大學》云："爲人君止於仁，爲人臣止於敬。"朱熹注："止者，必至於是而不遷之謂。"

（96）

經　止，因以別道。

説　（止），彼舉然者以爲此其然也，則舉不然者而問之。

校　《經説》標題止字舊爲心字，張云疑當作止，據改。

解　《説文》止部："止，下基也。象草木出有阯，故以止爲足。"止、阯、址，音義皆同，皆基礎義。止引伸爲停止、歸結、根據。因，就、依、託、由。《經》文"止，因以別道"，是説有所根據纔可以分別道理的是非真僞。《經説》闡發此義云：如有人舉出一些他自以爲然的事實而證明他的道理是對的，我們要反駁他就要舉一些相反的事實來問他。例如有人根據鯨生活於水中，其形如魚，説它是魚類動物。我們根據鯨用肺呼吸，胎生，問他魚類動物是否如此。又如爲資本主義辯護的反動分子，根據他所看到在資本主義國家中資産階級的生活情形，以爲資本主義國家的人民是平等自由的。我們根據資本主義國家中勞動人民所受的剥削壓迫的情形，問他勞動人民的生活情形如何。這就是"彼舉然者以爲此其然也，則舉不然者而問之"。所謂然者就是他以爲可以作爲理論根據的事實，所謂不然者是和他所依據的事實相反的事實。如果他對這些相反的事情有圓滿的解答，他的道理就可以成立，否則就要被推翻。

（97）

經 缶，無非。

説 （缶），若聖人有非而不非。

校 《經説》標題缶字舊缺，援例補。

解 缶即正。《説文》正部："正，是也。"是與非是對立的。《經》文云"正，無非"，是説正確的就是没有錯誤的。《經説》云：聖人是没有錯誤的，就是有了錯誤也不會永遠是錯誤的。《論語》云："君子之過也如日月之食焉：過也，人皆見之；更也，人皆仰之。"（《子張篇》）同此義。

經下　經説下

（1）

經　止類以行人，説在同。

説　（止），彼以此其然也，説是其然也；我以此其不然也，疑是其然也。此然是必然，則俱。

校　《經》文“行人”，孫云“疑人當作之”。《經説》“此然是必然則俱”七字舊本在次條“大小也”三字下。梁云：“疑屬錯簡，蓋此七字正釋‘説在同’之義，以入下條，則在彼條爲無着落，在本條爲語意不完也。”兹從之。

解　止，孫云：“《左傳》哀十二年杜注云：‘止，執也。’”按：以執訓止爲止之引伸義，此“止”與《经上》第96條“止，因以别道”的止同義。即根據的意思。行，《爾雅·釋詁》：“行，言也。”《經》文“止類以行之，説在同”，是説根據事物的類别來説，是要抓住事物的共同點。所謂共同點即同類事物所共同具有的本質屬性。

《經説》從反面説明此理。如抓不住同類事物所共同具有的本質屬性，别人根據一些非本質屬性以爲某一事物是屬於某類，我就以爲他所根據的不對，對於某一事物是屬於某類的話要發生懷疑。如果所根據的事實是必然的，就是同類事物所共有的屬性。例如有人根據私有制社會上的剝削階級的自私自利行爲就以爲自私自利是人的天性，人是自私自利的動物。我對於這種說法不能不有所懷疑。因爲非私有制社會上的人就不是自私自利的，而在私有制社會上也有很多人不是自私自利的，如大多數的勞動人民和社會主義的革命家就是。如說人是有死的，這是必然的事實，就是人所同然的。

《墨子・非攻下》說："今遝夫好攻伐之君又飾其說以非子墨子曰：'子以攻伐爲不義，非利物與？昔者禹征有苗，湯伐桀，武王伐紂，此皆立爲聖王，是何故也？'子墨子曰：'子未察吾言之類，未明其故也。彼非所謂攻，謂誅也。'"墨子非攻是指列國諸侯"爲堅甲利兵以往攻伐無罪之國"而言，飾說反對墨子非攻的人是以禹、湯、武王等誅無道的事實爲言。攻是非正義的戰爭，誅是正義的戰爭，二者的本質不同，類不同，因而"彼以此其然也，說是其然也；我以此其不然也，疑是其然也"。

故與類是墨家思想方法中的兩個重要概念。故是事物的因果關係和思維的充足理由，類是本質屬性相同的同類事物和普通概念所以形成的根據。故是類的說明，類是故的根據。類是然，故是所以然。例如運動是熱的原因（故），兩手摩擦、兩脚行走、銅片相磨、石頭相擊、鐵鑽鑽木頭、車輪轉車軸，這些現象就是運動，在這些運動的情況下都能生熱，就是運動生熱的事實（類）。《大取篇》云："夫辭以故生，以理長，以類行者也。"《小取篇》說："殊類異故。"都說明類與故是有密切的關係。《經上》首條言故，《經下》首條言類，遥相呼應，具有深義。

世界上的事物，有些事物的本質屬性是相同的，有些事物的本質屬性是相異的。本質屬性相同的是同類，本質屬性相異的是異類。事物有類的同異，人們纔有不同的概念，纔能有語言，纔能進行思維，纔能有理性的認識與實踐。因爲人們的知識，無論是生活上的常識，或是科學上的專識，都是以普遍概念爲基礎的，普遍概念所反映的正是事物的類。如果人們衹有一些極零碎的單獨概念，或衹有幾個極廣泛的範疇概念，人們就無法進行説話、思維和理性的認識與實踐。類的意義如此重要，所以墨家講到類的地方很多。

譚云："《經》文'止類以行之'，孫讀止爲句，梁從之，并改止爲正。均非。《經上》各條，幾皆以首一字小逗，特例不多。《經下》以一句爲文，承以'説在'二字，乃爲通例，特例亦少。"譚説是。按：《經上》各條，多是對於一個概念的説明，好象概念的定義。《經下》各條多是對於一個判斷的論證，好象因明的宗因二支。經分上下，體例的不同是一原因。

（2）

經　推類之難，説在之大小。

説　（推），謂四足獸與？牛馬與？物盡也？大小也。

校　高云："《經》文'在'下疑當有'類'字，轉寫誤脱。"《經説》標題推字舊缺，援例補。"牛馬"二字舊作"生鳥"，孫謂"'生鳥'爲'牛馬'之形誤"，據改。

解　此條承上條而來，上條言類，此條言推類。思維就是推理，推理就是從事物的類上由此及彼的推論。演繹推理是由一般同類事物推及個別事物的。歸納推理是由一些個別事物推及一般同類事物的。類比推理是在同類事物中，由個別推及個別的。任何推理都是推類。人都是能思想的，即都是能推類的。推類并不難，難在類的範圍有大小，類的範圍小不難推論，類的範圍大就難推論了。《經》文“推類之難，說在類之大小”，即此義。“類之大小”雖然大小并舉，重在大而不在小，這就如人說“東西的多少”是重在多而不在少。

《經說》是舉例說明《經》文的。所謂類的範圍大小不同，例如四足獸是一個類，牛馬是一個類，所有的物也是一個類。人們推類，是說四足獸一類呢？是說牛馬一類呢？還是說所有的物一類呢？牛馬是範圍較小的類，所有的物是範圍最大的類，四足獸的類比所有的物的範圍是小得多，而比牛馬的範圍卻大得多。因爲類的範圍有大小的不同，人們對於事物的推類（推理）也就有難易的差別。例如我們用演繹法作如下推理：（1）凡牛馬都是胎生動物，凡胎生動物都是哺乳動物。所以凡牛馬都是哺乳動物。（2）凡四足獸都是脊椎動物，犀是四足獸，所以犀是椎脊動物。（3）凡物都是運動的，原子是物，所以原子是運動的。從這三個演繹推理的實例來看：例 1 的推類是一般人都能作到的，因爲牛馬一類範圍不大，人們對於牛馬這一類東西雖然不是都能親眼看到，究竟是人都容易見到的。因此僅爲牛馬，種類簡單，進行推類，比較容易。例 2 的推類就比較不容易了。四足獸的範圍很廣，包括很多種屬，要對四足獸進行推類，非對動物學有相當研究不容易得到正確的結論。例 3 的推類就更爲困難了，因爲物的範圍太廣，包括的東西太多，非對科學有概括的研究不容易從事這樣的推類。演繹推理如此，歸納推理和類比推理也是如此。例如我們用歸納方法要得出“四足獸是脊椎動物”的結論，比要得出“牛馬是胎生動物”的結論就難一些；要得出“凡物都是運動的”這個結論比要得出“四足獸是脊椎動物”的結論就更難了。用類比的方法，從我家的牛馬是胎生，推得你家的牛馬也是胎生，這是比較容易的；從牛馬的性格要推得犀象的性格就比較困難了；要從地球的情況推得火星的情況就更困難了。總之類的範圍越大，推類就越難，所以説“推類之難，説在類之大小。”

推類的大小不僅是一個純粹的邏輯問題，而更是一個實踐的問題。儒家所謂“擴而充之”（《孟子·公孫丑上》），“善推其所爲”（《孟子·梁惠王上》），“修身、齊家、治國、平天下”（《禮記·大學》）都是推類的實踐。“視人之身若視其身，視人之家若視其家，視人之國若視其國。”（《墨子·兼愛》）“楚人遺弓，楚人得之”，“人亡弓，人得之”（《公孫龍子·跡府》）。這都是因爲類的大小不同，而在實踐上也就有難易之别了。

《小取篇》云：“以類取，以類予，有諸己不非諸人，無諸己不求諸人。”以類取即歸納推理。以類予即演繹推理。有諸己不非諸人，無諸己不求諸人，即類比推理。墨家所謂推類即推理。

（3）

經　物盡同名，二與鬭，愛，食與招，白與視，麗與，夫與履。

説　爲麋同名俱鬭，不俱二，二與鬭也。包肝肺，子愛也。橘茅，食與招也。白馬多白，視馬不多視，白與視也。爲麗不必麗，不必麗與暴也。爲非以人是不爲非，若爲夫勇不爲夫，爲屨以買衣爲屨，夫與屨也。

校　《經》文“物盡同名”下疑脱“説在”二字。譚校“愛”爲“子與愛”。高校“視”爲“眇”。孫云：“‘麗與’下當有‘暴’字。”全文校正應如下：〖物盡同名，説在二與鬬，子與愛，食與招，白與眇，麗與暴，夫與履。〗

《經説》“同名”二字，高云當在説首，誤竄麋字下，此二字乃標牒字。“子愛也”，譚云當作“子與愛也”，舊脱與字。高云“視并當作眇，形近而誤”。“爲麗不必麗”疑當作“爲麗不必暴”。“不必麗與暴也”句，孫云“‘不必’二字疑衍”。“以人是”，譚云“人字疑衍”。“若爲夫勇”，孫云疑當作“若爲夫以勇”。“衣”孫改爲“不”。

全文校正應如下：〖（同名），爲、麋，俱鬬，不俱二，二與鬬也。包、肝、肺，子與愛也。橘、茅，食與招也。白馬多白，眇馬不多眇，白與眇也。爲麗不必暴，麗與暴也。爲非以是不爲非，若爲夫以勇不爲夫，爲屨以買不爲屨，夫與屨也。〗

解　物，孫云：“物猶事也。”按：《經説》舉例兼事與物言，即今人所謂事物。“盡，莫不然也。”（《經上》第43條）《經》文云：事物都有同名，例如二與鬬，子與愛，食與招，白與眇，夫與屨等概念。

《經説》係解釋《經》文所舉各例。兹分條解釋如下。

（1）二與鬬

高云：“《説文》：‘爲，母猴也。’母猴謂獼猴也。”《説文》鹿部：“麋，鹿屬。”譚云：“二與貳通。《玉篇》云：‘貳，敵也。’”鬬與敵似乎是同名，實則是有分别的。就以猴和麋來説，它們互相都是鬬的，但互相都不是仇敵。鬬是偶爾一時的，敵是經常對抗的。因此可見二與鬬是同名而不同義的。

（2）子與愛

《説文》包部："包，妊也。象人褢妊，巳在中，象子未成形也。"子通慈。《禮·樂記》："易直子諒之心油然生矣。"《韓詩外傳》子諒作慈良。譚云："《秦策》：'子元元。'高誘注：'子，愛也。'"慈與愛是同名，實則也是有分别的。人對於胎孕和肝肺都是愛的，但是對於胎孕可以説慈，對於肝肺祇能説愛。由此可見慈與愛是同名而不同義的。

（3）食與招

張引《周禮·司巫》云"旁招以神"，言"茅亦可食而巫以茅招神"。孫云："橘疑當爲楙。《爾雅·釋木》云：'楙，木瓜。'《毛詩·衛風·木瓜傳》云：'木瓜，楙木也，可食之木。'《説文》：'楙，從林矛聲。'與橘上半形相近，聲類與茅同。此謂二字同音，而一以食一以招，同音異實也。""橘茅，食與招也。"此句文義甚難解，前人解説似皆難通，張孫此説近是。

（4）白與眇

"白馬多白，眇馬不多眇，白與眇也。"這是説白馬的白與眇馬的眇是形容詞，多白的白與多眇的眇是名詞。形容詞的白與名詞的白，形容詞的眇與名詞的眇，都是同名異義的。《説文》目部："眇，一目少也。"《小取篇》云："之馬之目眇則謂之馬眇，之馬之目大而不謂之馬大。"

（5）麗與暴

麗疑爲曬。《説文》日部："曬，暴也。""暴，晞也。""晞，乾也。"曬暴同之，所以説"爲曬不必暴"。是曬與暴爲音不同字不同而意義完全相同的概念。

（6）夫與屨

“爲非以是不爲非。”上非字爲是非的非，名詞。下非字同誹，責難、批評義，動詞。因是而有的非不是責難、批評的非。同一非字意義不同。

“爲夫以勇不爲夫。”上夫字爲勇夫的夫，下夫字爲夫婦的夫。勇夫的夫不是夫婦的夫，同一夫字意義不同。

“爲屨以買不爲屨。”畢云：“履同屨。”《説文》履部：“屨，履也。”履本訓踐，即足踏義。上屨字爲鞋子，名詞。下屨字爲足踏，動詞。同一屨字有鞋子和足踏二義，要是説買屨那就是説買鞋子，不是説買足踏，因爲買足踏是説不通的。

非字有歧義正如夫字與屨字有歧義，“爲非以是不爲非”係譬辭。

從所舉各例來看：二與鬬，子與愛二例似同義而實有區別的。食與招一例是音同義不同的。白與眇二例是同名而有歧義的。孋與暴是異名同義的。夫與履二例也是同名而有歧義的。這六個例子，如孋與暴，衹能説是同義，不能説是同名。二與鬬，子與愛，也不能説是同名。各家對此條校釋皆有難通處。暫作此解，敬俟高明。

（4）

經 一偏棄之，謂而固是也，説在因。

説 （一），二與一亡，不與一在。偏去未。有文實也而後謂之，無文實也則無謂也。不若敷與美，謂是則是固美也，謂也則是非美，無謂則報也。

校 《經》文“謂而”二字疑誤倒，當作“而謂”。《經説》標題一字舊脱，援例補。“不若”，不字孫云疑衍。

解 《經上》第2條云：“體，分於兼也。”《經説》云：“若二之一，尺之端也。”《經上》第46條云：“偏也者，兼之體也。”《經上》第83條《説》云：“特者體也，二者盡也。”二即全體，一即部分。一偏即一部分，“一偏棄之”即去掉一部分。謂即第80條“謂，命、舉、加”的謂，即命題、判斷或辭句。固通故。《禮·投壺》：“敢固以請。”注：“固之爲言如故也。”因，依、托。《經》文云：“一偏棄之，而謂固是也，説在因。”這是説一個命題去掉一部分，而命題的意義仍不變，這是因爲所去掉的一部分是依托原命題而有的，不是主要的部分。

《經傳釋詞》：“未猶非也。”張云：“文實猶名實。”敷，譚謂敷爲蘛之省文。《集韻》：“蘛，華之通名。”也同他。《經説》云：一般説來，二這個數目和一這個數目關係是：没有一就没有二，有一不是就有二。就是説没有部分就没有整體，有了部分不是就有了整體。但是此處所謂去掉一部分的意思卻不是這樣。此處所言係就命題而言，所謂去掉的部分是依託於命題的部分，不是命題的主要部分。命題的依託部分必須有命題的主詞和賓詞而後能有所依託，没有命題的主詞和賓語就無所依託。如“華麗”和“美好”這些形容詞就是用作命題的依託部分。這些形容詞用來形容這種東西則這種東西是美好的，用來形容其他東西則是其他東西美好而不是這種東西美好了，它可以形容任何東西。要是没有這些形容詞則是直率的報告。

命題有主要的部分和附加的部分。所謂的實（主詞）和所以謂的名（賓詞）是主要部分。此外任何形容或説明主詞和賓詞的部分都是附加部分。例如“《墨子》書中的《墨經》是我國古籍中很難讀的書”這個命題的主要部分是“《墨經》是很難讀的書。”此外如“《墨子》書”是説明主詞的，“我國古籍”是説明賓語的，都是附加部分，去掉這些附加的部分，留下“《墨經》是很難讀的書”，仍是原命題的意思，這就是“一偏棄之，而謂固是也”。

{《尹文子·大道上》云：“語曰好牛……好則物之通稱，牛則物之定形，以通稱隨定形，不可窮極者也。設復言好馬，則復連於馬矣。則好所通無方也。設復言好人，則彼屬於人也。則好非人，人非好也。則好牛好馬好人之名自離矣。”此説可作此條所謂“若敷與美，謂是則是固美也，謂也（他）則是非美，無謂則報也”的參考。《公孫龍子·白馬論》云：“馬者所以命形也，白者所以命色也，命色非命形也，故曰白馬非馬。”又云：“白馬者，馬與白也。馬與白，馬也？”又云：“故所以爲（謂）有馬者，獨以馬爲有馬耳，非有白馬爲有馬。故其爲有馬也，不可以謂馬馬也。”這是把形容詞的“白”和名詞的“馬”看成平列的兩個名詞，這是不合事實的。墨家看來，“白”是形容“馬”的，是依託於“馬”的，“白馬”是馬，去掉“白”，馬仍是馬。此條即針對公孫龍所説而言。}

（5）

經 不可偏去而二，説在見與俱，一與二，廣與脩。

説 （不），見不見離，一二不相盈，廣脩堅白。

校 《經》文脩舊誤爲循，俞校爲脩，《經説》同，據改。《經説》標題不字舊脱，援例補。

解　此條承上條而來。上條言"一偏棄之，而謂固是也"，即命題去掉附加的一部分，意義仍不變。此條言有些事物的屬性明明是由兩種屬性複合而成，卻不可以去掉其中的任何一種。這道理就是我們所看見的東西，儘管是衹能看見它的一部分，實際上它是各部分俱全的。又如二和一這兩個數，儘管二是由兩個一合成的，但是二去掉一個一就不成爲二。如一個面積有闊度和長度，闊是闊，長是長，闊與長是兩種屬性，但是沒有了闊也就沒有長，沒有了長也就沒有闊。《經說》是從反面說明此理：一個物體有複合而不可分離的二種屬性，如果人們要把它們强加分開，那就是把看見的一種屬性和看不見的另一種屬性分離開了，就是把一和二這兩個數目看作不相包含了，就是把闊和長分開，把堅和白分開了。

{《公孫龍子·堅白論》云："得其白，得其堅，見與不見離。"《通變論》云："二無一。"此條仍爲針對公孫龍所說而言。}

（6）

經　不能而不害，說在害。

說　（不），舉重不與箴，非力之任也；爲握者之觭倍，非智之任也。若耳目。

校　《經》文"說在害"，譚校害爲容。《經說》標題不字舊在舉字下，據梁校乙正。不與，畢云疑當作不舉。觭，孫校爲觭，讀爲奇偶之奇。

解　箴同鍼，今作針，即縫衣服的針，古用竹製，後用鐵製。任，事也。觭倍即奇偶。孫云："'爲握者之觭倍'，此言握物而使人射其奇偶。"按：即後人猜單雙的賭博游戲。此言人的智能各有所長，不能求全責備於一人。《經》文云：人不是全智全能的，各有所能，也就各有所不能，有所不能對於一個人的智能并無妨礙，因爲他總是有所能的。就如人的容顏五官各有特殊機能一樣。《經説》舉例説明此義：例如一個人能舉很重的東西而不能使用針，這不關力量的事情。對於猜單雙的賭博游戲，猜對猜不對，這不關智慧的事情。人的智慧就和人的官能一樣，耳能聽卻不能看，眼能看卻不能聽，各有所能，各有所不能。

《墨子·耕柱篇》："治徒娛、縣子碩問於子墨子曰：'爲義孰爲大務？'子墨子曰：'譬若築墻然，能築者築，能實壤者實壤，能欣（掀）者欣，然後墻成也。爲義猶是也。能談辯者談辯，能説書者説書，能從事者從事，然後義事成也。'"正可作此條説明。

（7）

經 異類不吡，説在量。

説 （異），木與夜孰長？智與粟孰多？爵、親、行、賈，四者孰貴？麋與霍孰高？麋與霍孰霍？蚓與瑟孰瑟？

校 吡同比。《經説》"麋與霍孰霍"句，孫云"疑涉上文衍"。王闓運云霍即鶴。高校蚓爲蚓，即寒蟬。

解 《經》文云：不同類的事物不能相比，因爲沒有相同的量。量即今語所謂質量和數量。《經説》舉例説明經義：例如要比較木頭和黑夜二者孰長是不可能的，因爲木頭的長短是按尺寸説，黑夜的長短是就時間説。要比較知識和糧食二者孰多也是不可能的，因爲糧食的多少是論斤論斗，而知識的多少不能論斤論斗。要比較爵位、親人、德行、價值四者孰貴也是不可能的。因爲四者雖然都是可貴的，但没有相同的量可作比較。我們絶不能説父母比價值貴多少，也不能説價值比德行貴多少。麋與鶴似乎是可以比高低的，但是麋爲獸，鶴爲鳥，鳥獸不同類，比較二者的高低没有什麽意義。蟬叫的聲音和鼓瑟的聲音都有蕭瑟之聲，但是要把二者的聲音作比較也是無意義的。因爲蟬是昆蟲，瑟是樂器，二者是不同類的。

譚校"麋與霍孰高"句爲衍文，末二句"麋與霍孰霍，蚒與瑟孰瑟"係對文。并謂霍爲隺之省文，通隺，隺訓白鳥。麋此謂白鹿。麋爲白獸，鶴爲白禽，其潔白之度各異，故不能比。也可通。【整理者按：色白可比，譚校未妥。鶴飛戾天，麋鶴之高不可比，應從孫校。】

此條所謂異類不比着重在量。按：異類的量不是絶對不能相比的，衹要還原爲同一單位，有了可以公約的量，仍是可以相比的。馬克思説："不同物的大小在還原爲同一單位以前，不能有量的比較。不同物的大小，當作同一單位的表現，纔是同名稱的，可以公約的量。不問 20 碼麻布是 =1 件上衣，是 =20 件上衣，還是 =x 件上衣，那就是，不問一定量的麻布值多少件上衣，每一這樣的比例總包含這個意思：當作價值量，麻布與上衣是同一單位的表現，是同性質的物品。麻布 = 上衣，是方程式的基礎。"(《資本論》第一卷，郭大力、王亞南譯，人民出版社 1957 年版，第 25—26 頁）因爲麻布是織勞動的生産，上衣是縫勞動的生産，所以"'20 碼麻布 =1 件上衣'這個方程式，或'20 碼麻布值一件上衣'，包含一件上衣和 20 碼麻布恰好包含一樣多價值實體的意思，包含兩個商品量費去一樣多勞動或一樣多勞動時間的意思。"（同上書，第 29 頁）

物品的交换正是異類在量上的相比。就是知識和糧食從費去的勞動時間上來説也是可以相比的。至於麋與鶴的高度，蚓與瑟的聲音當然更可以相比，因爲都是有同一單位的。爵、親、行、價四者之中也有可以比較的，如德行就比爵位貴，這是就質量而言。唯木與夜孰長是絶對不能比的，因爲二者在數量和質量上都没有同一單位可言。

（8）

經 偏去莫加少，説在故。

説 （偏），俱一無變。

解 《經上》第46條云："損，偏去也。"《説》："偏也者，兼之體也，其體或去或存，謂其存者損。"《經》文"偏去莫加少"，是説在整體中去掉一部分，没有加多或減少，仍舊和原來一樣。梁云："加少，增減也，莫猶無也。"

《墨經》以二代表兼，以一代表體。所以《經上》第2條講"體分於兼"，《説》云"若二之一"。第83條《説》云："特者，體也；二者，盡也。"所謂偏去就是從二之中去其一，即從一個整體中去掉一部分還留下一部分。這樣原有的整體是少了一部分，而别處卻多了一部分，從世界上所有的物體來説是没有多也没有少。存在的一部分和去掉的一部分都是整體的一部分，并没有毁滅，所以《經説》云"俱一無變"。此所謂一即"二之一"，即整體的一部分。

{{ 按：此條所言，似即物質不滅的意義。羅蒙諾索夫説："自然界的一切變化，都是這樣的情况，從一物體取出的東西，全部都要加到另一物體裏去，其結果，如果一處減少了些物，别處就會有

所增加。”（尼查葉夫《元素的故事》，上海少年兒童出版社 1963 年版，第 23 頁）}}

第 4 條、第 5 條和此條都是講偏去。第 4 條説一個命題去掉附加部分，原命題的意義仍不變。第 5 條是説有些事物的屬性是兩種屬性的複合，不可以去掉其中的任何一種。本條是説一個物體去掉一部分，不過是去掉的部分和存在的部分離開了，并没有增加或減少。附加部分的偏去，是對於主體没有影響的。複合屬性是不能偏去的。兩部分分離的偏去是没有增減的。三條都是説部分與整體的關係。

（9）

經　假必誖，説在不然。

説　（假），假必非也而後假。狗假霍也，猶氏霍也。

校　高云："氐當作氏，形近而誤。"

解　假即真假的假。《説文》人部："假，非真也。"誖同悖。《説文》言部："誖，亂也。從言孛聲。悖，誖或從心。"孫云："悖與非義同。正者爲是則假者爲非。"《經》文"假必誖，説在不然"，是説凡假的必然是謬誤的，因爲它是不符合實在的。

霍即鶴字。高云："氐讀爲抵，同聲系，古通用。《小爾雅·廣言》：'抵，當也。'"《經説》舉例説明經義：所謂假必定不是真的纔是假。如把狗假名爲鶴，就是狗本來不是鶴而當作鶴看待了。

按：邏輯上所謂假有三種。一是真假的假。凡正確反映客觀現實的思想是真的，否則是假的。凡承認真的思想是真的或假的思想是假的，這樣的思想是真的。反之，把真的思想當作假的，把假的思想當作真的，這樣的思想就是假的。例如說“生物是有生命的”，“礦物不是有感覺的”，這就都是真的思想。反之，如說“生物不是有生命的”，“礦物是有感覺的”，就都是假的思想。我們承認前兩個判斷是真的，而把後兩個判斷看作假的，這樣的思想是真的。反之，我們把前兩個判斷當作是假的，而把後兩個判斷當作是真的，這樣的思想就是假的。邏輯的作用在求真破僞，任何假的思想是絶不容許的。二是假言判斷的假。例如說“如果金屬受到摩擦就要發生熱”，“如果没有空氣人就不能生活”，這些判斷是表達事物的因果關係和條件制約的。有此因纔有此果，無此果是因爲無此因。有此條件纔有此事實，無此事實是因爲無此條件。這樣，所謂假言判斷的假，就不是非正確反映現實的假，而是必須等待的意思，即事物必須有的原因和條件是可能有的，但是現在還没有而須有所等待的。三是假說的假。例如古代關於原子的學說，未經證實以前的哥白尼的太陽中心學說，現在科學家關於火星上有生物的說法，就都是假說。假說是人們在認識事物過程中初步對於事物提出來的說明。這種說明是否與客觀現實相符，須待事實證明。

《墨經》關於“假”這個概念有兩種意義。一種是此條所謂“假必誖”，“假必非也而後假”。《經上》第 97 條說“正無非”，此條說“假必誖”、“假必非”，可見此條所謂假即真假的假，即以上所言邏輯上的第一種假。另一種是《小取篇》所謂“假也者今不然也”的假。今不然并不是永遠不然，以前可能有過然，以後也可能再然。這個“假”的概念就是假言判斷的假，即以上所言邏輯的第二種假。至於假說的假，即以上所言邏輯的第三種假，《墨經》中不曾明確提到。墨家所謂“意”似近於假說。《經下》第 56 條云：

“意，相也。”第 57 條云：“意未可知，説在可用過仵。”《大取篇》云：“智與意異。”意即意度、臆測、猜想，有似假説而不足以言假説。墨家對於意看爲是没有什麽價值，所以説“智與意異”。

（10）

經 物之所以然，與所以知之，與所以使人知之，不必同，説在病。

説（物），或傷之，然也；見之，智也；告之，使智也。

解 《經説》智字與《經》文知字同。《經》文云：事物怎樣形成，我們怎樣認識它和我們怎樣説明它叫别人也認識它，是隨具體事物和具體情况而不同的。例如疾病的情形，人們患病可以有各種不同的原因，或是由於寒暑，或是由於勞苦，或是由於營養不足，或是由於外界傳染，或是由於受到傷害。醫生明瞭病情也是隨情况而不同的，或是由於觀察，或是由於詢問，或是由於用醫療器械測驗，或是幾種方法并用。要對病人或其他人説明診斷的結果也有種種不同的表達方法，或簡要説明，或詳細解釋，或直説，或婉言，也應當按具體情况而採用適當的方法。

《經説》對於《經》文舉例説明：例如某人的疾病是由於身體上受傷而起的，這就是“物之所以然”。我們親眼看到他得病的情况，這就是“所以知之”。我們把這種情况告給别人，就是“所以使人知之”。“然也”，“智也”，“使智也”，都是承《經》文而言，省略了“所以”二字。

列寧説：“馬克思主義最本質的東西，馬克思主義底活的靈魂，就在於具體地分析具體情况。”（《共産黨人》）毛主席教導我們説：

“我們必須時刻記得列寧的話：對於具體事物作具體的分析。”（《矛盾論》）

對於具體的事物作具體的分析，就是唯物辯證的思想方法，此條所言“物之所以然，與所以知之，與所以使人知之，不必同”，可說是我國古代自發的辯證的思想方法。

（11）

經　疑，說在逢、循、遇、過。

說　（疑），逢爲務則士，爲牛廬者夏寒，逢也；舉之則輕，廢之則重，非有力也，沛從削，非巧也，若石羽，循也；鬬者之敝也，以飲酒，若以日中，是不可智也，愚也；智與，以已爲然也與，愚也。

校　《經說》兩逢字舊皆作蓬，畢改爲逢。高云：“‘疑’下‘逢’字殆涉下文而衍。”“若石羽”疑當在“非有力也”下。張云：“沛當作柹。”《說文》木部柹字段注：“隸作柿、胇、沛，殊誤。”兩愚字，孫云：“上愚字依經當作遇，下愚字依經當作過。”

解　《說文》子部：“疑，惑也。”梁云：“《易·文言傳》云：‘或之者疑之也。’或如此，或如彼，未能斷定，謂之疑。”《方言》：“逢，迎也。”《說文》彳部：“循，行順也。”此循即因循義。譚引《左傳》莊二十二年傳疏：“遇者不期而會之名。”又引《禮記·王制》疏引《異義》云：“卒然相逢於路曰遇。”孫云：“過，已過之事。”《經》文云：人對於事物的疑惑有四種。（1）逢疑。逢疑是對事物的預見疑惑不定。（2）循疑。循疑是對於一般習見的事物疑惑不定。（3）遇疑。遇疑是對於卒然遇到的一些事物的疑惑不定。（4）過疑。過疑是對於已經過去的事物疑惑不定。

《經説》將四種疑惑舉例説明。

（1）逢疑。《易·繫辭上》："故能成天下之務。"虞注："務，事也。"今人言事務、任務、服務，皆事義。《説文》士部："士，事也。"段注："凡能事其事稱士。"《説文》广部："廬，寄也。秋冬去，春夏居。"段注："在田曰廬，在邑曰里。"廬原爲農人在田中所搭的寄宿處以便於農事者。牛廬即牛棚。逢疑是對於事物的預見疑惑不定。如見人從事某一工作預料他或可能成爲精通該種工作的能手，看見人搭牛棚以爲夏天可能有寒冷的時候，這都是對於事物預見的疑惑不定。

（2）循疑。孫引《公羊》宣八年何注云："廢，置也。"《説文》木部："柹，削木樸也。"段注："樸者，木皮也。"循疑即對於日常事物因循苟且不加研究而有的疑惑，即孟子所謂"行之而不著，習矣而不察，終身由之而不知其道者"。如石頭和羽毛二種東西，人們在拿起羽毛的時候覺着很輕，在安置石頭的時候覺着很重，并不是因爲人的力量大小不同。又如削木皮的時候，木皮應手而脱，并不是由於人的手巧。這些現象，其中都有一定的道理，但是人們都説不出。像這樣的日常事物很多，人們總是無法説明，這就是循疑。

（3）遇疑。遇疑是人們在無意中卒然遇到一些事物，不知道它的底細，也來不及詳細調查研究而發生的疑惑不定。例如我們偶爾看到有人鬥毆，是因爲醉酒，還是因爲市場交易的争執，不能確定，這就是遇疑。敝，罷也。罷謂困極。孫云："日中，謂市也。《易·繫辭》云：'日中爲市。'""凡飲酒及市，皆易然争鬭，故云不可知也。"

（4）過疑。過疑是人們在事後檢查自己的言行而發生的疑惑不定。人們在事後檢查自己的言行，常常發生這樣的疑問：我看得對嗎？我做得對嗎？這就是過疑。

逢疑是對於未來事物的疑惑不定。循疑和遇疑都是對於現在事物的疑惑不定，循疑是對於日常事物的疑惑不定，遇疑是對於卒然遇到的事物的疑惑不定。過疑是對於過去事物的疑惑不定。

（12）

經　合與一，或復否，説在拒。

校　此條無説。

解　合就是合起來的東西。一就是本來統一的東西。否指合與一的否定。拒是抗拒。“合於一，或復否，説在拒”，是説合起來的東西和本來統一的東西，或者又有不相合和不統一的情況，是因爲其中有抗拒的作用。

這一條講事物的統一與矛盾問題，是合辯證法的。毛主席説：“辯證法的宇宙觀，不論在中國，在歐洲，在古代就産生了。但是古代辯證法帶着自發的樸素的性質，根據當時的社會歷史條件，還不可能有完備的理論，因而不能完全解釋宇宙。”(《矛盾論》)按唯物辯證法説來，任何事物都是變化發展的，而事物的變化發展是由於內在的矛盾。矛盾發展到一定程度就出現一種對抗的形式，對抗是矛盾鬥争的特殊表現，例如“炸彈在未爆炸的時候，是矛盾因一定條件共居於一個統一體中的時候，待至新的條件（發火）出現，纔發生了爆炸。自然界中一切到了最後要採取外部衝突形式去解決舊矛盾産生新事物的現象，都有與此相仿佛的情形”（同上）。

此條所謂“合與一，或復否，説在拒”即此義，所謂“或復否”即言合與一的破壞是在一定條件之下纔發生的，或即不經常之意。

關於此條，章士釗講爲邏輯上的同一律、矛盾律和排中律的説明，譚戒甫説是論動力學之理，高亨説是講物理學上的混合與化學上的混合。我此説未敢苟同各家。

（13）

經 歐物一體也，説在俱一、惟是。

説 （歐），俱一若牛馬四足；惟是當牛馬。數牛數馬則牛馬二，數牛馬則牛馬一。若數指，指五而五一。

校 《經説》標題歐字，舊爲俱，疑涉下句俱字重，兹援例改爲歐。

解 梁云：“歐當爲區。”“區，分也。”《論語·子張篇》：“區以別矣。”朱熹注：“區猶類也。”《經上》第2條：“體，分於兼也。”俱，皆也。惟，獨也。是，此也。《經》文云：各類事物都是萬物的一部分，這就是一般和個別的關係。俱一即統一、一般。惟是即單獨、個別。梁云：“凡體分於兼。‘區物一體也’者，謂區類萬物，凡別相皆共相之一部分也。自其共相言則‘俱一’，自其別相言則‘惟是’。”梁説是。

《經説》舉例説明《經》文所説的“俱一”和“惟是”的意義：所謂俱一，如説牛馬四足是。所謂惟是，如説牛説馬是。把牛和馬分開來看，牛是一類，馬是一類，牛、馬是二類。把牛馬合起來看，則牛馬成爲牲口一類。這就如數指頭一樣，一隻手的指頭分開來看是五個指頭，即拇指、食指、中指、無名指、小指，這就是惟是。合起來看，則五個指頭都是同一類的指頭，這就是俱一。

按：此條所謂“俱一”和“惟是”，從事物本身來説是統一和單獨，一般和個別；從人的認識上來説，就是綜合和分析。綜合是和概括聯繫着，分析是和抽象聯繫着。“牛馬”是“牛”、“馬”的綜合，“牛”、“馬”是“牛馬”的分析。“手指”是“五指”的綜合，“五指”是“手指”的分析。恩格斯説：“思維不僅在於把相互聯繫的原素綜合成爲統一體，而且也以同樣程度來把認識的對象分解成爲各個原素。没有分析就没有綜合。”（《反杜林論》，人民出版社 1957 年版，第 42 頁）列寧説：“應用分析的方法或綜合的方法，決不是我們的恣意工作——這是要决定於被認識對象的本身的形式，也决定於對象。”（《黑格爾〈邏輯學〉一書摘要》）

宇宙萬象，紛紜複雜，各有其特殊的規律，這就是所謂“惟是”。紛紜複雜的宇宙萬象又都是統一的，這就是所謂“俱一”。

章士釗把牛馬合在一起名爲兼詞，取荀子“單足以喻則單，單不足以喻則兼”之義。他説：“兼詞有二，曰縱，曰横。如舉白馬，白與馬兼，縱也。或言牛馬，牛與馬兼則横。横兼之名，在英語有接續詞，如 and 者綴之，朗若眉目，而吾文則否。如入林中見鳥，驀然指目之曰‘此一隻鳳凰也’。實則鳳凰犁然二鳥。人所見鳥，鳳可凰可，同時鳳凰不可。惟曹子建詩亦然。其贈王粲云：‘中有孤鴛鴦，哀鳴求匹儔。’謂求匹儔，或是鴛求鴦，或是鴦求鴛，如司馬相如咏鳳求凰斯可矣，而乃雌雄并舉，裹一而表二，大是煩贅，且屬不詞……莊子言：‘呼我爲牛者，吾應之以牛。呼我爲馬者，吾應之以馬。’若牛馬兼，人將不以是呼，呼亦吾無由應。乃司馬子長自稱‘太史公牛馬走’，毋乃陷於誤兼爲單之誖。”（《邏輯指要》，時代精神社 1943 年版，第 66—67 頁）按：我國語文常以牛馬、禽獸、猪狗、人物、兒女、花草等兩種不同的東西并舉，即從它們所有的一些共同屬性概括而言，即此條所謂“牛馬四足”的俱一，并非誤兼爲單之誖。

（14）

經　宇或徙，説在長宇久。

説（宇），長徙而有處，宇南宇北，在旦有在莫。宇徙久。

校《經》文徙字舊爲從，畢改爲徙。譚云：“《經説》標題宇字舊與長字誤倒。”據乙正。“宇南宇北”舊作“宇宇南北”，據高校乙正。旦舊作且，王引之云“且當爲旦”，據改。

解《經上》第 41 條：“宇，彌異所也。”《説》：“蒙東西南北。”宇即我們今日所謂空間。孫云：“《説文》戈部：‘或，邦也。’或從土作域，此即邦域正字。”《説文》長部：“長，久遠也。”段注：“久者不暫也，遠者不近也。”久即《經上》第 40 條所謂“古今旦莫”的久，即我們今日所謂時間。第二有字，王引之云：“有讀爲又”。《經》文“宇域徙，説在長宇久”，是説空間上的地位移動是要經過一定時間的。“長宇久”，義即要延長空間須要經過一定的時間。孫云：“宇長行之，必久。後文云：‘行脩以久。’脩即長也。”孫説是。

《經説》將《經》義更加詳細説明：人在空間上的延長移動總有一定的處所，離開空間就没有所謂移動。但是離開時間也没有移動，所以在空間上由南而北的移動，也就是在時間上從早到晚的經過。空間上的移動總得經過一定的時間。《經說》“宇徙久”與《經》文“長宇久”同義。

馮友蘭說："在一個時間的點上，物體是在一個空間的點上，又不在一個空間的點上，這就是所謂徙而又處。"（《中國哲學史新編》，人民出版社 1962 年版，第 411 頁）“徙而有處”的“有”馮讀爲“又”，此說也可通。

汪奠基說："此說明時間、空間與物體運動的關係。"（《中國邏輯思想史料分析》第一輯，中華書局 1961 年版，第 335 頁）

恩格斯在《自然辯證法》中引黑格爾《自然哲學》上的話說："它（運動）的本質是空間和時間的直接統一……空間和時間都屬於運動；速度，運動的量，就是和某一特定的流過的時間成比例的空間。"（《自然辯證法》，人民出版社版 1955 年，第 205 頁）

舊本此下三條《經》文係錯簡，譚據《經說》移後，如下。

經 臨鑑而立景到多而若少說在寡區

此條當爲第 22 條《經》文，移後。

經 鑑位景一小而易一大而缶說在中之外內

此條當爲第 23 條《經》文，移後。

經 鑑團景一

此四字當爲第 24 條《經》文首四字，移後。

（15）

經 不堅白，無久與宇。堅白，說在因。

說 （不），無堅得白，必相盈也。

校　舊本“不堅白”下有“説在”二字，羡文，删。又舊本“不堅白”與“無久與宇”中分爲二條，間隔有“荆之大，其沈淺也，説在具”十字，孫云據《説》似爲一條。《經説》標題不字舊缺，援例補。

解　因，依、託、親。“無堅得白”的無通撫。譚云：“與拊通用。”宇是空間，久是時間。這一條是對公孫龍等名家的“離堅白”説的批判。《公孫龍子·堅白篇》云：“無堅得白，其舉也二；無白得堅，其舉也二。”“視不得其所堅而得其所白者，無堅也。拊不得其所白而得其所堅者，無白也。”意思是説，堅是堅，白是白，堅與白是各自獨立存在，彼此不相聯繫的。墨家以爲堅白雖然是兩種屬性卻是密切聯繫的，并不是彼此各自獨立的。不堅白即堅白不相聯繫，即離堅白。《經》文云：説堅白不相聯繫，就等於説空間和時間没有聯繫，這是錯誤的。正確説來，堅白是相互依存的。《經説》云：我們觸着堅，同時也就看到白了，堅白兩種屬性是彼此相含的。

按：時間不能離開空間，空間不能離開時間，是客觀的實在情况。堅是可以離開白，白是可以離開堅的。祇就白石來説，堅白是相盈不相外的。（詳説見《經上》第67條）

（16）

經　在諸其所然，未者然，説在於是推之。

説　（在），堯善治，自今在諸古也；自古在之今，則堯不能治也。

解　張云：“在，察也。”所然即存在的事物、現實的事物。未者即還没有發生的事物、還没有現實的事物。《經》文云：能明瞭現實存在事物，就可以明瞭還没有發生的事物，道理就在從已經現實存在的事物上推論。

《經說》是補充經義的。從所然推未然雖然是一般推理的方法，但是對於歷史上的一些事物是不能這樣推論的。如說堯善於治理國家，這從現今看古代，是已然的史實。假如以爲在古代能行的事情在今天也能行，叫堯來治理今日的國家就不見得能行了。這意思就是說察其所然以知未然的推論方法，必須和歷史的方法結合。這就是邏輯方法與歷史方法的結合。

按：此條《經》文是從邏輯的觀點，說一切事物都可以由所然推知未然。《經說》是從辯證法的觀點，說歷史上的事物不能同樣再現，即不能按過去推論現在。邏輯的思維是把事物看成相對静止的。過去然，現在然，未來也然，所以能察諸其所然，就能推得未然者。辯證法是把事物看作永遠發展變化的，人類社會的歷史尤其發展變化得很顯著很迅速，所以堯雖然在古代善於治理國家，不能因此就推論他在今日也能治理國家。因爲現實情况古今不同，所需的才能也不相同。絶不是天不變，道亦不變，生乎今之世，可以行古之道。這是墨家的辯證觀點，也就是墨家的歷史發展理論。

墨子三表法的第一條是“上本之於古者聖王之事”。此條《經說》言“自古在之今，則堯不能治也”，這是對於墨子思想的發展。

（17）

經 景不徙，說在改爲。

說 （景），光至景亡，若在，盡古息。

校　徙舊本爲從，王引之云“從當爲徙”。

解　景即影字，最早衹有景字，影字爲後起者。孫云：“徙，移也。”“息當訓爲止。”盡即《經上》第43條“莫不然也”的盡。古通固。固，堅。《經》文“景不徙，説在改爲”，義即所謂影不徙是説物體的陰影不是隨物體的移動而移動的，而是因物體的移動，原影消滅，改生新影了。《經説》從反面證明此理：影由光與物體而生，物體遮着光就有影子，物體一經移動，原來無光的地方有了光，原來的影子就消失了。假若物體移動之後，影子還存在，那就可以説所有的影子都固定不動了。即物體移動了，影子還存在，物體破壞了，影子也還存在，無論物體有什麽變動，它的影子總是不會變動的。“盡古（固）息”的意思，好像現在的照相，物體不存在了，原來照下的影像還是存在。

《莊子·天下篇》引辯者的話説：“飛鳥之景，未嘗動也。”《列子·仲尼篇》引公孫龍的話説：“有影不移。”影不徙大概是當時辯者所立的論題，辯者所立的論題，有的完全是文字游戲，有的要能正確解釋，也還有相當道理。如“景不徙”這個論題，若解釋爲“改爲”，即隨物體的移動，原影消滅，改生新影，是正確的。若説是“盡古（固）息”，即物體儘管移動，影子是固定不變的，就是不正確的。《列子·仲尼篇》引公子牟的話説“影不移者，説在改也”，似即引《墨經》的話，因公子牟解釋公孫龍的幾個論題，唯有對這一論題用“説在”二字，而“説在”的論證形式是《墨經》所採用的。公子牟的話和《墨經》的話相比，除把徙字改作移，爲字改作也，是完全相同的。《列子》本爲僞書，尤可證明公子牟的話是著書人抄自《墨經》。由此可見，辯者所謂“影不徙”即“飛鳥之影未嘗動也”的意思，即“盡固息”的意思，而不是“改爲”的意思。

郭沫若：“《列子・仲尼篇》説明‘有影不移’云‘影不移者，説在改也’，正同《經下》。這或許是依託者蹈襲《墨經》，或許也可能是同出於《公孫龍子》。”（《十批判書》，科學出版社 1962 年版，第 293 頁）

墨家對於“景不徙”的解釋是比較正確的，但是我們現在看來還嫌籠統。我們把“景不徙”這個問題分析開來看，應有下列兩個問題：（1）物體的影子是不是隨物體的移動而移動？（2）如果移動，是不是後來的影子就是由原來的影子移來？關於第一個問題，毫無疑問，物體的影子是隨物體的移動而移動的。有物體纔有影子，没有物體就没有影子。物體在這裏，影子就在這裏；物體到那裏，影子就到那裏。影子和物體是密切相隨而不能分離的，所以人們有“如影隨形”和“形影不離”的話。但是關於第二個問題卻不能説物體移動後的影子是由原來的影子移來。物體由甲點移到乙點，仍是原來的物體，而生的影子卻不能説是原來的影子，而是新出現的。因爲物體一經移動，物體和光體的距離，在遠近、上下、斜正上就有或多或少的不同。因而影子的大小、高低、濃淡、斜正也就有或多或少的不同。這就如攝製電影，人的一個簡單動作可以攝下幾十張或幾百張影片，一張接一張，粗看雖然大體相同，實際上是一張和一張或多或少總有一些差異。這就説明物體移動後的影子是新出現的，并不是由原來的影子移來的。

“影不徙”説是古人對於光學的知識。今日説來，物體有感光體和不感光體的分别。影子投在不感光體上就是光至影亡。如人影在地，樹影在墻是。影子投在感光體上就不是光至影亡，而是影子一經被攝得，就可以固定存在相當時期，如照相是。

（18）

經 景二，說在重。

說（景），二光夾一光，一光者景也。

解 光綫照到不透光的物體上，一部分光綫就被物體遮住。這時物體的後面如有一個屏壁，屏壁上就有物體的影子出現。所出現的影子當中的部分色濃邊緣的部分色淡。色濃的部分名爲本影，色淡的部分名爲半影。本影和半影好像是重叠的，所以《經》文云“景二，說在重”。

凡光綫來自發光體。一個發光體可以有很多的光綫，大體可以分爲三部分。如果光綫爲物體所遮，照到物體以上和以下的兩部分都没有影子，唯有照到物體上的一部分光綫成爲影子。這一部分光綫好像夾在上下兩部分光綫之間的一部分光綫，所以《經說》云“二光夾一光，一光者景也”。此所謂景包括本影和半影而言。

按現代光學來説，光綫來自光源，一個發光體有許多點光源。假如衹有一個點光源，則由這一個點光源射出來的光綫被物體遮住，在屏壁上就可以出現邊界黑白分明的一個濃黑影，如圖甲。這就是衹有本影而没有半影的影子。但是事實上任何一個發光體絶不衹一個點光源，而是有很多個點光源的。因爲每一個點光源都發出光綫，於是屏壁上就現出三個不同的部分，如圖乙。（1）中央的一部分任何一個發光點所發出的光綫都射不到，形成濃黑的影子，即本影。（2）靠近中央的邊緣部分，有些發光點的光綫可以射到，有

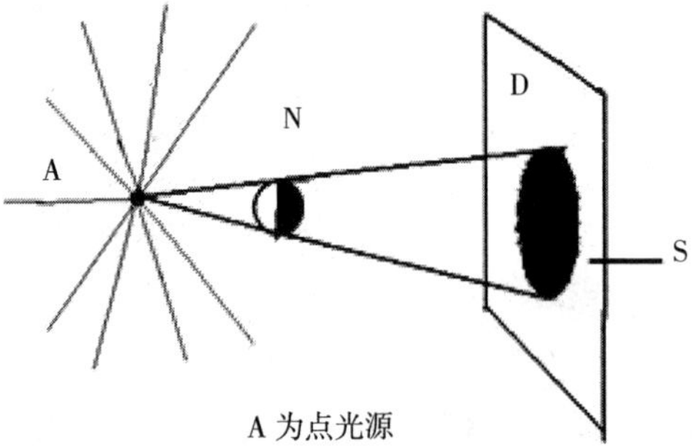

A 为点光源
N 为不透明物体
D 为屏壁
S 为阴影（本影）

圖甲

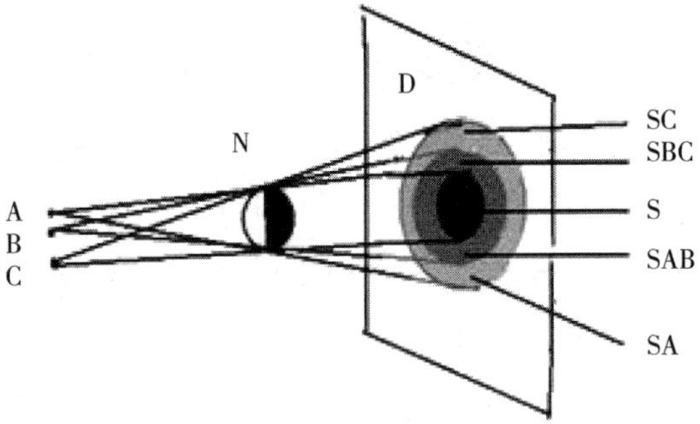

A、B、C 为假定同一发个光体的三个点光源
N 为不透明物
D 为屏壁
S 为 A、B、C 三个点光源都照不到的影子，即本影
SBC、SAB、SC、SA 为半影，SBC、SAB 都是只有两个点光源照不到，SC、SA 都是只有一个点光源照不到，所以它们都比 S 淡，愈靠外边愈淡

圖乙

些射不到，形成較淡的影子，越靠外越淡，即半影。（3）半影的外邊是所有點光源的光綫都能射到的，形成無影的明亮部分。此條所言即這些情況和這些道理。

譚云："《莊子·齊物論篇》：'罔兩問景。'郭象注：'罔兩，景外之微陰也。'《釋文》引崔撰本作'罔浪'，云'有無之狀'。《文選·幽通賦》引司馬彪注云：'罔浪景外重陰也。'……景與罔兩即本影與副影（即半影——引者注），故曰景二。然何緣而得二影？以重之故，故曰說在重。"

（19）

經　景到，在午有端與景長，說在端。

說　（景），光之人照若射，下者之人也高，高者之人也下，足敝下光，故成景於上，首敝上光，故成景於下。在遠近有端與於光，故景庫內也。

校　《經說》照舊作煦，據曹校改。

解　此言小孔成像的情形。到同倒。縱横相交謂之午，此所謂午即光綫的交叉。端即幾何學上的點，此所謂端即小孔。光綫照到物體上形成影子。普通的影子是正的，但是在光綫的交叉處如有一小孔，通過小孔把光綫延長而成影於板壁，則成爲倒影，理由就在這個小孔。所以《經》文云："景到，在午有端與景長，說在端。"

之，至也。敝同蔽。《說文》广部："庫，兵車臧也。"段注："引伸爲貯物之舍皆曰庫。"此所謂庫即藏的意思。《經說》舉人影爲例云：光綫照到人身上是直綫的，就如同射出來的箭一樣。下邊的光綫照到人身上是在上邊，上邊的光綫照到人身上是在下邊。因此，足所遮蔽的是下邊的光，足的影子卻在上邊，頭所遮蔽的是上邊的光，頭的影子卻在下邊。無論在遠處或近處，如果有一小孔通過光綫，倒影總是要形成的。與即干與、參與的與。內即有小孔的屏障之內，即屏障之後。庫于內即藏於屏障之後，即出現於屏障之後。“在遠近有端與於光”，即無論光源距離小孔或遠或近，衹要小孔和光綫遇着即可成倒影於小孔之後屏。小孔成象情形如下圖。

【整理者按：原稿此下空白七行，應是準備繪圖處。】

（20）

經 景迎日，說在摶。

説 （景），日之光反燭人，則影在日與人之間。

校 孫云摶疑當作轉。

解 此言回光返照的現象。迎，接。《淮南子·覽冥訓》“不將不迎”注：“迎，接也。”《玉篇》：“燭，照也。”《經》文“景迎日，說在轉”，是說平常的情況，物體的影子總是背着太陽的，有時物體的影子不是背着太陽，而是迎着太陽，那就是光的反射作用。《經說》將《經》文的意思更具體說明：如太陽的光照在一種能反光的物體上再用反光來照人，人的影子就在太陽和人之間了，即人的影子不是背着太陽而是迎着太陽了。

影迎日的現象，最好的例子就是物體在月亮下的影子。月亮本身是無光的，它的光是太陽照在它上邊的反照。物體在月亮下是有影子的，這影子就在太陽和物體之間，就是迎着太陽而不是背着太陽的。

劉嶽雲云：“此釋回光之理。如人依鑒立，日射鑒上，若人與日之間有壁，其距鑒與日距鑒交角等，則人必成景於上。若其間無壁則回光綫成景極長，而射於無量遠空界中。凡海與沙漠，恒見樓臺人物之象即此理。然雖無量遠空界中，仍爲景在人與日之間也。”

（21）

經　景之小大，説在地缶遠近。

説（景），木柂景短大，木正景長小，大小於木則景大於木。非獨小也，遠近。

校《經》文地字，孫云：“地當爲柂，柂即迤之假字，柂、缶文正相對。”《經説》柂字，孫云：“柂，迤之假字，道藏本作杝。”迤同迆，拖同拕。曹云：“‘大小於木’之大字當作火。”

解《説文》辵部：“迆，衺（邪）行也。”殷家俊云：“木即謂立柱也。”《經》文言：影子的大小是隨物體的邪正和距離光體的遠近而不同。《經説》舉木柱爲例云：光照木柱，木柱邪立影子就短而粗，木柱直立影子就長而細，火小於木則影子大於木。不衹小大是這樣反比例，就是遠近也是這樣反比例。火遠於木則影大於木，火近於木則影小於木。

高云：“所謂拕者，謂木或向左而拕，或向右而拕，非向火而拕，背火而拕也。”

（22）

經　臨鑑而立，景到，多而若少，説在寡區。

説（臨），臨正鑒，景寡，貌能、白黑、遠近、杝正異於光鑒。景當俱就去，亦當俱用北。鑒者之臭，於鑒無所不鑒。景之臭無數而必過正，故同處其體俱，然鑒分。

校 《經說》“異於光鑒”，異疑爲畀之誤。“亦當俱用北”，亦舊爲爾，據畢校改。用北，高云疑本作向北，向北即向背。臭疑當爲真，真字上邊一横損脱，故誤爲臭。

解 《爾雅・釋詁》:“臨，視也。”《廣韻》:“鑑，鏡也，照也。”鑒同鑑。鑒在此用作名詞是鏡子，用作動詞是照鏡子。景讀爲影，景即影，即物體照到鏡中的像。到同倒。正鑒當即今所謂平面鏡。能讀爲態。畀，予也。

此言物體照到平面鏡上成像的情形。《經》文云：人立到鏡子前面照到鏡子裏的像是倒的。如鏡子和人相對直立，則人的左邊是像的右邊，人的右邊是像的左邊，人面向南則像面向北，人面向北則像面向南，如把鏡子平放地面，人立鏡邊，則人是頭在上而足在下，而鏡子裏的像是足在上而頭在下，所以説“臨鑑而立，影倒”。物體照到鏡面經過多次反射和折射，可以有無數的像，但是人們平常看到的像衹有一個，所以説“多而若少”。“影倒”和“多而若少”的情形都是就單獨一個平面説，假如有兩個以上的平面鏡同時照物，就又是一種情形了，所以言“説在寡區”。《説文》宀部：“寡，少也。”《爾雅・釋詁》:“寡，罕也。”《廣雅・釋詁》:“寡，獨也。”區即區域、面積的意思。寡區即單獨一面鏡子的意思。

《經説》就《經》文對於平面鏡成像的情形更加詳細闡發云：人照平面鏡，像衹有單獨一個，人的容貌狀態、顏色黑白、距離遠近、邪歪正直都能映到有光的鏡子裏。人就鏡像也就鏡，人去鏡像也去鏡；人向鏡像也向鏡，人背鏡像也背鏡。人的真相在鏡子上没有照不出的。照到鏡子上的像可以有很多，都一定是在鏡子的後面，同在一處的東西，它的各部分都是俱全的，但是因爲有的部分，它的光綫能射到鏡面，有的部分，它的光綫不能射到鏡面，因而物體在鏡中所照的像總是把物體分開的。如照出人的前面就照不到人的後面，照出人的後面就照不出人的前面。

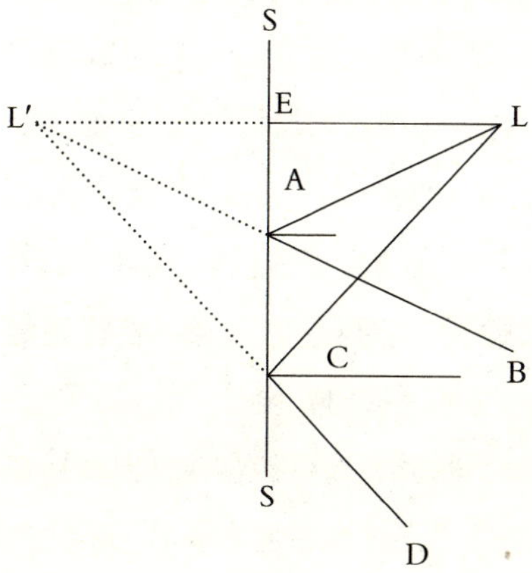

圖甲

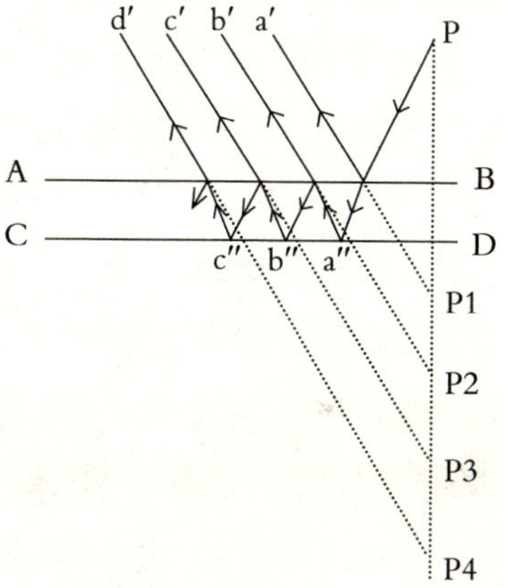

圖乙

平面鏡的像爲虚像，看着是在鏡子的後面，所以說“必過正”。如圖甲，SS 爲一平面鏡，設有一個點光源 L 位於 SS 之前。光綫 LA、LC 經鏡面反射後，分别依 AB、CD 方向前進，我們的眼睛在 AB 和 CD 所限定的光綫錐以内，可以看到光綫好像從 L′ 所發出的一樣。LL′ 直綫與鏡面成直角，L 與 L′ 對鏡面的距離相等，也就是說 L 和 L′ 兩點對於平面鏡的平面是互相對稱的。L′ 爲 L 的虚像，因實際上并無任何光綫自 L′ 發出，而僅係感覺上認爲如此。虚像雖然可以看見，但它不能跟實像一樣在屏幕等物體上顯示出來。

平面鏡所造物體的像是由物體上各點所造像的組合。虛像和物體對鏡面是互相對稱的，所謂“臨鑑而立，影倒”，即此情況與此道理。按光學道理，如有一塊 ABCD 型的厚玻璃，自點光源 P 發出的光綫落於 AB 面上 a 處，就可得反射光綫 aa′ 及折射光綫 aa″。aa″ 更於 CD 面上 a″ 處反射，其反射綫爲 a″b（另有穿出 CD 面上之折射部分略去未畫），a″b 落於 AB 面上 b 處，又得折射綫 bb′ 穿出以及反射綫 bb″ 射回。如此繼續，一道入射光綫 Pa，可致無數的光綫如 aa′、bb′、cc′、dd′ 等自 AB 面射出，因而可有無數虛像如圖乙中 P1、P2、P3、P4 等產生。前二像 P1、P2 的亮度幾乎相同，其餘的像則依次大爲暗淡，因每經一次反射，光强必巨量減少。若於暗室内以一燭焰爲光源作此實驗，一般可見到三像。若將底面 CD 塗水銀，則第二像特别明亮，約共可看出五像。一般平面鏡于普通情況下所見之像即爲此第二像，其餘各像雖然存在，但至極暗淡，不能察得。古代没有玻璃鏡，在平面冰和平面水晶石上所成的像也與此相同。《經》文云“多而若少”，《經説》云“景之真無數而必過正”，即此情況與此道理。（參閱楊朝潢編《光學講義》，高等教育出版社 1957 年版，第 21 頁）

（23）

經 鑑位，景一小而易，一大而缶，説在中之外内。

説（鑒），中之内，鑒者近中，則所鑒大，景亦大，遠中，則所鑒小，景亦小，而必正，起於中，緣正而長其直也；中之外，鑒者近中，則所鑒大，景亦大，遠中，則所鑒小，景亦小，而必易，合於中，緣正而長其直也。

校《經》文“鑑位”，張之鋭校位爲洼。景字舊作量，據王引之校改。“合於中緣正而長其直也”句，舊脱“中緣正”三字，據譚校補。

解《説文》水部：“洼，深池也。”洼同窪，音窊。鑑洼即鏡面窪下，即今所謂凹鏡。楊保彝云：“易，變也，正之反也。”此所謂易即正景變爲倒景。缶即正字。高云：“中者鏡光之焦點也。焦點爲鏡光反射之中心，故謂之中也。”此言凹鏡成像的情形。《經》文云：凹鏡中所映的物像有二種，一種是比物體小的倒像，一種是比物體大的正像，兩種像之所以不同是因爲在焦點以外或焦點以内的原故。《經説》是對於《經》文詳細具體的解釋。鑒者指照鏡子的物體言。所鑒指物體照到鏡子上的部位言。在焦點以内，物體近於焦點，則照到鏡面上部分比較大，像也大，物體遠於焦點，則照到鏡面上的部位比較小，像也小，這樣所映出的物像一定都是正的。這種現象之所以形成，是由於光綫起於焦點，緣着物體的正形而延長了光的直綫。如在焦點以外，物體近於焦點，則照到鏡面上的部位比較大，像也大，物體遠於焦點，則照到鏡面上的部位比較小，像也小，這樣所映出的物像一定都是和實物相反的。這種現象之所以形成，是由於物體的光綫聚合於焦點，而又延長了光的直綫。

（24）

經　鑑團，景一天而必正，説在得。

説（鑒），鑒者近，則所鑒大，景亦大，亓遠，所鑒小，景亦小，而必正。景過正故招。

校　“鑑團景一”四字舊错入上文，據欒、譚二氏校移此。“一天而必正”，欒校天爲大，并補“小一”二字作“一小一大而必正”。高云：“蓋小字誤脱，‘一大’兩字誤并爲‘天’耳。”

解　團通摶，圓也。此所謂鑑團即今所謂凸鏡。凸鏡所照物像有了一小一大的兩個像，都是正的。兩個一小一大的像總是彼此相互依存不能分離的，所以《經》文云“鑑團，景一小一大而必正，説在得”。得即“相得益彰”的得，即彼此相得的意思。《經説》補充《經》文的意思説：凸鏡照物，物體離鏡近，則照到鏡面的部位大，像也大，物體離鏡遠，則照到鏡面上的部位小，像也小，無論像大像小，一定都是正像。

“景過正故招”，不得其解。或言招當作柂。

（25）

經　負而不撓，説在勝。

説　（負），衡木加重焉而不撓，極勝重也，右校交繩，無加焉而撓，極不勝重也；衡加重於其一旁，必捶，權重相若也相衡，則本短標長，兩加焉，重相若，則標必下，標得權也。

校　《經》文負舊作貞，孫據《説》校爲負，據改。

解　《釋名》：“負，背也。”《玉篇》：“負，擔也。”《廣韻》：“負，荷也。”負即負擔。《正韻》：“撓，屈也。”孫云：“《説文》：‘橈，曲木也。’撓即橈之俗字。”又云不撓“言平而不偏撓”。是所謂撓兼有屈與偏二義。《經説》前半講不撓是言不屈，後半講相衡是言不偏，不屈不偏都是不撓。衡有三義：“衡木”的衡同横，衡木即横木；“衡加重於其一旁”的衡是指秤言；“相衡”的衡是平衡的意思。極，譚云："應據《洪範》疏訓爲中。"按：極訓爲中與下文"衡加重於其一旁"的"旁"對文。右同又。《説文》又部："又，手也。"段注："此即今之右字。"校通絞。《廣韻》："絞，縛也。"交繩即紐結二股以上的繩子，即紐緊的繩子。捶通垂，垂即下垂。"則本短標長"，則猶若也（王引之《經傳釋詞》），本標即本末。《管子·霸言篇》："大本而小標。"《淮南子·天文訓》："本標相應。"本標常相對言。本即根本，標即梢末。此處就秤杆言，粗的一端距離提紐較近爲本，細的一端距離提紐較遠爲標。

此言物體負擔重量的情形。《經》文"負而不撓，説在勝"，是説物體上能負擔一些重量而不至彎曲或偏斜，是因爲它能抵抗住加到它上邊的壓力。

《經説》舉二例説明此理。

（1）以横木和繩子爲例。一條横木上邊加上適當的重量而不彎曲，是因爲它的當中能抵抗住所加的重量。兩手拉着一條紐緊的繩子，上邊不加什麼東西也會彎曲，這説明它的當中不能抵抗外加的重量。【整理者按：此處似當理解爲横木右側綁緊一繩作爲提紐，則支點兩側不平衡，上邊不加什麼東西也會偏撓。】

（2）以稱物的秤爲例。在秤杆上如加重於一頭，一定要偏垂。秤錘的重量和物體的重量相等就可以平衡。一般的秤是一頭較粗，一頭較細。粗的一頭距離提紐較短是本，細的一頭距離提紐較長是標。假如在本短標長的秤上兩頭都加重量相同的東西，標這一頭一定要下垂。一般的秤標這一頭是懸掛秤錘的，由秤錘的移動可以使物體的重量和稱錘的重量保持平衡。

按：杠杆的理，秤的提紐是交點，本的一頭懸掛物體爲重點，標的一頭懸掛秤錘爲力點，秤錘的重量乘它對提紐的距離和物體的重量乘它對提紐的距離相等，秤杠就可以平衡，秤錘的重量是固定的，物體的重量是不固定的，秤錘必須在標的一頭把它對提紐的距離作適當的伸縮纔可以保持秤杠的平衡。本的一頭能負擔物體的重量而不偏斜是因爲標的一頭有和它對應的重量維持杠杆平衡，這也是“負而不撓”。這樣的“負而不撓”，是説一個平衡的杠杆，一頭負擔上物體的重量而不偏斜，是因爲另一頭有和它對應的重量，這就是所謂“勝”。

（26）

經　挈與收仮，説在薄。

説　（挈），挈有力也，引無力也。不必所挈之止於施也，繩制之也，若以錐刺之。挈，長重者下，短輕者上，上者愈得，下下者愈亡。繩直，權重相若則正矣。收，上者愈喪，下者愈得。上者權重盡，則遂。挈，兩輪高，兩輪爲輲，車梯也。重其前，弦其前，載弦其前，載弦其軲，而縣重於其前。是梯，挈且挈則行。凡重，上弗挈，下弗收，旁弗劫，則下直。扡，或害之也，泒。梯者不得泒，直也。今也廢尺於平地，重不下，無跨也。若夫繩之引軲也，是猶自舟中引横也。

校　《經》文“挈與收仮”舊作“契與枝板”。張云：“契當爲挈。枝當爲收。”孫云：“板疑當作仮，仮反同。”證以《經説》，全句應爲“挈與收仮”，據改。《經説》首缺標題挈字，援例補。“不必所挈”必字舊作心，據譚説改。“下下者愈亡”，張云：“次下衍。”“載弦其前”涉上下文而衍。“弦其前，載弦其軲”，孫云：

“弦疑當作引。隸書弦引形近。《隸釋》漢陳球碑‘引’作‘弘’。《廣韻》十六軫云‘引弘同’，并其證。”按：“引其前，載引其軲”，軲在車前，二語同義似重。弦疑當作弘。“重其前，弘其前”，弘、重義相聯。一般牛馬駕的車都是重其前弘其前的，車梯後邊較重，更應重其前弘其前。“挈且挈”，譚改爲“挈且掣”。孫云：“尺疑當爲石。”“重不下”，“不”疑當爲“必”。蹄通旁。

解　這一條講挈與收兩種力的相反作用及物體重心的問題。《經説》較長，分爲二截。自首至“則遂”爲一截，係以權重爲例説明挈收的作用。自“挈，兩輪高”至末尾爲另一截，係以車梯爲例説明挈的作用和重心的道理。

《説文》手部：“挈，縣持也。”“提，挈也。”《小爾雅·廣言》：“薄，迫也。”今言逼迫、迫害，迫有相反義。《經》文“挈與收仮，説在薄”，是説提和收是兩種相反的力量，彼此相反，好像互相逼迫各不相讓的情形。

《經説》前一段以權重爲例説明挈與收的兩種作用。張云：“挈，自上挈之。引，自下引之。”《經》文挈引對言，《經説》開首挈引對言，以後挈收對言，是收與引同義，挈收即挈引。《經下》第28條《經説》：“絲絶，引也。未變而名易，收也。”可證。制掣通。《爾雅》釋訓：“掣，曳也。”《玉篇》：“掣，牽也。”孫云：“遂隊通。”隊同墜。這一段《經説》的意思是説：向上提東西是需要用力的，向下引東西是不需要用力的。提挈東西不必所提挈的東西和提挈的力直接接觸，可以用一條繩子牽引，這就像用錐子刺東西一樣，都是借用機械的力量。挈和收的兩種作用，可用秤來説明。秤的兩方，一方是物，另一方是權。距離秤紐（支點）長而分量重的一方總是下垂，距離秤紐短而分量輕的一方總是上升。上升的一方愈上升愈得到提挈的力。下垂的一方愈下垂愈失掉提挈的力。繩子垂直，權重兩方的重量相等，則秤杆平正了。收的現象是和挈相反的，挈是向上提，收是向下引。就秤來説，收是上升的一方愈上升愈喪失引力，下垂的一方愈下垂愈增加引力。上升的一方假定爲權，如果重量完全消失，則下垂的物重就墜落了。

《經説》後一段是以車梯爲例説明挈的現象及重心的道理。輲，畢云："《雜記》云：'載以輲車。'鄭注：'輲讀爲輇，或作輇。'《説文》云：'輇，蕃（藩）車下庳輪也。'"《説文》車部："輪，有輻曰輪，無輻曰輇。"張云："輪高而輇卑。"由此可見所謂輲即無輻之輪，比有輻之輪爲低。弘宏通，大也。載再通。軲，孫云："疑當爲前胡之假字。《周禮·大行人》'侯伯立當前侯'注，鄭司農云'前侯，駟馬車轅前胡下垂拄地者'是也。胡在車前，與此文正合。"按：軲似即車前所掛的車叉，車行時掛起，車停時放下用以支車轅使其不至倒地。張云："扡與杝同，不直也。""或害之也"，孫云："言重物不挈之、收之、劫之，則下必正。其不正者，必或挈或收或劫害之也。"《説文》力部："劫，人欲去以力脅止曰劫。或曰以力去曰劫。"《玉篇》："劫，强取也。"《正韻》："劫，奪也。"引伸爲拉扯義。㳅，古流字。此所謂流即流動義。蹄通旁。孫云："横爲舟前横木。"這一段《經説》的意思是説：挈的作用和重心的道理，還可以用車梯的例子來説明。有一種車子有四個車輪，兩個車輪是有輻的，高的，另外兩個車輪是無輻的，低的，這種車子前低後高成爲梯形，可以説是車梯。這種車子前頭要重，又要大，前頭支車的車叉也要大，車叉掛在前頭就如同掛一個重物。

在這樣的車梯，繫一條繩子在前頭就可以拉着走。它雖然受到拉它的引力，因爲它的重心不出車子的底面，所以不至邪歪或傾倒。凡有重量的東西，如果上邊没有提力，下面没有收力，旁邊没有拉力，它的重心總是垂直在底面。如果物體偏邪或受到什麽擾害，就不能穩定而要流動了。這種車梯所以能穩定而不流動的道理，就是因爲它常能保持重心和底面的垂直。假如我們放一塊石頭於平地，它的重量必然是向下的，絶不會向旁邊的。至於繩子牽動車軲，那就如從舟中牽引舟前横木一樣。

據此可得車梯的大概形式如下：四輪，兩輪小而無輻，兩輪大而有輻，因係梯形，小而無輻之輪在前，大而有輻之輪在後，車身前大後小，前重後輕，前面支車的叉大而重，所以加重車身前邊的分量，無轅，不駕牛馬，繫以繩，人用手牽。

譚云："'梯也'者，言輴車爲梯之用也。《備梯篇》云：'雲梯者重器也，其動移甚難。'《通典》兵門云：'以大木爲牀，下置六輪，上立雙牙。牙有檢梯節，長丈二尺，有四桄。桄相去有三尺，勢微曲，遞互相檢，飛於雲間，以窺城中。'若據孫氏《閒詁》所引《史記集解》服虔説，以軒車爲雲梯，則其制似即本於輴車。蓋此言重其前者，前軨卑而後軨高，即後端昂而前端下；恐易傾仄，故制以重心在前，縱登者高集後端，亦無他處矣。"譚説可參考。按：此所謂車梯，可以從現在修理空中電綫所用的梯車爲例作想象。

（27）

經　倚者不可正，説在剃。

説 （倚），倍、拒、堅、䠶，倚焉則不正。

校 孫云："剃當作梯，蓋聲之誤。""堅當作掔。"譚言䠶爲射之誤。

解 倚，偏也。倍通背。孫云："掔與牽通。"此條講物體的重心。按：物理學言，物體能够立得住，它的重心一定要不出底面。此言有些東西要保持重心不出底面就得偏邪一點，不可以是正直的，例如梯子。《經》文"倚者不可正，説在梯"，即此義。《經説》以人的身體爲例説明此理：人的身體平常總是直立的，但是在背負東西的時候，推拒事物的時候、牽引東西的時候和拉弓射箭的時候，爲了要保持身體的重心，就都有些偏邪而不是正直的了。

《經》文云"説在梯"，《經説》并没有説及梯而僅以人身爲例，係因人身的幾種偏斜現象和梯子的偏斜現象同理，以人喻梯，此爲本經特例。

（28）

經 推之必往，説在廢材。

説 （誰），迸石絫石，耳夾寖者法也。方石去地尺，關石於其下，縣絲於其上，使適至方石。不下，柱也。膠絲去石，挈也。絲絶，引也。未變而名易，收也。

校 《經》文"推之必往"，張純一、譚戒甫皆校推爲堆，譚校往爲柱，全句應爲"堆之必柱"。譚謂《經説》首誰字爲堆之誤。耳疑當作且，形近而誤。法，孫云："疑當爲柱。"

解 《唐韻》："堆，聚土也。"引伸爲堆積。《説文》木部："柱，楹也。"段注："柱之言主也。引伸爲支柱、柱塞，不計縱橫也。”孫云：“廢，置也。”《説文》木部：“材，木梃也。”本義爲有用之木材，引伸爲凡可用之具。《經説》以石爲例，石即材。畢云：“竮即并字異文。”《説文》厽部：“絫，增也。”絫，古纍字。“寖，寢字省文。”《正韻》：“關，聯絡也。”今言關係即引伸義。張云：“絲，繩也。”《爾雅·釋詁》：“膠，固也。”《説文》糸部：“絶，斷絲也。”引伸爲斷。

此承上文挈與收，講物體堆積與支柱的情形。《經》文“堆之必柱，説在廢材”，是説堆積東西必定有支柱的力，我們從安置器材的現象就可以看出。《經説》舉纍石爲例，説明此理。并石是把石頭拼到一處。絫石是把石頭由下而上纍積起來。夾寢是把石頭夾到其他東西的上下左右之間，如夾在木頭或磚頭之間，好像寢卧其中的樣子。《經説》云：拼合石頭，纍積石頭，把石頭夾在其他東西之間，都表現了物體的支柱作用。所謂物體的支柱作用是怎樣的？可以拿事實來説明，如有一塊方石，離地面一尺，下邊墊一塊石頭，上邊繫一條繩子拉着它，繩子的長短剛到方石。這樣，方石就不至墜下，因爲它下邊有一塊石頭支柱着。如果我們把繩子拉緊而把下邊墊的石頭去掉，向上拉，繩子就可以被拉斷，因爲下邊失去支柱，石向下引，引力和挈力是相反的。引也可名爲收，收和引衹是名稱的改變，實際是相同的。

（29）

經　買無貴，説在仮其賈。

説　（買），刀糴相爲賈。刀輕則糴不貴，刀重則糴不易。王刀無變，糴有變，歲變糴，則歲變刀。若鬻子。

校　譚云："疑糴爲糶之繁文。"高云："此文糴字，其義爲穀，則當作糶，蓋糴糶音同，古通用也。"《説文》米部："糶，穀也。從米，翟聲。"入部："糴，市穀也。"糶糴形近，疑後人因經文有"買無貴"一語，將糶誤改糴。"刀輕則糶不貴，刀重則糶不易"，二不字梁改爲必，是。

解　這一條講貨幣與商品的關係及價格貴賤的道理。仮，畢、孫皆云同反。張云賈同價。刀即古代貨幣。《史記・平準書》索隱云："刀者，錢也，以其形如刀。"貨幣爲國王所鑄造，故云王刀。梁云："易，輕也。輕也者，賤也。"

《經》文"買無貴，説在仮其賈"，是説人們購買貨物時候以爲貨物有貴賤，其實貨物的貴賤不單純在貨物本身，也在和貨物對立的幣值。仮其價即從物價的反對方面看幣值。譚云："買無貴者，猶云買無貴賤，言貴可以該賤也。"《經説》云：物價是由貨幣和商品在交換中决定的。買賣是商品和貨幣的交换，一定數量的商品能和一定數量的貨幣交换是因爲二者是等價的。因此一方貴了，其他一方就顯得賤了；一方賤了，其他一方就顯得貴了。以米和錢爲例來説，錢賤了米必定貴，錢貴了米必定賤。人們從表面上看來，以爲錢幣的價格是没有變化的，一文錢永遠是一文錢，衹是米的價格在變化，斗米一百或一千，實際上一年之中米價在不斷的變化，就是幣值在不斷的變化。這種道理可以拿人們賣兒子的事情來説明。兒子本來不是出賣的商品，也是根本没有價格的，但是到了凶年饑饉的時候，有人逼不得已出賣兒子，也有了價格，而且是隨幣值的貴賤而有不同價格的。

（30）

經　賈宜則讎，說在盡。

說（賈），盡也者，盡去其所以不讎也。其所以不讎去則讎，舌賈也。宜不宜，舌欲不欲。若敗邦鬻室嫁子。

校《經說》“盡去其”下舊缺所字，據孫校補。

解　賈同價。讎同售。嫁子即嫁女。《論語・公冶長篇》“以其子妻之”，即以其女妻之。此條承上條而來，言物價是隨供求情況而定的。《經》文“賈宜則讎，說在盡”，是說價格適宜的貨物就可以脫售，這裏頭的道理不是簡單的，應當儘量弄清。《經說》對於所謂盡的意義特別加以說明，并舉例說明供求與物價的關係。所謂盡就是要儘量找出所以不能脫售的原因而把它們都除去。把貨物不能脫售的原因都除去，貨物就可以脫售，這樣售出的價格就是正當價格。例如貨物質量不好，不合買者需要，不適時令，索價太高……都是不能脫售的原因。如能把這些原因儘量除去，貨物就可以按它的正當價格出售。貨物價格的適宜不適宜，原因雖然複雜，而最重要的是人們對於貨物的需要不需要，所以價格的適宜不適宜是隨人們的需要不需要而定。例如戰敗的國家，人們逃避敵人，多不願意置房屋成室家，要賣房屋嫁女兒，衹得降格以求。

以上二條是墨家關於經濟的一些理論。上條是講商品與貨幣的關係，此條是講物價與供求的關係。雖然講得不够正確，而在古代是不容易的。

（31）

經　無說而懼，說在弗必。

説 （無），子在軍中，不必其死生；聞戰，亦不必其死生。前也不懼，今也懼。

校 《經》文“弗必”舊爲“弗心”，據孫校改。《經説》“聞戰，亦不必其死生”，舊缺死字，據孫詒讓、王闓運校增。

解 説即《經上》第73條“説，所以明也”的説，即第81條“方不障，説也”的説，也就是《小取篇》“以説出故”的説。説是推理，即比感性知識進一步的理性知識。人們對於事物的必然規律，不是用感性的直視方法可以認識，必須用理性的推理方法纔能認識。人能認識到事物的必然規律，就可以由已知推及未知，由現在推及將來，由近推及遠，由顯推及隱。這樣就可以無憂無懼。《經》文“無説而懼，説在弗必”，是説不能推理思考，没有理性知識的人，是多所恐懼的，因爲他不能認識事物的必然規律，就要隨感覺而發生反應。

《經説》舉例説明經義。例如自己的兒子在軍中，時時有參加戰争的可能，個人的生死本來是不能一定的，但一般人的心理卻是兒子從軍入伍不發生恐懼思想，一聽到打戰的消息就恐懼了。其實，兒子從軍就有死的可能，戰争發生兒子也不一定就會死。如果我們運用理性，認識了戰争的本質，兒子一經從軍就應當把他的生死置之度外，祇希望他爲正義而戰。正義戰勝，個人雖死猶生。從軍即準備爲正義戰争而犧牲。有犧牲的決心纔能獲得勝利的果實。準備犧牲，希望生存。能够這樣想就不至於不聽到戰争不恐懼，一聽到戰争就恐懼了。

（32）

經　或，過名也，説在實。

説（或），知是之非此也，有知是之不在此也，然而謂此南北，過而以已爲然，始也謂此南方，故今也謂此南方。

解　孫云："或，域正字。"《説文》辵部："過，度也。"段注："《釋言》：'郵，過也。'謂郵亭人所過。"過即經過、過渡、過程義。張云："有讀曰又。"譚云："以已爲然者，《經上》第33條云：'自後曰已，方然亦且。'此即其義。"

《經》文"或，過名也，説在實"，是説地域的名稱是歷史過程中的名稱，是變動的，不是固定的。我們要從事實上來看，不能衹從名稱上來看。《經説》舉例説明經義。例如南北的名稱就是隨人所在地域的不同而不同的。原來在我們南面的地方我們名爲南方，在我們北面的地方我們名爲北方。後來我們向南移動，原來南方一些地方就成爲我們的北方了。我們向北移動，原來北方的一些地方就成爲我們的南方了。現實情況變化以後，我們明明知道這個地方不是南方，又知道真正的南方不在此地，但是還是照舊説這是南方，這是在變化發展的過程中把過去的情況當作現在的情況了。原來叫這是南方，所以今天仍叫作南方。

概念是反映現實事物的，名稱是概念的符號。事物永遠在變化發展着，反映事物的概念和標志概念的名稱也應當是隨事物的變化發展而變化發展的。但是因爲概念的變化發展常是落後於事物的變化發展，而舊名稱的改變與新名稱的制定又不是容易的，於是現實事物已經變化發展了，而原來反映在思維中的概念還多是没有變化發展，就是概念變化發展了，原來用作概念符號的名稱還是多照舊不變。荀子説："名無固宜，約之以命，約定俗成謂之宜。"(《正名篇》) 事實上約定俗成的名不是永遠適宜的，尤其是作爲單獨概念的專有名稱，常常因爲現實事物的變化發展，舊的名稱不僅不適用，而且可以導致人們的誤會，有些人名地名就是如此。如李小娃本來是幼兒時期的名稱，而當他到了中年甚至老年的時候，他還是這個名字，就名不符實了。如趙家莊本來是姓趙的村莊，現在村中没有一個姓趙的人了，而仍是這個名稱，也就名不符實了。如日本原爲日出之國的意思，現在人都知道不是日出之國，但是仍叫日本，中國本爲四海之中的意思，現在知道中國并不在四海之中，但是我們仍叫它中國。西方國家把我們的地方叫爲遠東，是因爲在離他們很遠的東方，但是過去有些中國人竟然自稱爲遠東。澳大利亞爲拉丁文南面的意思，歐洲人初發現該地以爲是世界的最南端（參閱《世界知識》1960年第5期，第27頁），故用此名。現在我們知道它并不是世界的最南端，但是仍用此名。這些事實就都是所謂"知是之非此也，有知是之不在此也，然而謂此南北，過而以已爲然，始也謂此南方，故今也謂此南方"。

（33）

經 "知，知之否之，足用也"，誖，説在無以也。

説 （智），論之非智，無以也。

校 《經》文誖舊作諄，據張校改。

解 知、智古通用。《經》文上知字，即智字，《經説》標題智字有證，即知識、知慧義。下知字爲知道的知。《玉篇》："以，爲也。"《論語·爲政篇》"視其所以"，《大戴禮·文王官人》作"考其所爲”。王引之《經傳釋詞》云：“凡經傳言‘何以若此’者，皆謂‘何爲若此’也。”

這一條是講知識和實踐的關係。《經》文“‘知，知之，否之，足用也’，誖，說在無以也”，是說有人說，所謂知識，衹要知道的說是知道，不知道的說是不知道，就够用了。這話是謬誤的，理由是這樣的知識没有行爲的實踐。《經說》將此義再加說明。“論之非智，無以也”，是說衹能談論的知識不算是知識，因爲衹說而不行是不能在實踐上證明。

墨家重實踐，不尚空談，“摩頂放踵，利天下爲之”，所以《經上》第81條論知識的構成要素及步驟時，最後最重要的一點是“爲”。《說》云：“志行，爲也。”即言真正的知識必須是能從實踐上得到預期結果的。墨子三表：“有本之者，有原之者，有用之者。”“於何用之？發以爲刑政，觀其中國家百姓人民之利。”所謂用之者的一表也就是實踐。《貴義篇》說：“今天下之君子之名仁也，雖禹湯無以易之。兼仁與不仁使天下之君子取焉，不能知也。故我曰：天下之君子不知仁者，非以其名也，亦以其取也。”此所謂取也就是爲，即實踐。

譚云：“本條似駁孔子之論智。《荀子·天道篇》載孔子誨仲由之言曰：‘由志之，吾語女：奮於言者華，奮於行者伐，色知而有（又）能者小人也。故君子知之曰知之，不知曰不知，言之要也。能之曰能之，不能曰不能，行之至也。言要則知（智），行至則仁。既知（智）且仁，夫惡有不足矣哉？’《論語·爲政篇》乃約略其辭曰：‘由，誨女知之乎？知之爲知之，不知爲不知，是知（智）也。’”“‘知之否’，即‘知之爲知之，不知爲不知’之省文。”譚說近是。（譚將"知之否之"，斷句爲"知之否"也可通。）

（34）

經　謂辯無勝，必不當，説在辯。

説　（謂），所謂非同也，則異也。同則或謂之狗，其或謂之犬也。異則或謂之牛，牛或謂之馬也。俱無勝，是不辯也。辯也者，或謂之是，或謂之非，當者勝也。

校　《經説》"所謂"舊爲"非謂"，孫據道藏本、吴鈔本正。第二牛字，孫云："疑當爲丌，與上句文例同。"丌即其。

解　《經上》第 80 條："謂，命、舉、加。"謂是人們對於事物的表達，即判斷、命題。《經》文"謂辯無勝，必不當，説在辯"，是説辯論是用命題進行的，一個命題在辯論中不能獲得勝利，一定是命題不適當，辯論的命題是有一定規則的。《經説》舉例説明經義，并告人辯論的規則。《經上》第 81 條云："所以謂，名也；所謂，實也。"謂是由所謂的實和所以謂的名合成的，但在辯論中着重在争所謂，所謂是實，即對象。所以《經上》第 75 條云："辯，争彼也。辯勝，當也。"《經説》云："或謂之牛，或謂之非牛，是争彼也。"人們在辯論時所争的對象不是相同就是相異。如有一對象，甲説是狗，乙説是犬。狗，犬也。（下文第 53 條）狗犬是二名一實的重同，如對，甲乙兩方都對，如錯，甲乙兩方都錯，誰也不能勝誰。又如有一對象，甲説是牛，乙説是馬。牛馬是相異的，似乎可説不是甲對就是乙對，但是這個對象可能既不是牛，也不是馬，甲乙兩方都不對。因此，這樣的辯論也不能保證一方必勝。這樣對於一個對象的辯論，無論甲乙兩方所説是相同或相異，都不能保證一方必勝，就不能説是辯論。真正的辯論，是對於一個對象所作的判斷，甲方肯定乙方否定，和事實符合的一方就是勝利。如有一對象，甲説是牛，乙説是非牛，這樣甲方是正，乙方是反，甲方是立，乙方是破，雙方不能同時都是，也不能同時都非，總是一是一非的，辯論的結果總有一方是勝的。“辯也者，或謂之是，或謂之非，當者勝也。”這就是説辯論一定要合乎邏輯上的不矛盾律和排中律。不矛盾律的公式是“甲不是非甲”，也可説“甲不是甲又是非甲”。排中律的公式是“甲爲甲或爲非甲”，也可説是“甲爲甲或不爲甲”。不矛盾律告人兩個矛盾命題或反對命題不能同時都真，排中律告人兩個矛盾命題不能同時都僞。真正的辯論，雙方的命題一定是針鋒相對的矛盾命題。

春秋戰國時代是我國歷史由奴隸社會向封建社會轉變的時期，複雜的階級鬥争成爲各派思想家的理論鬥争，於是需要辯。但是代表没落階級的老莊等人因爲自己的理論無法在辯論中取得勝利，於是就反對辯。老子説：“大辯若訥。”“善者不辯，辯者不善。”“知者不言，言者不知。”這是根本反對辯的。莊子説：“即使我與若辯矣，若勝我，我不若勝，若果是也？我果非也邪？我勝若，若不吾勝，我果是也？而果非也邪？其或是也？其或非也邪？其俱是也？其俱非也邪？我與若不能相知也。”（《齊物論》）這是把辯論的勝負和真理的是非看作是不相聯繫的，即在辯論中無論誰勝誰負，并不能以勝負决定是非。墨家思想是接近下層勞動人民的，要和代表没落階級的各種腐朽思想作理論鬥争，所以要辯，因爲辯可以“明是非之分，審治亂之紀，明同異之處，察名實之理，處亂害，决嫌疑”（《小取篇》）。辯論是通過命題進行的，因此要注意命題的當不當，辯而不勝，一定是命題不當，所以説“謂辯無勝必不當”。命題的當否決定辯論的勝負，辯論的勝負説明了真理的是非。命題的當否就是判斷和事實是否相符，所以説“辯也者，或謂之是，或謂之非，當者勝也”。

（35）

經 無不讓也，不可，説在始。

説 （無），讓者酒，未讓始也，不可讓也。[若殆於城門與於臧也。]

校 孫謂《經》文與《經説》兩始字疑當爲殆。“若殆於城門與於臧也”句舊誤入下文第52條，據孫校移歸此條。

解 孫云：“《荀子·榮辱篇》云：‘巨塗則讓，小塗則殆。’楊注云：‘殆，近也。’此殆異於讓之義。”“凡相近而不讓謂之殆。”“凡古人行禮，賓主入門必讓，若與人同入城門而相殆，則無爲讓。臧爲賤人，不足與爲禮，則不必讓也。”“殆逮聲義相近。”逮，及也。此所謂殆即前後相及，依次進行的意思，即今人所謂排隊。

《經》文“無不讓也，不可，説在殆”，是説讓爲美德，但是也要看時間、地方和條件而行，不顧時間、地方和條件而無所不讓是不可以的，如在狹小道路上與人同行，就衹能排隊循序進行，不能彼此相讓。《經説》舉飲酒、出入城門和對於奴隸爲例將此義更加具體説明。例如和人共同飲酒，就應當相讓。在狹窄小路上與人同行，就衹能前後相及，排隊進行，不必相讓，因路途狹窄，不容并行，無法相讓。如和人共同進出城門及對於奴隸們就不必相讓。城門之下，車馬行人擁擠不堪，衹能排隊依次進出，無法實行禮讓；奴隸身分卑下，人也不必對他們禮讓。

自古聖哲多以讓教人。孔子説："能以禮讓爲國乎何有，不能以禮讓爲國如禮何。"（《論語·里仁篇》）子貢説孔子每到一國都能與聞國政，是由温、良、恭、儉、讓以得之。（《論語·學而篇》）孔子譏笑子路説："爲國以禮，其言不讓，是故哂之。"（《論語·先進篇》）老子講不争，不争則讓。《國語·周語下》載史佚的話説："居莫若儉，德莫若讓。"讓爲美德是不能否認的，但在實踐上不應當是不顧時間地點與條件而無所不讓。如孔子雖然一再言讓，卻教人"當仁不讓於師"。我們今日説"方便讓給别人，困難留給自己"，也絶不應當把方便讓給敵人。即對於一般人，非原則性的事情可以相讓，關於原則性的事情也不應相讓。

（36）

經　於一，有知焉，有不知焉，説在存。

説（於），石一也，堅白二也，而在石。故有智焉，有不智焉，可。

解《經》文云：人們對於一種東西的屬性，有的知道，有的不知道，東西的屬性總是客觀存在的，不是因爲人知道而有，也不會因爲人不知道而無。《經説》云：例如石頭這一種東西就具有堅白二種屬性，人們衹用手摸是衹能知道它的堅而不能知道它的白，人們衹用眼看是衹能知道它的白而不能知道它的堅。這樣因爲感官機能的限制有知有不知是可以的，但不能因此就説石頭的堅白二種屬性是可以分離的，也不能認爲石頭衹有堅的屬性或衹有白的屬性。

這仍是對於離堅白說的反駁。公孫龍説："無堅得白，其舉也二；無白得堅，其舉也二。""視不得其所堅而得其所白者，無堅也；拊不得其所白而得其所堅者，無白也。"這是把事物的屬性看作隨人的認識與否而有無的，是唯心論的。墨家以爲這衹能說人對於石頭的堅白二種屬性有知有不知，并不是石頭本身有堅無白或有白無堅，因爲堅白二性是并存於一石的。

（37）

經　有指於二而不可逃，說在以二絫。

説　（有）指，子智是，有智是吾所先舉，則重。子智是，而不智吾所先舉也，是一。謂有智焉，有不智焉，可。若智之，則當指之智告我，則我智之。兼指之以二也。衡指之，參直之也。若曰必獨指吾所舉，毋舉吾所不舉，則者固不能獨指。所欲相不傳，意若未校。且其所智是也，所不智是也，則是智是之不智也，惡得爲一，謂而有智焉，有不智焉？

校　《經説》"則重"舊作"重則"，據高校乙正。高云："毋舉當作毋指。""則者"，張云："則下有捝字，或是'二'字，或是'三'字。"張純一增二字，近是。"所欲相不傳"，孫云："相疑爲指之誤。""則是智是之不智也"，之字疑衍。"謂而"，譚云當作"而謂"。

解　指有二義：作爲動詞即指點指示的意思，即心目所注的意思；作爲名詞與恉旨同，即物旨的意思，物旨即事物的屬性。《經》文"有指於二"的指即作名詞用。《説文》辵部："逃，亡也。"《廣韻》："逃，避也，去也。"引伸爲離散。《説文》厽部："絫，增也。”絫即古纍字。古人係纍二字常并用。《孟子·梁惠王下》:“係纍其子弟。”趙注:“係纍猶縛結也。”此所謂絫有連纍、聯繫義。《經》文“有指於二而不可逃，説在以二絫”，是説有些事物的屬性是二種相互聯繫而不能分離的。我們就要把它們聯繫在一起看。此承上條而言，似仍指“石一也，堅白二也，而在石”。

《經説》仍隱以石的堅白二性爲例。例如你知道石頭是堅的，又知道你所知道的堅就是我先前所説的堅，這樣，我説堅你也説堅，這是同一屬性的重復。如果你知道的是堅，并不知道我先前所説的是什麽，你就是祇知道一種屬性。無論你所知道的和我所説的，或是重復的一種屬性，或是你祇知道一種屬性，總之，你對於石頭的堅白二性是祇知其一，而不是二者都知。這樣説對於石頭的堅白二性有知有不知是可以的。假如你完全知道石頭的二種屬性，就應當把你所知道的指出來告我，我也就可以知道。你怎樣指出來告我呢？應當把石頭的堅白二種屬性全指出來。或平列舉出，如説石頭有堅白二性；或先後舉出，如説石頭的堅性之中有白性，白性之中有堅性，堅白二性是參雜不分的。假如你一定要説“堅白二性是分離獨立的，説堅就是專指堅言，不説白就是不指白言”，這是錯誤的，實際上堅白二性并不能分開單獨指出。所要指的不能傳達出來，意思總是不明白。堅白二種屬性既是“以二絫”，既是“有指於二而不可逃”，則二種屬性是合成一個對象，人所知道的是這個對象，人所不知道的也是這個對象，要麽就是都知道，要麽就是都不知道，怎能是一個對象而説是有的知道有的不知道呢？

智皆同知。“子智是，有智是吾所先舉”，張云:“有讀爲又。”《經上》第58條云:“直，參也。”高云:“衡參相對。衡，横也。

參，縱也。同時爲横，先後爲縱。即同時爲衡，先後爲參也。”直同值。《説文》人部：“值，遇也。”遇即遇合。“參直之”，即先後相連的意思。譚云：“校同較。《廣雅》曰：‘較明也。’”張其鍠、郭沫若改校爲皎，亦通。

公孫龍云：“石一也，堅白二也，而在於石。故有知焉，有不知焉；有見焉，有不見焉。故知與不知相離，見與不見相藏。藏故，孰謂之不離。”（《公孫龍子·堅白論》）此所謂“有指於二而不可逃，説在以二絫”，似正對“知與不知相離”言。《經説》頗難解，此解酌採各家説加以己見補充，總覺未圓，暫作此解，敬俟高明。

（38）

經　所知而弗能指，説在春也、逃臣、狗犬、遺者。

説　（所），春也，其執固不能指也；逃臣，不智其處；狗犬，不智其名也；遺者，巧弗能兩也。

校　《經説》“遺者”舊作“貴者”，據張惠言、楊保彝校改。張云：“執疑當爲埶，與勢同。”孫云：“埶即古勢字。”

解　《經説》智字同知。將《經》文與《經説》合起來看，意思是説：人們所知道的事物一定是實際上所有的事物，也就是能指出一定對象的，但是有些事物，人們雖然知道它卻指不出它，就是在思維中雖有概念，在實際上卻指不出一定的對象。例如春天這個概念，人都知道它的意義，但是要具體指出春天的形勢是不可能的。又如逃走的臣僕（奴隸），不知他逃到什麼地方，人們即使在腦中有他的印象，卻不能指出實際對象。又如狗犬一般是沒有名字的，少數有名字的，也衹是它們的主人們知道，别人是不知道的。

如果有人叫我指出一隻名叫“阿黑”的狗子，我是指不出的。又如已經遺失了的東西，人們雖然知道遺失的是什麼東西，卻指不出它的真實形象，因爲嚴格説來，任何巧手不能作出和原物相同的第二個東西。

這四種所知而弗能指的概念或事物，第一種，例如春，是屬於時間的範疇概念，即所謂達名。範疇概念，外延太廣，很難指出具體形象。如運動、變化等概念也都是不能指出具體形象的。這種概念都是抽象性的，但是把它和一些具體事物結合起來就可以指出它的形象了，如春天的陽光、春天的温度、春天的花草等。運動、變化等概念也是這樣，如地球的運動、昆蟲的變化等。第二種，例如逃臣，第四種，例如遺者，可説是本來都有實在對象可指，現在無法找得了。逃臣是就人言，遺者是就物言。就人言，不僅對逃臣不能指出，對於任何不知其處的人都不能指出。不僅精製的藝術品巧弗能兩，任何一件東西都是巧弗能兩。第三種，例如狗犬不知其名，是説人們對於事物的名稱和它所指的對象不能聯繫的時候，就不能按着名字指出對象。如我們雖然知道一些化學名詞，如没有化學的實際知識，到了化學實驗室裏就指不出什麼是氧，什麼是氫，什麼是硫酸，什麼是鹽酸。一個没有機器知識的人，要問他什麼是機床，什麼是馬達，他也指不出。

此條《經説》文法修辭甚足注意。説到春是“春也，其勢固不可指也”。説到遺者是“遺者，巧弗能兩也”。二句爲對文，中間“逃臣不知其處”和“狗犬不知其名”，也是對文。春言不可指而不言不能指，説明春這個概念不僅是不能指出它的形象，而且是不可以指出形象的。能不能是事實問題，可不可是理論問題，範疇概念在理論上就是不可以指的。《經上》第 79 條《經説》云：“物，達也，有實，必待文多也命之。”義即範疇概念是有實在對象的，但它是包括許多概念而形成的一個極廣泛的概念，所以是不可指的。

以上二條都是論知與指的。第 36 條是説關於一種事物的屬性，人儘管有所知有所不知，事物的屬性總是客觀存在的。第 37 條是説如果一種事物有兩種屬性是密切聯繫而不能分離，就應當把它聯繫起來看。此條是説有些事物是人所知道的卻不能指出。這三條似皆爲離堅白説而言。

（39）

經　知狗而自謂不知犬，過也，説在重。

説　（智），智狗重智犬則過，不重則不過。

校　《經説》“則過”疑當作“則不過”，“則不過”疑當作“則過”，全文應爲“智狗重智犬則不過，不重則過。”寫者上句誤脱一不字，下句誤增一不字。

解　《爾雅·釋畜》：“犬未成豪，狗。”《説文》犬部：“犬，狗之有縣蹏者也。”狗原爲小犬，狗和犬原來是有些區别的。到了春秋戰國的時候，可能人們對於這兩個名稱已經沒有什麽區别了，但是有些人還要拘執於名稱而説“狗非犬”(《莊子·天下篇》引辯者言)。此條所言可能就是墨家對所謂“狗非犬”而説的。

《經》文云：有人説他認識狗而不認識犬，這是錯誤的話，狗和犬是二名一實的重同。《經説》與《經》文大體相同。狗和犬既是二名一實的重同，所以認識狗又認識犬是不錯的，要説不是重同就是錯的。

名稱是概念的符號。事物是發展變化的，反映事物的概念也是發展變化的，作爲概念符號的名稱也是發展變化的。但是因爲名稱一經約定俗成之後就比較有了固定性，它的發展變化常常落在事物和概念的發展變化之後，於是有些死啃書本的書呆子和玩弄文字游戲的所謂辯者，就常常不顧事實和習慣，專從文字上玩花樣了。所謂"狗非犬"和"知狗而自謂不知犬"，就是這些人的話。名稱的發展變化大概有兩種形式：一種是由繁趨簡，另一種是由簡趨繁。前者如對於馬的名稱。從《説文》上來看，古代關於馬的名稱是很多的，我們現在關於馬的名稱卻是很少了。這是因爲古人關於馬的繁多名稱，本來不是本質的區別，所以逐漸被人廢棄或合并了。後者如關於氣的名稱。從《説文》上來看，古人關於氣的名稱是不多的，但是現在我們對於氣的名稱都增加得很多了。這是因爲實際上氣的種類很多，人們不斷有新的發現，因而不得不增加新的名稱。狗和犬兩個名稱，在起初是有區别的，後來没有區别了，這也是因爲人們看來，所謂未成豪的狗和已成豪的犬，在本質上是没有什麽區别，因而把狗和犬看作二名一實的重同了。墨家講實際，重功用，不作死啃書本的書呆子，也不取玩弄文字游戲的詭辯，所以説"知狗而自謂不知犬，過也"。

（40）

經　通意後對，説在不知其誰謂也。

説（通），問者曰："子知羆乎？"應之曰："羆何謂也？"彼曰："羆施。"則智之。若不問羆何謂，徑應以弗智，則過。且應必應問之時，若應長，應有深淺大常中在兵人長。

校 《經説》施字曹改爲旅，譚、高從之。大下疑脱一小字。常字頭爲小，疑寫者誤將小字當作常字頭致脱。兵疑當爲丌即其。最後長字疑涉上句衍。《經説》全文應校正如下：〖(通)，問者曰："子知羈乎？"應之曰："羈何謂也？"彼應曰："羈旅。"則智之。若不問羈何謂，徑應以弗智，則過。且應必應問之時，若應長。應有深淺大小，常中在其人。〗

解 《説文》言部："誰，何也。"譚云："羈，羈之別體。"《説文》："羈，馬落（絡）頭也。從网馽。馽，絆也。馽或從革。"段注："引伸之爲羈旅。"是羈本爲馬絡頭，也可作羈旅講。"且應必應問之時"，上應字爲應對的應，下應字爲應當的應（譚説）。中，即《論語》"夫人不言，言必有中"(《先進篇》) 的中。中，得也。《爾雅・釋詁》："在，察也。"

此言應對問話時，第一要明確問者的意思，第二要應對適時，第三要適合對方的程度與需要。《經》文云：應對人的問題，要把人的意思明確以後纔對答，否則，不知道他問的是什麼，就無法對答。《經説》舉例説明經義，例如問的人説："你知道羈嗎？"應的人應當先問："所謂羈是指什麼？"如他説："羈是指羈旅。"這樣，就可以説是知道。如果不先問清楚羈是指什麼説，就答説不知道，便錯了。而且應對要適時，不問不答，有問就答，應對一切人就如同應對長老一樣，要恭敬謹慎。應答人的話，該深説就深説，該淺説就淺説，該大講就大講，該小講就小講，要希望常常收到很好效果就要明了對方的程度與需要。

明確對方提出的問題，這在邏輯上叫作確定論題。如果在談話或辯論的時候，不先確定論題，常常因概念的模糊、名詞的歧義以及有意偷换概念的詭辯，使人們無法進行談話或辯論。所謂文不對題，答非所問，即由此而生。王充《論衡·問孔篇》説：“蘧伯玉使人於孔子，孔子曰：‘夫子何爲乎？’對曰：‘夫子欲寡其過而未能也。’使者出，孔子曰：‘使乎！使乎！’非之也。……夫孔子問使者曰：‘夫子何爲？’問所治爲，非問操行也。如孔子之問也，使者宜對曰：‘夫子爲某事治某政。’今反言：‘欲寡其過而未能也。’”這就是答非所問，就是不能“通意後對”，就是“不知其誰謂也”。《大取篇》云：“子深其深，淺其淺，益其益，尊其尊。”即此處所謂“應有深淺大小，常中在其人”。墨子《耕柱》、《貴義》、《公孟》、《魯問》等篇所載墨子與人問答的情况即其例。《論語》所記孔子對人問孝問仁的解答也同例。

孔子云：“侍於君子有三愆：言未及之而言謂之躁，言及之而不言謂之隱，未見顔色而言謂之瞽。”（《論語·季氏篇》）“且應必應問之時，若應長”，與此義略同。

（41）

經　所存與存者，於存與孰存，駟異，説在主。

説　（所），室堂所存也。其子存者也。據在者而問室堂：“惡可存也？”主室堂而問存者：“孰存也？”是一主存者以問所存，一主所存以問存者。

校　《經》文“所存與存者”與下脱存字，説下脱在主二字，據張校補。《經説》“據在者”，張云：“在當爲存。”“惡可存也”，梁云：“可字衍。”

解　此條言存在有所存在與能存在的分别，所存在與能存在的分别是主體的不同。於音烏，同惡，於存即何存。駟借作四。主，就事物説是主體，就語句説是主詞。其子即其人的意思。

《經》文云：人所存在的處所和處所上存在的人，何處存在與誰存在，這表示了四種不同的意義，問題在主體是什麽。《經説》舉例説明經義：例如人居住的室堂就是所存在。居住室堂的人就是存在者（能存在）。以存在者爲主體而問室堂，就要説“何處存在？”以室堂爲主體而問存在的人，就要説：“誰存在？”這兩句問話，前一句是以存在者爲主體問所存在，後一句是以所存在爲主體問存在者。

按：存在者與所存在是相對的。此言“堂室所存也，其子存者也”。若以地球爲所存，則堂室是存者。

梁云：“此條論主詞之用法。如云：‘其子在室。’‘其子’，在者也。‘室’，所在地也。問‘其子安在’，是惡存也。問‘在此室者何人’，是孰存也。所主異而辭因之以異。”

（42）

經　五行毋常勝，説在宜。

説　（五），合水土火火，離然。火鑠金，火多也；金靡炭，金多也。合之府水，木離木，若識麋與魚之數，惟所利。

校　譚校《經説》“合水土火火”爲“金水土木火”之誤，“合之府水，木離木”爲“金之府水，火離木”之誤，因合與金形近，火與木形近。譚校是。

解　這一條《經》文是駁斥五行相勝的説法，《經説》舉例説明經義，并説明五行相生的道理。張云：“毋，無也。”《玉篇》：

“宜，當也，合當然也。”《經》文云：五行相勝的説法不是固定的，要看具體條件的適宜不適宜，條件適宜就能制勝，否則就不能制勝。孫引《易·離彖傳》云：“離，麗也。”麗，即附麗的意思。離然可講爲互有聯繫。《説文》金部：“鑠，銷也。”《方言》：“靡，滅也。”《説文》广部：“府，文書藏也。”引伸爲凡藏之稱。《玉篇》：“府，聚也。”《玉篇》：“炭，火也。”數爲藪之假借。《經説》云：所謂五行就是金、水、土、木、火五種東西，這五種東西是互有聯繫的，不是彼此孤立的。但是要説一種東西能够制勝另一種東西，那就要看具體條件如何，不是固定的。例如火是可以銷金的，就必須要火多。如果金多，炭火也可以爲金所滅。不衹是五行相勝的情形要看具體條件，就是五行相生的情形也必須在一定的條件下纔能顯現。如金是藏着水的（即金生水），須在銷化的時候纔能看見；火是附着木的（即木生火），須在燃燒的時候纔能看見。這些道理，是容易懂的，就像人們能知道麋和魚的淵藪一樣。魚利於水，麋利於山，衹要從對它們的生活有利條件着想就懂得了，并不是離開現實事物的抽象道理和神秘思想。廣韻》：“利，宜也。”《經説》末尾的“惟所利”與《經》文“説在宜”相呼應。

“説在宜”，欒調甫、譚戒甫皆校宜爲多。譚云：“宜當讀爲多。《説文》宜字從多省聲作宐，古文不省作㝖，《廣韻》作㝖，可證。”高亨從之，并以《經説》火多金多爲證。按：《經説》“火鑠金，火多也；金靡炭，金多也”，衹就金火的相勝來説是對的，如拿金和木、木和土來説，一個小錐子可以刺入一塊很大的木頭，就不能説是金多。一根木橛可以插入硬實的土地，也不能説是木多。《白虎通》云：“五行所以相害者，天地之性：衆勝寡，故水勝火；精勝堅，故火勝金；剛勝柔，故金勝木；專勝散，故木勝土；實勝虛，故土勝水也。”漢人的説法當然不能當作墨家的意思，但所謂衆勝寡，精勝堅，剛勝柔，專勝散，實勝虛，正是此條《經》文所謂“説在宜”，也就是《經説》所謂“惟所利”，而不是“説在多”。因爲五行相勝的情形衹有一部分是衆勝寡，不應以偏概全。讀宜爲多應屬下條。

五行之説是中國思想史上一個很重要的問題。歷來以爲五行相勝説鄒衍始倡，五行相生説漢代董仲舒在《春秋繁露》始有明言，實則五行相勝和相生的説法可能在鄒衍之前早已有了，而且相勝和相生的兩種説法可能是前後差不多同時有的，不過見之於著録比較在後。五行之説最早是人們在生産實踐中對於自然界的簡單的分析，就如希臘古代哲學家把宇宙看成是由水生成、由火生成或由氣生成一樣。也好像後來的化學家把物質的構成分析爲幾種原素一樣。素樸唯物主義的五行説經過長期的發展，被唯心主義者採用之後，就成爲神秘主義的思想，甚至成爲一切迷信的根據了。墨學盛行的時候，五行相勝和相生説可能已在流行。墨家在此處把五行相勝和相生的情形都從具體條件上説明，這是古代的樸素的辯證唯物主義的思想。

（43）

經 無欲惡之爲益損也，説在宜。

説 （無），欲惡傷生損壽説，以少連。是誰愛也，嘗多粟。或者欲不有能傷也，若酒之於人也。且恕人利人，愛也，則唯恕弗治也。

校 《經》文宜當作多。《經説》“少連”疑爲“其過”之誤。

高云："誰當作惟，形近而誤。""有能"疑爲"能有"之倒誤。恕人，孫云："恕，吴鈔本作恕。"唯恕，高云："恕字當作恐。"

解　欲惡即好惡，即愛恨或愛憎，愛和恨是人們對於事物的兩種最重要的感情。當時有人以爲好惡之情對於人是有損的，墨家以爲不能籠統説好惡之情對於人有損有益，衹能説好惡之情太多了對人有損。所以《經》文云："無欲惡之爲益損也，説在多。"無同毋，非也。益損并舉，特重在損，《經説》"欲惡傷生損壽説"可證，此猶如言是非而重在非，言利害而重在害，言大小而重在大一樣，同屬偏義復詞。

《經説》舉例説明經義：好惡之情能使人傷生損壽的説法，是就好惡之情的過度而言。如吃飯是人所愛的，但是吃多了就有害。飲酒是對人有害的，但是不多飲也不至傷人。好惡之情用得其當，不僅是不會對人有害，而且是對人有益的。人能恕人利人就是由於愛人，聖人愛人所以唯恐天下不平安。

《兼愛下》説："藉爲人之國若爲其國，夫誰獨舉其國以攻人之國哉？爲彼者由爲己也。爲人之都若爲其都，夫誰獨舉其都以伐人之都者哉？爲彼由爲己也。爲人之家若爲其家，夫誰獨舉其家以亂人之家者哉，爲彼由爲己也。"此所謂恕人即以己度人，也就是"爲彼由爲己也"。《兼愛上》説："故聖人以治天下爲事者，惡得不禁惡而勸愛。故天下兼相愛則治，交相惡則亂。故子墨子曰：'不可以不勸愛人者此也。'"《經説》最後云："且恕人利人，愛也，則唯恐弗治也。"即此義。

歷來關於情欲問題有三種不同的思想：（1）任情縱欲；（2）絶情去欲；（3）潔情節欲。彰明較著提倡任情縱欲的很少而實際上任情縱欲的卻是很多，一些猖狂自姿、侈淫無度的人，即都可説此派。主張絶情去欲的人很多，如我國的老莊、印度的佛教、希臘古代的斯多葛派即屬此派。儒墨二家是屬於潔情節欲一派。潔情是以己之情度人之情，即此處所謂恕人，即《禮記·大學》所謂潔矩之道，朱熹注云"潔，度也"，節欲即"樂而不淫，哀而不傷"的意思。

高云："老子以無欲惡爲貴，莊子承之，遂倡無情主義。《莊子·德充符篇》惠子謂莊子曰：'人故無情乎？'莊子曰：'然。'惠子曰：'人而無情，何以謂之人？'莊子曰：'道與之貌，天與之形，惡得不謂之人？'惠子曰：'既謂之人，惡得無情？'莊子曰：'是非吾所謂情也。吾所謂情者，言人之不以好惡内傷其身，常因自然，而不益生也。'是莊子之無情主義，即無好惡也。墨子反對此説，故特駁之焉。"

（44）

經　損而不害，説在餘。

説　（損），飽者去餘，適足不害。能害飽，若傷麋之無脾也。且有損而後益智者，若瘧病之之於瘧也。

校　《經説》"能害飽"，梁云："舊錯倒，當作飽能害。"譚云："麋與糜通。"孫云："智字疑衍。"又云："下之字當作人。"王闓運謂兩之字重，删其一，也通。

解　《釋名》釋飲食："麋，煮米使米糜爛也。"《説文》米部："糜，糝糜也。"糜似即所謂粥。脾是人的一種内臟。《説文》肉部："脾，土藏也。"《釋名》釋形體："脾，裨也。在胃下，裨助胃氣，主化穀也。”據生理學言，脾能運動，助胃消化。畢云：“痮即瘧省文。《說》文云：‘瘧，熱寒休作。’今經典省几，此省巳，一也。巳即爪字。”

《經》文云“損而不害，說在餘”，是說有些事物損去一部分而不害事是因爲它有多餘的部分。《經說》以吃飽和瘧疾爲例說明事物損去多餘的部分不祇是無害，有時反而有益。人們吃飽以後把多餘的部分去掉，是正合適，不會對身體有害。要是太飽了倒能傷害身體，如吃粥吃多了，弄得胃不消化，好像沒有了脾臟的一樣。這說明損去多餘的部分是無害的。又有些事物，損去多餘的部分，不祇是無害而且是有益的。例如人患瘧疾，是在正常的身體上多加了一種疾病。我們把瘧疾除去，使人痊愈，這就不祇是無害而且是有益了。

此條是承上條對於損的意義特別加以闡發的。一般人總是把損和害聯繫在一起的。如說有什麼損害，或損害了什麼。墨家看來，損和害是統一的又是對立的，損不足是有害的，損有餘不祇是無害而且是有益的。因此人不僅要不怕損，在必要的時候，更要不吝損。“任，士損己而益所爲也。”（《經上》第 19 條）“殺己以存天下，是殺己以利天下。”（《大取》）這種自我犧牲的精神，就是不怕損、不吝損的思想表現。老子說：“天之道損有餘而補不足。人之道則不然，損不足以奉有餘。孰能有餘以奉天下？唯有道者。”《易經·損卦》說：“山下有澤，損，君子以懲忿窒欲。損其疾，亦可喜也。”同此義。

（45）

經 知而不以五路，說在久。

説（智），以目見，而目以火見，而火不見，惟以五路智。久不當以目見，若以火見。

解　以，用也。五路即五官，即人的感覺器官。梁云："五路，五官也。官而名以路者，謂感覺經由之路，若佛典以眼耳鼻舌身爲五入矣。"墨家書中對於所謂五路是些什麼没有明白指出。我國古代講到感官的《荀子》比較明確。《荀子·天論篇》説："耳、目、口、鼻、形能（態），各有接而不相能也，夫是之謂天官。心居中虛，以治五官，夫是之謂天君。"又在《正名篇》以目耳口鼻形體爲五官，形態即形體。今言五官爲耳、目、口、鼻、膚。形態、形體似與膚相當。久，即《經上》第40條所謂古今旦暮的久，即時間。

《經》文云："知而不以五路，説在久。"這是説人們的知識是由感官得到的，但有些知識不是憑感官所能得到的，如關於時間的知識是。《經説》是就《經》文加以闡發的，單舉五官之一的目官爲例以概其餘。智同知，火即光。人們看見事物是用眼看見的，眼能看見事物是因爲有光，但光不能叫人看見，是人由感官知道的。時間都不像其他東西可以借着光用眼看見，因爲時間没有具體形象，過去的時間不是我們的眼能看見，未來的時間不是我們的眼能看見，就是現在的時間也不是我們的眼能看見。

按：人們對於時間的認識是不能單憑感覺認識的，必須運用抽象的思維纔能認識。但是抽象的思維不是脱離感覺的，而是以感覺爲基礎的。此處墨家所謂"知而不以五路，説在久"及"久，不當以目見"，語句簡略，很容易導致人的誤會，以爲人們對於時間的認識是根本與感覺無關係的，這樣就陷入唯心論的謬誤思想中了。唯心論者以爲時間空間衹是人們的主觀觀念而不是客觀實在。

唯物論者都以爲時間空間是客觀的實在，我們關於時間空間的表象是客觀實在的反映。所以恩格斯説："所有存在的基本形式是空間和時間，離開時間的存在和離開空間的存在，同樣是最大的荒唐。"（《反杜林論》，人民出版社 1957 年版，第 52 頁）列寧説："正如物或物體不是簡單的現象，不是感覺底複合，而是作用於我們感官的客觀實在一樣，空間與時間也不是現象的簡單形式，而是存在的客觀實在形式，世界上除了運動着的物質，没有别的任何東西，而運動着的物質衹有在空間與時間之内纔能運動。"（《唯物主義與經驗批判主義》，人民出版社 1960 年版，第 179 頁）關於時間是否可以由感覺認識的問題，恩格斯説："經驗論者又希望從感覺上去認識他們，希望看到時間，嗅到空間，當然是不可能，因而就説我們能知道什麽是一小時或一米，而不能知道什麽是時間和空間。仿佛時間是其他的某種東西而不是小時的總和，空間是其他的某種東西，而不是立方米的總和。物質的這兩種存在形式，假若没有物質，當然是無，是衹在我們頭腦中存在的空洞的觀念抽象。然而確實有人説：我們也不知道什麽是物質和運動！當然不知道，因爲還没有任何人以其他的某種感性方式看到或體驗到物質本身和運動本身，人們所碰到的衹是各種不同的現實地存在的實物和運動形式。"（《自然辯證法》，人民出版社 1955 年版，第 196 頁）這些話都是我們瞭解此條《墨經》的參考。

梁云："時間觀念純由時間相續而得來，吾人因時間而知有時間，若以火見火也。"張純一云："藏識中，具名言種，例如久是。故聞久之名，即知爲久。是久固不以五路知，蓋由識及名而知。"這都是唯心論的説法，對於此條所言都不得其解。

（46）

經　火熱，説在頓。

説　（火），謂火熱也，非以火之熱我有，若視日。

校　《經》文“火熱”，火字舊作必。孫云：“依説，必疑當作火，火必形近而誤。”據改。《經説》“若視日”，日舊作曰，據曹校改。

解　頓，貯也，止也。今所謂停頓即此義。譚云：“頓，屯之繁文。《莊子·寓言篇》：‘火與日，吾屯也。’《釋文》：‘屯，聚也。’此即其義。”按：頓屯通。

《經》文云“火熱，説在頓”，是説火的本質屬性就是熱，熱是貯於火中，有火就有熱，絶没有不熱的火。《經説》將經義更加透徹發揮，并以日爲喻云：所謂火熱是説火就是熱，有火就有熱，這是客觀的實在，是離開人的意識而獨立存在的事實，并不是因爲火熱到我的時候，我感覺了熱纔有熱。就如同太陽，本來是熱的，并不是因爲我看到它的時候，感覺了熱纔有熱。

這條講火與熱的道理是我國古代很可寶貴的唯物論思想。唯心論者以爲世界上的一切事物都祇是我們由感官所感知的觀念。火這個對象是我們所感知的觀念，火的屬性熱也是我們感知的觀念。如果我們對於火没有感知，火這個對象就没有。如果我們雖然感知火這個對象，卻没有感知它的熱，我們就不知道火是熱的。火的熱，不是火的本質，而是人的感覺。《莊子·天下篇》引辯者的話説“火不熱”，就可能以爲熱不是火的本質。墨家所謂“火熱”，即針對辯者而言。

恩格斯說：“在實踐上發現機械運動可以轉化爲熱是很古的事情，古到可以把這種發現看作人類歷史的開端。無論在這個發現以前還有什麽樣的成就——例如工具的發明和動物的馴養，但是人們衹是在學會了摩擦取火以後，纔第一次使某種無生命的自然力替自己服務。現在還在民間流行的一些迷信就表明了這個在意義方面幾乎不可衡量的巨大發現給人類留下多麽深刻的印象。”(《自然辯證法》，人民出版社1955年版，第83頁）但是關於熱的問題直至十八世紀以前歐洲的物理學家還没正確的解答。大家把熱看爲神秘的東西，而没有看爲普通物質運動的形態，直至熱之唯動說提出，纔對於熱有了正確的解答。“在十七世紀，至少在英國，熱被看作物體的一種特性，看作‘一種特殊的運動，其性質從來没有得到圓滿的解釋’。托·湯姆生在熱之唯動說發現前兩年還這樣稱呼熱。但是在十八世紀，下面這個觀點就愈來愈占上風了，這個觀點就是：熱和光、電、磁一樣，也是一種特殊的實體；所有這些特殊的實體和普通物質的差别就在於它們没有重量，不能衡量。”（同上書，第85頁）墨家這條講火與熱，雖然没有如現代科學上的那樣正確說明，但是他們能把火與熱看作一個不可分離的對象，對於熱的問題是已經没有神秘思想了。

（47）

經　知其所以不知，說在以名取。

說（智），雜所智與所不智而問之，則必曰：“是所智也，是所不智也。”取去俱能之，是兩智之也。

解　這一條是講名與實及知與行的關係。智同知。《經》文云：我們能知道一個人對於某一事物所以無知，是因爲他祇知其名而不能以名取實，即能知不能行。《經説》就經義加以闡發云：人有知識，對於事物就能分辨，并且能見於實踐。所以我們把一些他所知道的事物和一些他所不知道的事物混雜放在一處問他，他一定能説出什麽是他所知道的，什麽是他所不知道的。他不是祇能口説，而且能見於實踐，取其所知而去其所不知，這樣能知其所知與所不知，纔是真正的知。

《墨子·貴義篇》説："今瞽者曰：'鉅（豈）者白也。黔者，黑也。'雖明目者無以易之。兼白黑使瞽取焉，不能知也。故我曰：'瞽者不知黑白者，非以其名也，以其取之也。'今天下之君子之名仁也，雖禹湯無以易之。兼仁與不仁而使天下之君子取焉，不能知也。故我曰：'天下之君子不知仁者，非以其名也，亦以其取也。'"《經下》第 33 條云："知，知之否之，足用也，誖，説在無以也。"《經説》云："論之非知，無以也。"同此義。

墨家重實行，尚功利。《經上》第 81 條論知識構成的要素及步驟，最後一點是"志行，爲也"。爲有兩方面，積極的爲是取，消極的爲是去。《墨子》書中所謂兼愛、貴義、尚同、尚賢等就都是取，所謂非攻、非樂、非命等就都是去。

此條《經》文"知其所以不知"，梁删以字作"知其所不知"，高將以字改爲知字作"知所知不知"。余意不必删改，原文可通，上引《貴義篇》語可證。

（48）

經 無不必待有，説在所謂。

説（無），若無焉，則有之而後無；無天陷，則無之而無。

解《經上》第81條《經説》云："所謂，實也。"此條經文"所謂"即實在對象的意思。《經説》"焉"，譚、高皆據《説文》和《禽經》解爲一種鳥，即鳳鳥。此種鳥大概古代傳説曾經有過，孔、墨時代，已經不見了。所以《論語·子罕篇》有"鳳鳥不至"的話，《墨子·備城門篇》也説"鳳鳥之不出"。孫云："焉疑當作馬"，也通。

這條《經》文和《經説》的意思是説：無和有這兩個概念，從它們的關係上來説是相對的，没有無的概念就没有有的概念，没有有的概念也没有無的概念。但是從現實上來説，有些事物是由有而無的，有些事物不是先有而後無，而是本來就無，這就要看是指什麽對象而言。例如説没有鳳鳥，就是説曾經有過而現在没有了，即"有之而後無"。如説没有天塌，就是説從來没有這事，即"無之而無"。

有無兩個概念是人們很早就有的兩個範疇概念，也是哲學史上很早就討論到的一個重要問題。歐洲哲學史上古代希臘的巴曼尼得斯對於有和無的看法，認爲有是絶對，唯有是存在，無不是存在。（參看黑格爾《小邏輯》，賀麟譯，生活·讀書·新知三聯書店1958年版，第201頁）我國古代哲學家老子也是很早提出有無問題的。老子和巴曼尼得斯正相反，他認爲無是最早的，有是後來的，無是常，有不是常，"天下萬物生於有，有生於無"。有無這兩個概念是純粹抽象的概念，過去中外哲學家對於這兩個概念的討論多是抽象性的討論，等於概念游戲。有無這兩個概念的形成完全是人們在現實生活的生産實踐中，由現實事物的變易現象反映而成的。人們看見一些動物，本來是没有的，後來出現了，現在又没有了。人們看見一些植物，冷天是沒有的，熱天就有了，到了冷天又沒有了。天上的雲，時而有時而無。地中的水，時而有時而無。由這些具體事實的變易現象就逐漸形成有無的概念了。經過不斷的概括與抽象，這兩個概念就發展成爲範疇概念了。到了社會上有所謂哲學家出現的時候，他們便把這兩個範疇概念脫離事實當作純粹概念玩弄了。墨家此處講有無，“說在所謂”，是告人關於有無的問題，不能當作純粹抽象概念來看，要從具體事實上來看，就是要看所說的是什麼對象，這是辯證法的思想方法，是合乎邏輯的思想。

黑格爾以爲有和無這兩個概念是不可感覺、不可直觀、不可表象、無確定性的純思，最抽象也最空疏。“‘有即是無’。因爲‘有’與‘無’就其整個直接性看來，乃是根本對立的。這就是說兩項中任何一項都沒有具有任何特性，足以使其與另一項發生關聯。但……兩者亦包含有一共同的特性（即無確定性）。”“‘有’與‘無’的真理，乃是兩者的統一，這種統一就是‘變易’。”（《小邏輯》，賀麟譯，生活·讀書·新知三聯書店 1958 年版，第 205 頁）“有過渡到無，無過渡到有，爲變易的原則。與此原則正相反對者，爲泛神論‘無不能生有，有不能變無’的物質永恒原則。古代哲學家曾經見到這簡單的道理，即‘無不能生有，有不能變無’的原則，事實上將會取消了變易。”（同上書，第 208 頁）

《經上》第 89 條云：“同異交得，放有無。”即言有無也是交得的。此言“無不必待有”，是否與有無交得之說矛盾？曰：不矛盾。所謂有無交得是就有與無的兩個概念而言。所謂“無不必待有”，是就某一命題而言。就有與無的兩個概念說，有有纔能有無，無無也就無有。就一個命題來說，一個對象本來有某種屬性後來没有了可以説是無，一個對象本來就没有某種屬性也可以説是無。

（49）

經　擢慮不疑，説在有無。

説（擢），疑無謂也。臧也今死，而春也得文文死也可。

校《經説》"得文文"，孫云："疑當作得之。"第二文字疑衍。

解《説文》手部："擢，引也。"慮，即《經上》第4條"慮也者，以其知有求也"的慮，即思慮、考慮。擢慮即引導思想。凡根據一個思想引出另一個思想就是擢慮。邏輯上的類比推理，《小取篇》所説的援，似即此所謂擢慮。無論類比推理或援，都得先有一個命題作根據。能先有一個命題作根據推及同類的其他事物就可以把問題解決，如先没有一個命題作根據就不能推論。所以《經》文云："擢慮不疑，説在有無。"有無即指有没有一個根據的命題，《經説》"疑無謂也"可證。

《經説》舉例説明經義：謂即《經上》第80條所謂"命、舉、加"的謂，即所謂的實和所以謂的名相耦而成的合，即判斷或命題。人們對於事物所以有疑問是因爲没有作成明確的命題。如果有了明確的命題，則可以由此推彼，不會發生疑問，如我們確實知道臧今天是因爲某種疾病死了，就可以毫不疑惑地知道如果春得了和臧同樣的疾病也是要死的。臧和春都是古代奴僕的名字。[春似當作舂，舂米女奴。]《小取篇》云："援也者，曰子然，我奚獨不可以然也。"即此義。

（50）

經 且然不可正，而不害用工，説在宜。

説 （且），猶是也。且然必然，且已必已；且用工而後然者必用工而後然，且用工而後已者必用工而後已。

校 高云：《經説》“且已必已”句下當有“且用工而後然者必用工而後然”十五字，轉寫誤脱，據增。

解 《經上》第33條云：“且，言然也。”《經説》云：“自前曰且，自後曰已，方然亦且。”《小取篇》云：“且入井，非入井也。止且入井，止入井也。且出門，非出門也。止且出門，止出門也。”此條所謂且然與上引各文同義，即將然未然的意思。正猶止。焦循《孟子正義·公孫丑章上》“必有事焉而勿正”正義云：“《詩·終風·序》箋云：‘正猶止也。’《莊子·應帝王篇》云：‘不正。’《釋文》云：‘正本作止。’正之義通於止也。”孫云：“工與功古字通，用工，猶言從事也。”

這一條是講人爲的意義及主觀能動的作用。《經》文云“且然不可正，而不害用工，説在宜”，是説事物的發展到了將要實現而不能停止的時候，仍不妨加以人工的力量促其及早實現，這就要看具體情況，採取適宜的行爲。《經説》接着《經》文説：怎麼叫宜？如這樣。事物的發展變化可以分爲兩類：一類是將要實現的必然能實現，將要停止的必然能停止；另一類是須要加以人工促其實現的就必須加以人工促其實現，須要用人工使其停止的就必須用人工使其停止。前者是屬於自然界的事物，如晝將要臨，必然要臨，夜將要終，必然要終，暑將要來，必然要來，寒將要去，必然要去。自然界的一切新陳代謝多是“且然必然，且已必已”的。後者是屬於社會上的事物，如要人兼相愛而不交相惡，要世界和平而不要戰争，就都必須經過人的努力纔能實現，而不是自然可以實現的，即所謂“且用工而後然者必用工而後然，且用工而後已者必用工而後已”。

墨家講“志功”，講“力”，教人“强”、“非命”，反對“怠倦”，都是對人爲的重視，即對於主觀能動作用的重視，而在實踐上刻苦自勵，“摩頂放踵，利天下爲之”，也確實發揮了主觀能動的精神。“且然不可正，而不害用工”，正表現了墨家苦幹、實幹的精神。

本經舊有三條“説在宜”。第 43 條“無欲惡之爲益損也，説在宜”，宜當爲多。第 42 條“五行無常勝，説在宜”，是説自然界的宜。此條所謂宜，是説人爲的宜。

（51）

經　均之絶不，説在所均。

説　（均），髮均，縣輕而髮絶，不均也。均，其絶也，莫絶。

校　《經説》“髮均，縣輕而髮絶”句，孫星衍據《列子·湯問篇》“均，髮均，縣輕重而髮絶，髮不均也”，在輕字下增一重字。畢、孫、梁皆據增。按：舊本無重字可通，不必增。曹言《墨子》本無重字，非脱文也，《列子》之文，自多一重字。曹説是。

解　《説文》土部：“均，平徧也。”均即今所謂均勻。《説文》糸部：“絶，斷絲。”《博雅》：“絶，斷也。”“絶不”的不即否。孫云：“吴鈔本作否，古通用。”《經》文云“均之絶不，説在所均”，是説表面看來是均勻的東西，要是加之以力，有的地方就斷，有的地方就不斷，這就說明東西本身的均勻是有問題的。《經說》以髮爲例說明這個道理：例如頭髮這種東西，同一根頭髮的粗細軟硬，看來是很均勻的，但是懸上輕的東西也可以拉斷，這就說明它的粗細軟硬是不均勻的。如果是均勻的，要麽就是各處都斷，要麽就是各處都不斷，不能是一處斷而其他各處不斷。

《列子·仲尼篇》引公孫龍的話說“髮引千鈞”。又引公子牟解釋此話說：“髮引千鈞，勢至等也。”張湛注云：“夫物之所以斷絶者，必有不均之處，處處皆均，則不可斷。故髮雖細而得稱重物者，勢至均故也。”《湯問篇》有與此條《經說》大體相同的話（主要的不同是輕字下多一重字，如上引）。張湛注云：“髮至微脆而至不絶者，至均故也。今所以絶者，猶輕重相傾，有不均處也。若其均也，寧有絶理？言不絶也。”張氏此注即可說是對《墨經》此條的解釋。（唯對於末句“均，其絶也，莫絶”，解釋未妥。）

（52）

經　堯之義也，生於今而處於古，而異時，説在所義二。

説（堯），堯霍或以名視人，或以實視人。舉友富商也，是以名視人也。指是臛也，是以實視人也。堯之義也，是聲也於今，所義之實處於古。若殆於城門與於臧也。

校《經》文“生於今”，王樹枏、高亨皆云：“生當作聲。”《經説》“聲於今”可證。《經説》開首堯字當重，上堯爲標題。“舉友富商也”，梁校友爲彼，或校富商爲唐帝，近是。孫云：“臛當同上作霍。”按：霍即鶴字，已見《經上》第89條。“是聲也於今”，高云也字衍。“若殆於城門與於臧也”九字據孫校移前，歸《經下》

第35條《說》。

解　義，善也。《說文》義字徐鉉注云："與善同意。"《釋名》："義，宜也。裁制事物使各宜也。" 此所謂堯之義可解作堯的功德。聲，名也。《孟子·離婁下》："聲聞過情。" 聲聞即名譽。《呂覽·過理篇》："臣聞其聲。" 高注："聲，名也。" 視與示通。

這一條是講名實問題的。名和實是密切聯繫的，名是實的符號，實是名的內容。實是客觀存在的事物，名是由事物反映在人的意識中所形成的概念。真正的名實關係是名實相耦的合。舉，即名實相符的命題。但是在現實上，因爲實在的事物不斷在發展變化着，而作爲事物標志的名稱都是一經約定俗成以後就有了固定性，因此名和實就常常表現了脫節的現象，有的是名存而實亡，有的是實已變而而名未變，有的是名過其實，有的實勝於名。所以人們在認識上要以名舉實，纔能名實相符，在實踐上要循名責實，纔能知行合一。《經》文以堯爲例揭著此義云：關於堯的功德，現在所聽到的是他的聲譽，實在情形是在古代，古今的時代不同，於是關於堯的功德也就有了一種不同的情況，即現在所傳說的是一種情況，古代曾經有過的事實又是一種情況，兩種情況不會是完全相同的。《經說》更舉例說明此義：我們平常講話，要對人說明某一事物，有時是祇用概念的名稱來對人說明，有時是指出實在的事物來對人說明。例如說 "唐帝堯"，這就是用概念的名稱來說明，即 "以名示人也"。如指一個實在的鶴而說 "這是鶴"，就是用實在的事物來說明，即 "以實示人也"。關於堯的功德也是這樣，現在我們聽到的是聲名而不是實在，堯的實在功德是在古代，時至今日已經是無法看見了。

《韓非子·顯學篇》説："孔子墨子俱道堯舜，而取捨不同，皆自謂真堯舜，堯舜不復生，將誰使定儒墨之誠乎？虞夏七百餘歲，殷周二千餘歲，（此二句據高亨校改）而不能定儒墨之真，今乃欲審堯舜之道於三千歲之前，意者其不可必乎！無参驗而必之者愚也；弗能必而據之者，誣也。故明據先王，必定堯舜者，非愚則誣也。愚誣之學，雜反之行，明主弗受也。"這一段對儒墨稱道堯舜的批判，實際上墨家在這一條早已有了解釋，即稱道堯舜是聲於今而不是處於古，聲於今是所義之名，處於古是所義之實，所義之名與所義之實是二而不是一。

墨家對於名不是根本反對的，不是像老子那樣主張無名的，他是要名實耦，要以名舉實，要正舉，要實踐證明（志行，爲也）。墨家的三表法是"上本之於古者聖王之事"，"下原察於百姓耳目之實"，"發以爲刑政，觀其中國家百姓人民之利"。"上本之於古者聖王之事"即"以名示人也"。"下原察於百姓耳目之實"和"發以爲刑政，觀其中國家百姓人民之利"即"以實示人也"。這樣的名實耦就是正舉，就可以實踐證明。由此可見，墨家對於古者聖王之事的傳説雖然很是重視，但不是衹根據古者聖王之事的傳説一項即决定是非的，而是要把"本之於古者聖王之事"和"原察於百姓耳目之實"及"發以爲刑政，觀其中國家百姓人民之利"密切聯繫起來以决定是非的。

（53）

經 狗，犬也，而殺狗非殺犬也可，説在重。

説 （狗）狗，犬也，謂之殺犬可，若兩膍。

校《經》文可字上，張純一、伍非百、高亨等皆謂當有不字。《經説》“謂之”上當有“殺狗”二字。腗，楊保彝謂疑當爲脾，孫謂脾爲髀之假字。

解《説文》骨部：“髀，股外也。”肉部：“股，髀也。”兩髀即兩股。《經》文云：狗，就是犬，有人説“殺狗非殺犬”，這是不可以的。因爲，狗和犬是二名一實的重同。《經説》云：狗就是犬，把殺狗説成殺犬是可以的。狗和犬的相同，就像人的二隻腿一樣，雖然有左腿右腿的區别，實質上都是腿。

這一條和《經下》第39條大體相同，也可能是針對辯者“狗非犬”的話而説的。但是《小取篇》又有“盗人也，殺盗非殺人也”的話，和此條是否矛盾？曰：否。《爾雅・釋畜》云：“犬未成豪，狗。”《説文》犬部云：“犬，狗之有懸蹄者也。”是所謂犬與狗的不同衹是長成與未長成的不同，本質上并没有什麽不同。至於盗與人雖然在自然形體上没有什麽不同，而在人的本質上即人性上，在墨家看來已經是根本不同了。（參閲《小取篇》解）因此，墨家以爲人們把狗叫作犬可，把犬叫作狗也可；盗雖然在形體上是人，而不能説殺盗是殺人。

狗與犬的同，按《爾雅》和《説文》的解釋不是重同，是有些分别的。此條所謂“説在重”，大概是當時狗和犬的名稱已經是没有分别了。參閲《經下》第39條解。

（54）

經　使殷美，説在使。

説（使），令使也。我使我，我不使亦使我。殿戈亦使殿，不美亦使殿。

校 本條《經》文和《經說》，各家多以意校改。我意《經》文無誤。《經說》訛誤甚多，暫以意校改如下：〖(使)，令使也。美，我使美；不美，亦使美。殷，我使殷；不殷，亦使殷。〗"我"與"美"形近，"我使我"疑當爲"我使美"，句首且疑脱一美字。"我不使亦使我"，第一我字疑涉上文衍，第二我字疑爲美之誤。"不使"疑當爲不美，使字涉上文誤。殿疑爲殷之誤。戈疑爲我字左半脱落之誤。末句"不美"，美字疑當爲殷。

解 《説文》㐆部："殷，作樂之盛稱殷。"段注："引伸之爲凡盛之稱。"《説文》羊部："美，甘也。"段注："引伸之，凡好皆謂之美。"

此條講人的主觀能動作用。《經》文"使殷美，説在使"，是説人可以使得事物殷盛美好，這就説明人有主觀能動的作用。《經説》就經義加以闡發，云使有二義，一是人爲的使，一是自然的使。人爲的使即令爲，自然的使即原故。《經上》第78條云："使，爲、故。"《經説》云："令，爲也，不必成。濕，故也，必待所爲之成也。"此條所謂使即令爲的使，即人爲的使，即人的主觀能動作用。人有主觀能動的作用，所以美好的事物是我使它美好的，不美好的事物我也能使它美好，殷盛的事物是我使它殷盛的，不殷盛的事情我亦能使它殷盛。

墨家講力，講爲，非命，此所謂使殷美，正説明力與爲的作用，也就是所謂"且用工而後然者必用工而後然，且用工而後已者必用工而後已"。

（55）

經　荆之大，其沈淺也，説在具。

説（荆），沈，荆之具也，則沈淺非荆淺也，若易五之一。

校　荆疑爲刑之誤，刑通形。刑之大即形之大。《經説》具疑當作舟。刑之具疑當爲舟之刑。

解《廣韻》："沈，没也。""具，器具也。"《易·系辭》："易者象也，象也者像也。"若易即好像的意思。

此言器具在水上漂浮的情形。《經》文云：一般説來，形體大的東西，放到水裏沈没的部分一定是較深。但是有些東西，形體大而沈没於水的部分卻不深，這就要看是什麽樣的器具。《經説》舉例説明經義：如舟船形式的器具，則沈没於水中的部分較淺，但并不是形淺，它所沈没的部分好像是整體的五分之一。

"若易五之一"句甚費解。此解不敢自信。

（56）

經　以檻爲摶，於"以爲"無知也，説在意。

説（以），楹之摶也，見之。其於意也，不易先知。意，相也。若楹輕於秋，其於意也洋然。

校《經》文"以檻爲摶"，孫云："檻當爲楹。"《經説》作楹，孫説是。秋，孫云："當讀爲萩。"

解《説文》木部："楹，柱也。"手部："摶，圜也。"意即意度、猜測。《論語》"毋意毋必"（《子罕篇》），"億則屢中"（《先進篇》），"不億不信"（《憲問篇》）同此義，意同億。"以爲"，即意度、猜測的口氣。譚云："《公羊》莊五年傳：'以爲雖遇紀侯之殯，亦將葬之也。’何休注：‘以爲者，設事辭而言之。’陳立疏云：‘凡未事而億度之，皆曰以爲，故爲設事辭。’”《論語》“汝以予爲多學而識之者與”(《衛靈公篇》),“吾以汝爲死矣”(《先進篇》),皆意度、猜測的話。與此條“以楹爲摶”的“以爲”同。相同想,“意,相也”,謂意度即想象。章士釗云:“相者,象也,想也。韓非云:‘人希見生象也,而得死象之骨。’按其圖以想其生,故諸人之所以意想者皆謂之象也。”(《邏輯指要》,時代精神社1943年版,第48頁)《説文》草部:“萩,蕭也。”“蕭,艾蒿也。”譚云:“蒿之大者可以爲柱,疑即萩也。《大戴禮・盛德篇》:‘周時德澤洽和,蒿茂大以爲宮柱,名蒿宮也。’《呂覽・召類篇》:‘明堂茅茨蒿柱’,故此曰楹輕於萩。”洋然猶洋洋,無所歸貌,即茫然的意思。《楚辭》:“焉洋洋而爲客。”

《經》文云:如果有人這樣説,“我以爲柱子是圓的”。這種“以爲”的口氣,表明了他對於柱子是没有明確的認識,因爲這衹是他的猜測、意度。《經説》云:柱子有的是圓的,有的是方的,還有其他各種形狀的。如説某處柱子是圓的,一定要親眼看到纔能這樣説。如果是猜測,是不容易預先能知道。因爲猜測衹是主觀的想象。隨意想象,人們也可能以爲木柱比蒿柱輕,這樣的想象可以説是胡思亂想。

關於猜測應當和假説作一比較。假説在邏輯上是占重要位置的。恩格斯説:“衹要自然科學是在思維着,它的發展形式就是假説。”(《自然辯證法》,人民出版社1955年,第201頁)猜測和假説相似,實際上是根本不同的。假説一定要有事實作根據,猜測就不一定有事實作根據,甚至是完全憑自己的想象。假説一定要和已有的科學原理無矛盾，猜測則對於已有的科學原理不一定能顧到，甚至是根本無知。如以預測天氣爲例來説，如果我們根據各方面的氣象材料而測出明天天氣是晴是陰，在還没有證實的時候就是假説；如果没有一點氣象材料作根據而憑主觀的想象，就是猜測。《大取篇》説“智與意異”，墨家把知識和猜測看爲是完全不相同的，所以此條説意是無知，下一條又説“意未可知”。

（57）

經　意未可知，説在可用、過仵。

説（意），段、椎、錐俱事於履，可用也；成繪屨過椎，與成椎過繪屨同，過仵也。

校《經説》標題意字舊缺，援例補。“與成椎過繪屨同”的成字涉上文衍。仵，張云：“依《經》，《説》當作仵。”

解　孫云：“仵當即忤之異文。《説文》午部云：‘午者，忤也。忤，逆也。’”過仵即抵忤、不合。《説文》殳部：“段，椎物也。”木部：“椎，擊也。”金部：“錐，鋭也。”段、鍛、碫通用。段即碫，即椎物所墊之石。椎即錘，即斧錘、鎯頭，用以錘物、釘物。錐有鋭尖，用以刺物穿孔。段、椎、錐三物爲作鞋必需的工具。《玉篇》：“繪，彩畫也。”繪屨即有彩畫文繡之鞋，即後來所謂花鞋、繡鞋等。

此條承上條而來，仍是講關於猜測的問題。《經》文云：猜測對於事物是不能明確認識的，因爲猜測的結果總是兩方面的，可能猜測對了，這樣的猜測是有用的，也可能猜測錯了，這就和事實抵牾了。《經説》舉例説明經義：如看到墊石、鎯頭和錐子這三種東西，人們猜測它們都是作鞋子用的工具，這個猜測就是對的，也就是有用的。但是因爲作鞋子需要這三種工具，因而就猜測作成彩畫文繡的鞋子需要鎯頭錘擊，這就和説鎯頭錘擊過的彩畫文繡鞋子相同，都是不合事實的猜測。因爲鎯頭衹是作普通鞋子用的，作彩畫文繡的鞋子是不用鎯頭錘擊的，恐怕損傷了彩畫文繡。

上條言“於‘以爲’無知也”，是説猜測根本是無知。此條言“意未可知”，是説猜測的結果可能對也可能不對，對與不對是不能確定的，仍是無知。

（58）

經 一少於二而多於五，説在建住。

説 （一），五有一焉，一有五焉，十二焉。

校 孫云：“住疑當作位。”孫説是，但孫將位字作爲下條《經》文之首一字非是。

解 《經》文云：一這個數目比二多而比五少，這是算法的單位問題。就個數單位來説，一是比二少的，就十數單位和個數單位兩位數目來説，十位的一比個位的五是多的。推之，百、千、萬、億等數目都是如此，就同一單位來説，一總是比二少，就兩個單位來説，上一位的一總是比下一位的五多。《經説》另舉一例説明數字并没有什麼神秘意義。有讀爲又。例如，五又一，一又五，合起來就是十二。即五加一爲六，一加五爲六，兩個六合起來就是十二。

自古以來有些玩弄數字的人，常好利用數字的游戲作出一些詭辯的話，如辯者所謂“臧三耳”、“鷄三足”、“黄馬驪牛三”等。《公孫龍子·通變論》云：“謂，鷄足一，數足二，二而一，故三。

謂牛羊足一，數足四,四而一故五。”這都是玩弄數字的詭辯，他們把實用的數字變成神秘的數字了，把原來明白易曉的數字變成奇異難解的數字了。墨家重實際，講功用，他們把數理問題看成是都能在人們的生活經驗上用事實説明的。他們以爲有些人把數字看成神秘性的東西，利用數字游戲以愚弄人是毫無意義的。這一條就是爲此而發的。這條所言是極簡單的一點道理，卻足以代表墨家對於數理的看法。《墨經》中還有些關於數學，如幾何學的話，都是根據這種思想方法而説的。

《經説》所云并無建位義，但是這樣説明數理之無神秘性也就是《經》文“一少於二，而多於五，説在建位”的很好例證。這條《經》文與《經説》的關係在《墨經》中是一個特例。前人對於《經説》有各種不同的校解，大體多近於數字游戲，正是辯者所爲而爲墨家所反對的。

我國很早就實行十進制的計數法。甲骨文中一、十、百、千、萬各有專名，都以十進。一字在甲骨文爲一,十字在甲骨文爲丨，都是一畫，衹是横竪的不同。古代計算的工具是竹籌（竹籖），個位的一和十位的一都是用一個竹籌表示，衹是縱横的擺式不同，個位是横擺，十位則是縱擺，個位是縱擺，十位則是横擺。所以《孫子算經》説："凡算之法，先識其位，一縱一横，百立千僵，（百位是縱擺，千位又是横擺）千十相望，萬百相當。（千和十的擺法相同，萬和百的擺法相同）”由此可見，我們古代至遲在春秋戰國時代已經産生了十進位制的籌算計數法。此所謂“一少於二而多於五”，似即就籌算言。（參閲李儼、杜石然《中國古代數學簡史》，中華書局 1963 年版，第 5—15 頁）

（59）

經 非半弗新，則不動，說在端。

說 （非），新半，進前取也。前則中無爲半，猶端也。前後取則端中也。新必半，無與非半，不可新也。

解 《玉篇》:“新，破也。”這一條可能是針對當時辯者而言。《莊子·天下篇》引辯者的話說：“一尺之捶，日取其半，萬世不竭。”意思是說，一尺長的一條棍子，每天取它的一半，是永遠取不盡的。因爲今日取的是一半，明日取的是一半的一半，後日取的是一半的一半的一半，這樣取下去永遠有所謂一半，所以說萬世取不盡。墨家不以這話爲然。《經》文云“非半弗新，則不動，說在端”，是說東西不能分爲兩半的就不能斫破，不能斫破就不能變動，就如端。“端，體之無厚而最前者”（《經上》第26條），是不能分開，也不能變動的。端即幾何上的點。此所謂端相當於構成物質的基本粒子。

《經說》將《經》文更加詳細說明。斫半而取有兩種取法。一種是進前取的方法。進前取就是不斷地取，就是每次斫爲兩半取其一半。今日取其一半，明日取其一半的一半，後日更取其一半的一半的一半。這樣取之不已，最後所餘極微無能再行斫半，就如所謂“體之無厚而最前”的端。另一種取法是一次斫爲兩半，先取前半，再取後半，前後兩頭取。這樣取，兩次就可以取盡，前後兩端的中間，更無餘物。斫總是把一個東西分爲兩半。如果是前後兩頭取，兩次取盡就成爲無了；如果是進前取，最後所餘的是不能再斫爲兩半的端。無與非半都是不可斫的。這就說明“一尺之捶，日取其半，萬世不竭”，在事實上是不可能的。

李儼等云："一尺之捶，日取其半，萬世不竭"這個命題的意義相當於下面這個算式：

$$\frac{1}{2}+\frac{1}{2^2}+\frac{1}{2^3}+\cdots\frac{1}{2^n}+\cdots\longrightarrow 1$$

這個算式的結果雖然愈來愈接近於 1，但永遠不等於 1。在這個命題裏指出了一個數學理論，就是：一個有限長的綫段（一尺）可以被無限多個綫段（日取其半）之和表示出來。後來劉徽的割圓術理論，也許是由這個理論體會出來的。……在現代的一般數學教科書中，常常把"日取其半"這一命題作爲解釋極限概念的一個很好的例子。（李儼、杜石然《中國古代數學簡史》，中華書局 1963 年版，第 28—29 頁）

按：辯者所謂"一尺之捶，日取其半，萬世不竭"是就科學的抽象說。墨家此處所言"非半弗新，則不動，說在端"是就物質現象言。參閱《經上》第 56 條"厚有所大也"解。

章太炎云："端爲無序而不可（序當作厚——引者注），此蓋近人所謂原子、分子，佛家所謂極微。以數理析之，未有不可分者，故惠有萬世不竭之義；以物質驗之，實有不可分者，故墨有不動之旨。此乃墨氏實驗之學有勝於惠，因得如此說爾。"（見章士釗《墨議》，《邏輯指要》附録，時代精神社 1943 年版，第 461 頁）章說是。

（60）

經　可無也，有之而不可去，說在嘗然。

說　（可），可無也，已給則當給，不可無也。久有窮無窮。

校　《經》文"說在嘗然"下舊有"久有窮無窮"五字。孫云："此五字與上下文皆不屬，以《經》校之，亦不相應，疑當在後'民行脩必以久'之下，而錯誤在此。"孫説是，移後。《經説》標題可字舊脱，援例補。

解　此條可能是針對辯者所謂"孤駒未嘗有母"而説的，也可説是對於有無兩個概念的運用的理論。《玉篇》："給，備也。"張云："給，具也。"《經》文云：世界上的事物本來有的可以没有了，但是本來的有是不可以否認的，因爲過去的確曾經有過。《經説》將此意又重加説明：本來有的可以没有了，不過凡是曾經具有過的事物則應當説曾經具有過，不可説是本來没有。孫云："'嘗然'者今雖無而實爲昔之所有，故云'不可去'。"

《莊子·天下篇》引辯者之言云："孤駒未嘗有母。"李注："駒生有母，言孤則無母，孤稱立，則母名去也。"《列子·仲尼篇》引公孫龍的話説："孤犢未嘗有母。"又引公子牟的話説："孤犢未嘗有母，有母非孤犢也。"這些話都是不合邏輯的。説"孤駒無母"可，説"孤駒未嘗有母"不可。辯者所謂"孤駒未嘗有母"，即對於"孤駒無母"的曲解，仍是玩弄概念的詭辯。因爲既名孤駒，當然無母，但是所謂無母，是本來有母而後來無母了，并不是説本來就無母。因爲中國語文中的動詞本身不能明確表示時間，於是辯者就把"孤駒無母"説成是"孤駒未嘗有母"，他們的意思是，既説無母，則過去、現在、未來都無母。爲了防止辯者的曲解，最好是説"孤駒已經無母"，"孤駒是無母了"。由此可見邏輯、語法和修辭學三者是有密切關係的。要把正確的邏輯思維明確地表達出來，不至被人曲解、誤會甚至被詭辯家利用，就不能不在語法和修辭上多加注意。

（61）

經　正而不可擔，説在摶。

説　（正），丸無所處而不中縣，摶也。

校　孫謂擔當作搖，即搖之變體。丸舊誤爲九，畢謂一本作凡，孫謂以文義校之當作丸，據改。

解　《説文》手部："搖，動也。""摶，圜也。"縣同懸。《經》文云：各種形狀的東西雖然本來是正的，衹要把它搖動，就不正了。唯有圓球式的物體是不會因爲搖動而不正的。《經説》云：例如一個圓丸懸在空中，就是無論是怎樣搖動，它是不會偏斜的，因爲它是一個圓體。孫云："圜者隨所置而正，故云不可搖。""丸即立圜隨所轉側而其中綫必正直，故云'無所處而不中懸'。"

（62）

經　宇進無近，説在敷。

説　（宇），傴不可偏舉，宇也。進行者，先敷近，後敷遠。

校　《經説》標題宇字舊在傴字下，據梁校乙正。"宇也"，宇字舊誤爲字，據孫校改正。

解　張云："敷，至也。"宇即空間。"宇，彌異所也。"（《經上》第 41 條）《經》文云"宇進無近，説在敷"，是説空間本身無所謂遠近，遠近是由人所到的地方而分别的，無近即無遠近，言近兼遠。孫云："傴區，偏徧，并聲同字通。"《經説》將經義加以闡發云：空間茫茫無際，包括各個區域是不能完全舉出的，因而它本身無所謂遠近，但是人們在進行的過程中總是先近後遠，由近至遠的，這樣的實在情况反映在人的意識中就成爲遠近的概念了。

（63）

經　行脩以久，説在先後。

説（行者），行者必先近而後遠。遠近，脩也。先後，久也。民行脩必以久也。[久有窮無窮。]

校《經》文脩舊作循，張云“循當爲脩”，據改。《經説》第一者字衍。“久有窮無窮”，舊在第60條“不可無也”下，據孫校移此。

解　脩同修，長也。脩指距離言，久指時間言。《經》文“行脩以久，説在先後”，是説行長遠的距離必須經過長久的時間。這是不能躐等的，須要循先後次序，一步一步走的。《經説》就經義加以闡發云：人們走路必定是先近而後遠的。遠近就是距離，先後就是時間。人要走遠的路子必須經過長久的時間。時間是有窮的也是無窮的。就無始無終的綿延不斷來説是無窮的，就某一階段來説是有窮的。人們走路的時間是隨距離的遠近而不同的。

以上兩條説明空間、時間與運動的關係。列寧説：“世界上除了運動着的物質以外，沒有别的任何東西，而運動着的物質除了在空間時間之内就不能運動。”（《唯物主義與經驗批判主義》，人民出版社1960年版，第179頁）可作理解此二條的參考。

這兩條説明了人對於空間與時間的認識都是由生活實踐中認識的，離開生活實踐就根本無法認識。

（64）

經　一法者之相與也，盡，若方之相合也，説在方。

説（一），方貌盡，俱有法而異，或木或石，不害其方之相合也。盡貌猶方也，物俱然。

校《經》文"相合"舊誤作"相召"，《經説》"相合"舊誤作"相台"，皆據王引之校改。

解　法是模型、模範、法則。《説文》水部："法，刑也。"段注："引伸爲模範之稱。木部曰'模者，法也。'竹部曰：'範者，法也。'土部曰：'型者，鑄器之法也。'"《説文》舁部："與，黨與也。"《周語》注："與，類也。"《經上》第43條："盡，莫不然也。"《玉篇》："合，同也。"方，《經上》第60條："方，矩見交也。"貌即形象。《説文》皃部："皃，頌儀也。"段注："頌者今之容字，引伸之，凡得其狀曰皃。"皃即古貌字。

《經》文云：同一個模型中出來的東西都是相類似的，例如方形的相同是。《經説》云：方的形象都是一樣的，都是由矩見交而成的，不過在材料和大小上有所不同。或是一塊方木，或是一塊方石，儘管材料不同，都與方形的相同無礙。如方的形貌之相同，其他的東西也是這樣，即從同一模型中出來或由同一法則製成的東西都是形貌相同的。

（65）

經　狂舉不可以知異，說在有不可。

説（狂），牛與馬惟異，以牛有齒，馬有尾，就牛之非馬也不可。是俱有，不偏有，偏無。有曰牛與馬不類，用牛有角，馬無角，是類不同也。若舉牛有角，馬無角，以是爲類之不同也，是狂舉也，猶牛有齒，馬有尾。

校 《經説》標題狂字舊在牛字下，誤倒，據張校移上。“牛與馬不類”句，牛字舊爲之，諸家皆校爲牛之誤，因篆文牛之形似。據改。“用牛有角”的有字舊缺，據王引之校補。

解 張云：“狂，妄也。”孫云：“狂舉猶言妄説。”舉即判斷或命題。《經上》第31條云：“舉，擬實也。”《經説》云：“告以文名舉彼實故也。”正確反映現實的判斷或命題是正舉，不正確反映現實的判斷或命題是狂舉，狂舉即虛僞的判斷或命題。不可即謬誤。《經下》第70條云：“誖，不可也。”

《經》文云：虛僞的命題是不能分别事物差異的，因爲是不正確的。梁云：“惟讀爲雖。”郭沫若謂：有曰的有讀爲又。王引之云：“用，以也。”《經説》舉牛馬的區别爲例云：牛和馬雖然是有分别的，但是説牛有齒馬有尾爲牛馬的差異，這是不對的。因爲齒和尾是牛馬都有的，不是牛有齒馬無齒，馬有尾牛無尾。又如説牛和馬不同類，是因爲牛有角，馬無角。這也不對。舉牛有角、馬無角來區别牛馬的不同類，這和説牛有齒，馬有尾一樣，都是不可以的。因爲初生之犢即無角，不能説它不是牛。而且有角的東西，除牛以外，羊也有角，鹿也有角。無角的東西，除馬以外，狗也無角，虎也無角。我們可以説牛有角馬無角，也可以説羊有角狗無角，鹿有角虎無角。所以用有角無角分别牛馬之不同類，仍是不明確的。

墨家在此舉牛馬爲例祇是要説明“狂舉不可以知異”，并没有進一步説明怎樣纔能確切地區别開牛馬的不同。我們補充來説。要切確地説明牛馬的不同，必須舉出它們的本質屬性的差異，而且要把它們所有的差異屬性儘量舉出。如牛是反芻、分蹄的，馬不是反芻、分蹄的；馬有長鬣，牛無長鬣；馬善跑，牛不善跑；牛有角，馬無角等。這些差異屬性的綜合就是牛馬的不同，而且這些差異衹能用之於區别牛和馬，用之於區别羊和狗、鹿和虎等就不適用。這樣的命題纔不是狂舉而是正舉，纔可以知異。

明同異，最重要的是在相同的事物之中區别出它們的不同點，在互有聯繫的事物之中看出它們的區别，在同類事物之中看出它們的屬差。所以對於三角形和太陽這兩個對象的差異，人們是不需要加以區别的，因爲它們的相同點太少了，而它們的差異是太多、太大，太明顯了。要區别牛和馬這兩個對象的差異，就比較困難，而且是甚爲需要。因爲它們同屬於哺乳類動物，是有密切聯繫的，但是因爲它們除了一些共同屬性之外又有很多不同的屬性，因而它們又是有很多區别的。所以正確的明同異是和邏輯上的劃分及定義分不開的。劃分是對於概念外延的揭示，定義是對於概念内涵的揭示。揭示概念的外延不是把概念所反映的事物一個一個地都列舉出來，而是就概念所反映的事物屬性的同異區分爲若干群，如把動物分爲脊椎動物和非脊椎動物，把脊椎動物分爲哺乳類、鳥類、爬行類、兩棲類。這都是從事物的聯繫之中區别出它們之間的差異，即此處所謂“知異”。劃分有幾條規則，其中三條和這一條是有關係的：（1）每次劃分必須是衹有一種根據。（2）劃分的根據必須是表明劃分出來各子項差别的本質屬性。（3）劃分出來的各子項必須互相排斥。我們看用“牛有齒，馬有尾”的説法來區别牛和馬，就不是同時衹有一種根據而是有二種根據了。而且這兩種根據也都不能表明牛和馬的本質差別，因而也就不是互相排斥的。用“牛有角，馬無角”的話來區別牛馬的差異，雖然比“牛有齒，馬有尾”的話較有道理了，但是有角無角并不是牛馬的本質差別，因爲無角之犢不能説不是牛。

因爲劃分出來的各子項的差別是本質屬性的不同，而定義所揭示的概念内涵正是概念的本質屬性，所以概念的劃分和概念的定義是不可分離的。一般的定義，祇要把被定義概念的屬差和它最鄰近的種概念指出就可以。但是有些概念的本質屬性很複雜，而又不可以分開，要給這樣的概念下定義，就必須把所有的本質屬性儘量舉出。如列寧給“階級”所下的定義和斯大林給“民族”所下的定義是。列寧説：“所謂階級，就是在歷史上一定社會生產體系中所處的地位不同，對生產資料的關係（這種關係大部分是在法律上明文規定的）不同，在社會勞動組織中所起的作用不同，因而領得自己支配的那部分社會財富的方式和多寡各不相同的幾個巨大集團。”（《列寧文選》兩卷集第二卷，人民出版社 1955 年版，第 592 頁）斯大林説：“民族是歷史上形成的一個有共同語言，有共同地域，有共同經濟生活以及有表現於共同文化的共同心理狀態的穩定的人們的共同體。”（《馬克思主義與民族、殖民地問題》，人民出版社 1953 年版，第 28 頁）分别牛馬的差異把它們的不同屬性儘量舉出也就是這種方法的運用。

（66）

經 牛馬之非牛，與可之同，説在兼。

説 （牛），或不非牛而非牛也，可；則或非牛而牛也，可。故曰：牛馬非牛也，未可，牛馬牛也，未可。則或可或不可。而曰“牛馬牛也，未可”，亦不可。且牛不二，馬不二，而牛馬二。則牛不非牛，馬不非馬，而牛馬非牛非馬無難。

校　《經》文“與可之同”句，與可誤倒，疑當爲可與。之字疑當爲不，讀爲否，篆文不倒形似之致誤。《經説》標題牛字舊缺，依例補。“則或非牛而牛也”，非牛下舊有“或牛”二字，衍，據孫校删。

解　兼，即《經上》第2條“體，分於兼也”的兼。《説文》秝部云：“兼，并也。”并衆體而爲一整體即爲兼。這一條可能是因當時有“牛馬非牛”之説而發的。主要的意思是説“牛馬”是一個複合概念，如説“牛馬非牛”可以，則説“牛馬是牛”也可以，如説“牛馬是牛”不可以，則説“牛馬非牛”，也不可以。文句雖繳繞，意義卻簡單。

《經》文云：“牛馬非牛”的話，可以説對，也可以説不對，肯定和否定是相同的。因爲牛馬是兼詞，是複合概念，牛衹是這個複合體的一部分。總體不是部分，所以説“牛馬非牛”，但總體是由部分而成，所以又不能説“牛馬非牛”。《經説》更將此義加以闡發云：如果把不是非牛或可以説爲非牛，則把非牛或可以説爲牛。所以説牛馬非牛不可以，牛馬是牛也不可以。人們以爲説牛馬非牛可以，説牛馬是牛不可以。這樣説來，就是説牛馬是牛不可以也是不可以的，因爲“牛馬是牛”既不可以，則“牛馬非牛”也不可以。“牛馬”這個概念是兼指牛馬兩種對象而言。牛衹是其中一個對象而不是兩個對象，馬也衹是其中的一個對象而不是兩個對象。牛馬合起來是兩個對象。衹就牛説當然就是牛而不是非牛，衹就馬説當然就是馬而不是非馬，但是把牛馬兩個概念兼并爲一個複合概念，則不是專指牛，也不是專指馬了，這樣理解就没有什麽困難了。

《經説》首句“或不非牛而非牛也，可；則或非牛而牛也，可。”化爲簡明語句，即“或牛而非牛也，可；則或非牛而牛也，可”。不非牛即牛的否定的否定，即是牛。“或不非牛”與“或非牛”即指牛馬言，因牛馬這一複合概念可能是指牛（即不非牛）言，也可能是指馬（即非牛）言，所以言“或牛”、“或非牛”。

《荀子·正名篇》説：“有牛馬非馬也，此惑於用名以亂實也。”“牛馬非牛”和“牛馬非馬”説法一樣。這樣的命題可能就是公孫龍等人的説法。荀子以爲這是玩弄名詞、淆亂實際的詭辯。墨家對於“牛馬非牛”的説法也是不以爲然的。此條所言即用邏輯方法論證“牛馬非牛”説不妥。

郭沫若云：“把‘牛馬’作爲一個集體名辭看，牛馬便祇是牛馬，它不是牛也不是馬，也如O（養氣）與H（輕氣）合成水，水便是水，而不是O與H。這論式祇是白馬非馬的變形。”（《十批判書》，科學出版社1962年版，第298頁）

我國語文中像“牛馬”這樣的複合概念還不少，如草木、禽獸、猪狗、豺狼等。從概念上來説，草木不能單指草或單指木，禽獸不能單指禽或單指獸，但習慣上有時是單指禽或單指獸，言草木有時是單指草或單指木，猪狗、豺狼等也如此。

（67）

經 彼彼此此，與彼此同，説在異。

説（彼），正名者彼此。彼此可，彼彼止於彼，此此止於此。彼此不可，彼且此也。彼此亦可，彼此止於彼此，若是而彼此也，則彼亦且此也。

校《經》文“彼彼此此”舊作“循此循此”，梁云：“‘循此循此’兩循字皆彼字之訛，又錯倒相間。”梁説是，據改。

《經説》末句此字舊重，孫云：“此字吴鈔本不重。”據删。

解　彼彼是指彼爲彼，此此是指此爲此。彼彼此此，是人把事物分爲彼此，指彼爲彼，指此爲此，是就人對事物的認識言。彼此是事物的客觀存在的彼此分别，是就事物的本質言。《經》文云：人們指彼爲彼，指此爲此，是和事物本身的彼此分别相同，這就是説明事物的差異。《經説》云：正名的工作就在分别事物的彼此。指彼爲彼而限定於彼，指此爲此而限定於此，這樣截然分明的區别彼此是可以的。説彼又是此，此又是彼，這樣彼此混淆是不可以的。但是彼此如是複合在一起，也就可以説是彼也是此。舉例來説，如説牛是牛，馬是馬，這樣分别彼此是可以的。如説這是牛又是馬，既是馬又是牛，就不可以。但是如把牛馬複合在一起，説這是牛馬也可以。

“彼且此也”句，孫云疑當云“彼且此也，此亦且彼也。”梁將下句“彼此亦可”改爲“此亦可彼”。郭沫若增“此且彼也”一句。并通。唯不加句也通，“彼且此也”即兼“此且彼也”的省略語。末句“則彼亦且此也”，義同。

上條言“牛不非牛”，“馬不非馬”即“彼彼止於彼，此此止於此”。“牛馬非牛非馬”即“彼此止於彼此”，“彼亦且此”。此條承上條而來。

本條意思有三點：(1) 彼此要分明。如晝是晝，夜是夜，冷是冷，熱是熱。(2) 彼此不可混淆。不能説是晝又是夜，是夜又是晝，是冷又是熱，是熱又是冷。(3) 彼此的對立統一也可以。如一天兼晝夜，温度兼冷熱。第 1、2 點即邏輯的同一律與不矛盾律的運用。第 3 點即辯證的對立統一法的運用。

此條似爲對公孫龍説法的修正。《公孫龍子·名實論》云："其正者，正其所實也。正其所實者，正其名也。其名正，則唯乎其彼此焉。謂彼而彼不唯乎彼，則彼謂不行；謂此而此不唯乎此，則此謂不行。其以當不當也，不當而當，亂也。故彼彼當乎彼，則唯乎彼，其謂彼。此此當乎此，則唯乎此，其謂行此。其以當而當也，以當而當，正也。故彼止於彼，此止於此，可。彼此而彼且此，此彼而此且彼，不可。"唯，限定、明確的意思。此言正實就是正名，正名就是明確事物的彼此分别。説彼是彼而不能對彼有明確的限定，這樣説彼是不行的。説此是此而不能對此有明確的限定，這樣説此也是不行的。説的話和實際符合是當，以不當爲當是亂。所以指彼爲彼能和實際的彼符合，就是明確限定了彼，就是説明了彼。指此爲此能和實際的此符合，就是明確限定了此，就是説明了此。説的話和實際符合是當，以當爲當就是正。所以彼就是彼，此就是此，這樣説是對的。彼此明明不同而説是彼又是此，此彼明明不同而説是此又是彼，這樣説是不可以的。這段話的主要意思，就是"彼止於彼，此止於此，可。彼此而彼且此，此彼而此且彼，不可"。墨家此條所言"彼此可，彼彼止於彼，此此止於此。彼此不可，彼且此也"，是和公孫龍所説相同的。而所言"彼此亦可，彼此止於彼此，若是而彼此也，則彼亦且此也"，是公孫龍没有説到，也没有見到的。公孫龍衹會運用邏輯方法，墨家更會運用辯證方法，這是墨家比公孫龍的優越處。此條與最末一條“不是與是同，説在不州”，同爲墨家的辯證思想，可參閱。

（68）

經　唱和同患，説在功。

説（唱），唱無過，無所周，若稗；和無過，使也不得已。唱而不和，是不學也，智少而不學，功必寡；和而不唱，是不教也，智多而不教，功適息。使人奪人衣，罪或輕或重。使人予人酒，義或厚或薄。

校《經説》標題唱字舊缺，援例補。“功必寡”舊缺功字，據楊保彝校補。“智多而不教”，舊缺多字，據孫校補。“或厚或薄”上舊缺義字，據譚校補。

解　患讀爲串。串，習也。（俞樾《諸子平議·韓非子平議》）此條以唱和相關的情况説明教學相長的道理。《經》文云“唱和同患，説在功”，是説唱和同習，就可以有成績表現。即衹唱不和不可以，衹和不唱也不可以，要既能唱又能和纔好。

過即過度的過。《廣韻》：“周，徧也。”《玉篇》：“稗，精米也。”“使也”的也讀爲他。曹云：“適，衹也。”《經説》云：唱不要過度，不要不擇時、不擇地、無所不唱，要像精米一樣，去蕪存精，適時適地擇善而唱。和也不要過度，不要不擇時間、地點，不問唱者何人、所唱何歌即和，而要在不得不和的時候纔和。唱如同教，和如同學。衹唱而不和是不學，知識少而不學，成績一定是很少的。衹和而不唱是不教，知識多而不教，功夫就算是從此完結。唱與和、教與學是主從關係，對於世道人心的影響，要有功都有功，要有罪都有罪，祇是輕重的分別。如使人奪人的衣服，主使者和被使者都是有罪的，主使者罪重，被使者罪輕。又如使人送人酒，主使者和被使者都是行義，主使者義厚，被使者義薄。因此，我們既要能唱，也要能和，既要善學，也要善教，唱和、教學都要對人民有利，不要對人民有害。

古人説："邑號朝歌，墨翟回車。"《論語》云："子於是日哭，則不歌。"（《述而篇》）又云："放鄭聲。"（《衛靈公篇》）可見古人對於歌唱不是隨時隨地不擇内容的。所以此言"唱無過，無所周，若稗"。

譚云："《禮·學記篇》云：'善歌者使人繼其聲，善教者使人繼其志。'亦以歌和比教學，正與此同。"

（69）

經 聞所不知若所知，則兩知之，説在告。

説 （聞），室中，在外者所不知也。或曰："在室者之色若是其色。"是聞所不知若所知也。猶白若黑也誰勝，是若其色也若白者必白，今也智其色之若白也，故智其白也。夫名以所明正所不智，不以所不智疑所明，若以尺度所不智長。外，親知也；室中，説知也。

校 《經説》標題聞字下舊闕，兹據文義補"室中"二字。末句"外，親知也；室中，説知也"可證。"是聞所不智"舊脱聞字，據伍校補。

解 智同知。"夫名以所明正所不智"的正同證。正、证、證三字通。這一條講類比推理的方法，并説明類比推理也是説知，也是以親知爲根據的。《經説上》第 81 條："方不庫，説也；身觀焉，親也。"

《經》文云：聽到所不知道的事物和所知道的事物一樣，就對於曾經知道的和未曾知道的都知道了。如有人告訴我們一件未曾知道的事物，我們拿曾經知道的事物作類比，就是這種方法。《經説》舉例説明經義：例如室中的情形，室外的人是不知道的。或有人告室外的人説："室中的顔色就和某種顔色一樣。"這就是聽到所不知道的事物和所知道的事物一樣。例如室中顔色是白是黑，我們本來不知道，假如有人説它是如同白色，就一定是白色，現在我們知道它是如同白色，所以知道它是白色。這就是概念的作用。概念是反映事物的本質屬性的。人們憑概念就可以用所知道的事物證明所不知道的事物，不至於以所不知道的事物反而疑惑所知道的事物。概念好像一把尺子，人們拿尺子可以度量所不知長短的東西，就如同用概念可以認識所不能親身經歷的事物一樣。室外的情形是親知，室中的情形是説知。

邏輯推理有三種：演繹、歸納與類比。類比推理是從特殊推及特殊的方法。此條所云"聞所不知若所知"及《經説》所舉室中室外例，就是類比推理的方法與事實。類比推理是人們在日常生活中常用的思維方法，也是科學研究上常用的方法，我們學好人、好事，取法先進經驗，都是類比推理。我們由地球上的情況推知火星上的情況，由這一國的社會主義建設情形推知另一國的社會主義建設情形，也都是類比推理。即都是"以所明正所不知"。

（70）

經　以言爲盡誖，誖，説在其言。

説　（以）誖，不可也。出入之言可，是不誖，則是有可也；之人之言不可，以當，必不審。

校　《經》文“在其”二字，孫云：“舊本倒，今據道藏本、吴鈔本乙正。”《經説》“出入”二字，孫云：“當作‘之人’，形近而誤。”

解　誖即誖謬。《經》文云：有人以爲人們説的話都是謬論，這種説法是謬誤的。問題就在這句話的本身。《經説》接着《經》文説：誖就是不可。我們就從他這句話來看吧。如果他這句話不是謬論，那就説明人們所説的話至少有一句話是對的。怎能説人們所説的話都是謬論？如果他這句話是謬論，把它當作正確的話來看，那就太不審察了。“之人之言不可，以當，必不審”，意思就是説，如果他這句是謬論，就不應當把它當作一句正經話。

此條所言即邏輯上的自相矛盾和因明上的自語相違。

（71）

經　惟吾謂，非名也，則不可，説在仮。

説　（惟），謂是霍可，而猶之非夫霍也，謂彼是是也。不可謂者，毋惟乎其謂。彼猶惟乎其謂，則吾謂不行；彼若不惟其謂，則不行也。

校　《經》和《説》共有四惟字，孫據吴鈔本皆改爲唯。譚云：“惟唯二字，古本通用。”“則吾謂不行”，孫言不字衍。

解　孫云：“《説文》口部：‘唯，諾也。’言部：‘諾，膺也。’‘唯吾謂’，言吾謂而彼應之。”老子云：“唯之與阿，相去幾何。”《論語》:“子曰：‘參乎，吾道一以貫之。’曾子曰：‘唯。’”（《里仁篇》）各唯字義皆同此。謂，即《經上》第80條所謂“命、舉、加”的謂，及《經上》第81條所謂名實耦的合，即判斷、命題或語句。仮同反。霍即鶴字。（見《經上》第89條）“而猶之非夫霍也”的猶是若似的意思。之，此也。夫，彼也。是是，上是爲是不是的是，下是字同此。“彼猶惟乎其謂”的猶是假若的意思。毋同無。

這一條講名的作用。名是概念的名稱或標志，有名人們纔可以構成語句，表達思維，在社會生活中人和人纔能互相瞭解。《經》文云“唯吾謂，非名也，則不可，説在反”，是説我説話别人能答應，就表示别人對我説的話瞭解了，這就説明人和人的互相瞭解，非有名不可。有名可以互相瞭解，反之，無名就不能互相瞭解。《經説》舉例説明《經》文義：名無固宜，約之以命，約定俗成之謂宜。一個概念的名稱衹要是大家共同承認的，用它構成語句，人們就可以聽得懂，互相瞭解。例如我説這是鶴，别人聽了瞭解我的意思，這就表明這個對象雖然本來不名爲鶴，而因爲大家都名它爲鶴，它也就成爲名實相符的鶴了。一個對象没有大家公認的名稱，人們是不能對它有所表達的，就是有所表達也是没有人能瞭解，因而也就没有人能答應。總之，語言是人們在社會生活中互相交際的工具，語句能够互相瞭解纔有意義。我説一句話，對方能够瞭解，能有反應，纔能行得通。如果我説一句話，對方不瞭解，没有反應，就行不通了。

這一條可能是針對當時主張無名的人的立論。老子説：“名可名，非常名。”“道常無名。”“吾將鎮之以無名之樸。”此言：“唯吾謂，非名也，則不可。”正與無名論相反。

（72）

經 無窮不害兼，説在盈否。

説 （無），“南者有窮則可盡，無窮則不可盡，有窮無窮未可智，則可盡不可盡不可盡未可智。人之盈之否未可智，而必人之可盡不可盡亦未可智。而必人之可盡愛也，誖。”人若不盈先窮，則人有窮也，盡有窮無難；盈無窮，則無窮盡也，盡有窮無難。

校 《經説》“則可盡不可盡不可盡未可智”，畢云“不可盡”三字重。“人之盈之否未可智”句，孫云：“次之字疑衍。”“而必人之可盡不可盡亦未可智”句，梁云：“‘而必’二字涉下文而衍。”“先窮”，孫云：“先當作無，亦无之誤。”末句“盡有窮”，譚改有爲無。《經説》全文校正如下：〖（無），“南者有窮則可盡，無窮則不可盡，有窮無窮未可智，則可盡不可盡未可智。人之盈否未可智，人之可盡不可盡亦未可智。而必人之可盡愛也，誖。”人若不盈無窮，則人有窮也，盡有窮無難；盈無窮，則無窮盡也，盡無窮無難。〗

解 這一條是對當時反對兼愛説的反駁，并對兼愛的可能加以論證。當時有些别士以爲地域的廣大是無窮的，我們要兼愛所有的人是不可能的。墨家反駁云：地域的無窮并不妨害兼愛的實行，不管人是否充滿於地域都可以兼愛。《經》文云：“無窮不害兼，説在盈否。”即此義。

《經説》是把反對兼愛的説法舉出然後加以駁斥的。反對兼愛的人説：即以南方爲例來説吧。如果南方的地域是有窮的，就可以走盡，如是無窮的，則不能走盡。有窮無窮不可知，則可以走盡不可以走盡也不可知。人是否充滿於地域不可知，人是否有盡也不可知。人有多少既不可知，而要說一定可以盡愛人，這是謬論。墨家反駁說：人如果不是充滿了無窮地域，那就說明地域雖無窮，人是有窮的，盡愛有窮的人是没有困難的；如果人是充滿了無窮地域，則既能充滿，可見無窮也是有盡的，盡愛無窮的人也是没有困難的。

《經上》第43條云："盡，莫不然也。"此條所謂盡，也是莫不然的意思，唯隨上下文不同而稍有分别。"有窮則可盡，無窮則不可盡，有窮無窮未可智，則可盡不可盡亦未可智"，此四盡字因爲係就地域的有窮無窮言，即走盡的意思。"人之盈否未可智，人之可盡不可盡亦未可智"，此二盡字係就人之盈否言，即指數量言，可盡不可盡即能數盡不能數盡的意思，即有數無數的意思。"則無窮盡也"，此盡字即盡頭的意思。"盡有窮無難"，"盡無窮無難"，二盡字即盡愛的意思。

譚云："南者、南方，皆爲戰國常語。惠子謂'南方無窮而有窮'（見《莊子·天下篇》），荀子謂'南者之不可盡'（見《正名篇》）。是也。竊意戰國以前，吾華民族多起河朔，其遠征之民，意皆在南，故有司南之器以爲之導也。蓋東有瀛海，西北大漠，不易前往，惟南可耳。"

"人若不盈無窮，則人有窮也，盡有窮無難；盈無窮，則無窮盡也，盡無窮無難。"這種反駁即邏輯上的二難式。

（73）

經　不知其數而知其盡也，說在明者。

説（不），"不智其數，惡智愛民之盡之也？或者遺乎？"其問也盡問人，則盡愛其所問。若不智其數而智愛之，盡之也無難。

校《經》文"説在明者"，孫云："明疑當作問。《説》云：'盡問人則盡愛其所問。'即其義。"《經説》"不知其數"，不字舊爲二，王闓運、曹耀湘皆言二爲不字重文符號，非數字之二，"不二"即"不不"，上不字爲標題，下不字爲《經説》首一字，據改。兩"盡之也"，之舊皆爲文，據孫校改。"其問也"，問字舊作門，孫據道藏本正。

解《經説》智皆同知。惡，何也。這一條仍是關於兼愛問題的辯論。是承上條而來的。上一條是就地域的有窮無窮與人盈不盈而辯，這一條是就能不能知道人的實在數目而辯。

當時有些懷疑墨家兼愛説的別士們有過這樣的問題：世界上的人很多，我們連它的數目都不知道，怎麽能够盡愛？墨家對於這個問題的回答是：我們對於世界上人的數目雖然不知道，却是知道可以盡愛的。這道理就從問者所提的問題可以説明。《經》文所説即此義。

《經説》接着《經》文云：提這樣問題的人是説，我們不知道有多少人，怎麽能知道愛人能愛盡呢？總不免有遺漏吧？這樣問的人，如果以爲他所提到的人是盡世上所有的人，我們就能盡愛他所提到的人。意思就是説，祇要問者能提到那一部分人，我們就能愛那一部分人。如果他再提不出什麽人，也就不能説我們不能盡愛人。因此説，如不知道人有多少數目，而知道愛人能盡愛是没有問題的。

關於這個問題也可用二難式來答辯。問：不知世上有多少人，怎麼能够盡愛人？答：你能知道世上有多少人，我就能愛多少人。你如不知道世上有多少人，怎麼會知道我不能盡愛世上的人？

(74)

經 不知其所處，不害愛之，說在喪子者。

校 本條無說。

解 張云："喪，失也。"

這一條承上二條而來，仍是關於兼愛問題的辯論。當時的別士們對於兼愛說的反對，除提出地域無窮和不知人數兩個問題外，又提出"不知其處"的問題，以爲兼愛總是不能行的。不知其處即不盡知人們所在的地方。墨家說：我們雖然不能盡知人們都在什麼地方，還是不妨害我們盡愛人，例如自己的孩子喪失了，也是不知道他在什麼地方，但是并不因爲不知他在什麼地方就不愛他了。偉大真摯的愛情是不會因所愛的人的生死存亡而有所變易的。

以上三條都是關於兼愛能否實行的辯論。按：《墨子》書中所謂兼愛主要意義是"兼相愛，交相利"，根本思想是"爲彼猶爲己"，具體行爲就是"視人之國若視其國，視人之家若視其家，視人之身若視其身"，"諸侯不野戰，家主不相篡，人與人不相賊"，并沒有說到盡愛。以上三條雖然都是關於兼愛問題辯論，但除第72條《經》云"無窮不害兼"，僅見一兼字外，其餘都是言盡愛。由此可見盡愛說是由兼愛說發展而來。盡愛比兼愛似乎範圍更廣大了，但是也就比較抽象空虛了。《兼愛篇》也有關於兼愛能否實行的辯論，和此處比較就覺比較具體實際。此處墨家所反駁的三種反兼愛說，看似推敲入微，實則支離瑣碎，無甚深義。

（75）

經 仁義之爲内外也，内，説在仵顔。

説 （仁），仁，愛也。義，利也。愛利，此也。所愛所利，彼也。愛利不相爲内外，所愛所利亦不相爲外内。其爲仁内義外也，舉愛與所利也，是狂舉也。若左目出，右目入。

校 《經》文第二内字曹謂或爲冈之誤，冈即古罔字。《經説》“所愛利亦不相爲外内”，譚謂據上文利上應有一所字，據補。“若左目出，右目入”譚謂目無出入可言，因改目爲自，自爲鼻之古文，近是。孫謂出字舊脱，據道藏本、吴鈔本補。

解 《論語·雍也篇》：“罔之生也幸而免。”何晏注：“誣罔。”《前漢·楊雄傳》：“不可奸罔。”注：“罔，誣也。”孫云：“仵、忤字通。忤逆也。”仵顔即容面上的不協調。《經説》“其爲仁内義外也”，孫云：“爲謂字通。”仁内義外是告子的説法，《孟子·告子篇》：“告子曰：‘仁内也，非外也。義外也，非内也。’”《管子·戒篇》云：“仁從中出，義從外作。”《管子》書晚出，《管子》所謂“仁中義外”，可能即抄襲告子之説。仁内義外説大概是當時頗有影響的一種説法。墨家看來，這種説法是不合邏輯的。《經》文云“仁義之爲内外也，罔，説在仵顔”，是説把仁義分爲内外兩種不同的品德，是不通的，這就如同容面上的不協調，人人都可以看出。

《經説》闡發《經》義云：仁義兩個概念的定義是，仁是愛，義是利。根據這兩個定義，仁和義都有内外兩方面，能愛能利是主觀方面，即所謂内，所愛所利是客觀方面，即所謂外。能愛能利都屬於内，所愛所利都屬於外。如説仁是屬於内的，義是屬於外的，是對於仁衹就能愛方面説，對於義衹就所利方面説，這是不合邏輯的謬論。這好像説我們的兩個鼻孔，左鼻孔是出氣的，右鼻孔是入氣的，同樣是謬誤。按兩鼻孔都是能呼吸的，呼是出，吸是入。“若左鼻出，右鼻入”，即喻“舉愛與所利”。

“仁，愛也。義，利也。”參考《經上》第7、8條。

郭沫若云：“這見解倒比告子和孟子都更正確，便是仁與義都須有主觀與客觀的條件，二者偏廢即不能成其爲仁義。故謂‘仁内義外’固不可，謂‘仁内義内’也衹説到半邊。”（《十批判書》，科學出版社1962年版，第261頁）

（76）

經　“學之無益也”，説在誹者。

説　（學），也以爲不知學之無益也，故告之也，是使智學之無益也，是教也。以學爲無益也，教，誖。

校　《經》文舊作“學之益也”，孫云：“益上當有無字。”按：《經説》皆就“學之無益”立論，孫説是，據增。

解　“誹，明非也。”（《經上》第30條）誹即批評、非議、誹謗。智同知。《經説》開首也字同他，即指説“學之無益”的人。《經》文云：有人説“學習是無益的”，這樣的批評是謬誤的，謬誤就從批評者本身可以説明。《經説》接着説：批評者以爲人們不知道學習是無益，所以用這話來告人，目的在使人知道學習無益，這就是教育。以“學習無益”這句話來教育人，就是要人學習這句話，這是自相矛盾的謬論。這種反駁方法與上文（《經下》第70條）“以言爲盡誖，誖，説在其言”的方法相同。

老子説："絶學無憂。"莊子説："吾生也有涯，而知也無涯，以有涯隨無涯，殆矣。已而爲知者，殆而已矣。"（《養生主》）這都可説是"學無益"的意思。墨家重實踐也重知識，自己熱愛學習，更教人努力學習。《莊子・天下篇》説："墨子好學而博。"《墨子・貴義篇》説："墨子南遊使衛，関（扃）中載書甚多。"《公孟篇》説："有游於子墨子之門者，欲使隨學。子墨子曰：'姑學乎！吾將仕子。'勸於善言而學其（期）年，而責仕於子墨子。子墨子曰：'不仕子。子亦聞乎魯語乎。魯有昆弟五人者，亓（其）父死，亓（其）長子嗜酒而不葬。亓（其）四弟曰：子與我葬，當爲子沽酒。勸於善言而葬。已葬，而責酒於其四弟。四弟曰：'吾未與子酒矣。子葬子父，我葬吾父，豈獨吾父哉？子不葬，人將笑子，故勸子葬也。'今子爲義，我亦爲義，豈獨我義也哉？子不學，人將笑子，故勸子於學。'有游於子墨子之門者。子墨子曰：'盍學乎？'對曰：'吾族人無學者。'子墨子曰：'不然。未（夫）好美者，豈曰吾族人莫之好，故不好哉？夫欲富貴者，豈曰我族人莫之欲，故不欲哉？好美欲富貴者不視人猶强爲之，夫義天下之大器也，何以視人？必强爲之！'"這都可以證明墨家對於所謂"學無益"的説法是不以爲然的。

（77）

經　誹之可否，不以衆寡，説在可非。

説　（誹），論誹之可不可以理。理之可誹，雖多誹，其誹是也；其理不可誹，雖少誹，非也。今也謂多誹者不可，是猶以長論短。

校《經說》標題誹字舊在論字下，據曹校乙轉。“理之可誹”，理字舊脱，據王引之校增。“其理不可非”，王引之校非爲誹，據改。

解《經》文云：批評可以不可以，不在批評的多少，在於批評的對不對。“説在可非”，可即對，非即不對。《經説》云：論批評的可以不可以要以道理爲根據，按照道理是可以批評的，雖然多批評也是對的，按照道理是不可以批評的，雖然少批評也是不對。如今有人衹説多批評是不對的，這好像對於一種材料不問實際用途，而説長就好短就不好一樣，都是没有道理的。

春秋戰國時代，百家争鳴，互相辯論，如孟子拒楊墨，荀子非十二子，《莊子·天下篇》對各家的批評，都可説是誹。墨家重名理，明是非，對於當時他們認爲不合道理的一些思想言論，毫不容情的地都曾加以批評。但是當時又有一些人以多批評是不好的，甚或根本反對批評。如老子説：“大辯若訥。”“善者不辯，辯者不善。”莊子説：“辯者有所不見也。”“大辯不言。”這都有多誹不可或甚至根本反對誹。此條和下條所言，可能即因此而言。

（78）

經　非誹者誖，説在弗非。

説（非），誹非，己之誹也。不非誹，非。可非也？不可非也？是不非誹也。

校《經》文誖舊作諄，據張校改。《經説》標題非字舊作不，據孫校改。

解　誹是批評，非誹是反對批評。《經》文云：反對批評的人是錯誤的，因爲他口説反對實際上是不反對的。《經説》“可非也？不可非也？”二也字通邪。《經説》接着《經》文説：爲什麽説他實際上是不反對批評？因爲他説批評不對，就是他自己對批評的批評。口説批評不對，實際上卻在批評，就是不反對批評，這是自相矛盾。不反對任何批評也不對，要看批評得合理不合理。不合理的批評可以反對，合理的批評不可以反對，這樣纔是真正的不反對批評。

這一條《經》文對於論敵的反駁，和上文第76條及第77條的方法相同，都是揭露對方立論的自相矛盾。《經説》首句是説明經文“説在弗非”的意思。“不非誹，非”以下是對於經文的補充説明，使人不至誤會以爲既説“非誹者誖”，則可以説“不非誹者是”。此言“可非也？不可非也？是不非誹也。”上條言“論誹之可不可以理。理之可誹，雖多誹，其誹是也；其理不可誹，雖少誹，非也。”義略同。上一條是對於反對多批評者的駁斥，這一條是對於根本反對批評者的駁斥。

(79)

經 物甚不甚，説在若是。

説 (物)，甚長，甚短，莫長於是，莫短於是。是之是也，非是也者，莫甚於是。

校 《經》文“物甚”舊作“物箕”，俞樾、楊保彝皆云箕爲甚之誤，據改。

解 甚，即《論語》“甚矣吾衰也”的甚。《廣韻》：“甚，劇過也。”是，《説文》日部：“是，直也。從日正。”段注：“十目燭隱則曰直，以日爲正則曰是。從日正會意。天下之物，莫正於日也。”

引伸爲準則、標準。

《經》文云“物甚不甚，説在若是”，是説人們對於事物甚不甚，是應當按着一定的標準而言，一定的標準是正常的，超過或不及標準都可以説甚。《經説》是説人們平常所説的甚不是按照一定的標準言。人們平常説甚長甚短，意思就是説再没有比這長了，或再没有比這短了。所謂“莫長於是，莫短於是”的“是”，不是標準的“是”，而是“此”的意思，所以説“莫甚於是”。如是標準的“是”，所謂甚長甚短正是甚於“是”而不是莫甚於“是”。這是説按照一定的標準説甚，甚這個概念的意義就可以確切。如不是按照一定的標準説甚，則你以爲是甚長，我或以爲是甚短。

（80）

經　取下以求上也，説在澤。

説　（取），高下以善不善爲度，不若山澤。處下善於處上，下所謂上也。

校　《經説》“下所謂上也”，謂舊作請，孫云請當作謂。于省吾云：“綿眇閣本、堂策檻本、寶曆本請作謂。”據改。

解　這一條主要的意思是説所謂上與下的區别，不是地位的不同，而是人的品質和行爲的善不善的不同。善是上，不善就是下。《經》文云：人們所以採取卑下的態度與作風者是希望達到高尚的境地。這就如池澤一樣，因爲處於卑下，纔能容納衆流，成爲大澤。《經説》云：所謂高下是以善不善爲標準的，善就是高，不善就是下，并不是像山澤那樣有具體形象的高下。處於卑下境地能够比處於高尚境地表現得好，雖然地位卑下，實際上也就是所謂高上。

老子的思想就是主張“取下以求上”的。他以江海谷溪等象徵卑下，所以説“江海所以能爲百谷王者，以其善下之，故能爲百谷王”。“是以欲上民必以言下之，欲先民必以身後之。”“知其雄，守其雌，爲天下谿，爲天下谿，常德不離，復歸於嬰兒。”“治大國，若居下流。”“故大國以下小國，則取小國；小國以下大國，則取大國。”此言“取下以求上也，説在澤”，似與老子所説相同而實不同。老子所謂上下是着重在地位與勢力的上下，墨家所謂上下是着重在品質與行爲的上下。《經説》就是闡發此義的。墨家不急於出仕作官而孜孜於敦品勵學，以至摩頂放踵，利天下爲之，即所謂“處下善於處上，下所謂上也”。

這條所言“取下以求上”，“處下善於處上，下所謂上”是説上下、高下等概念是對立的，但是可以轉化的。這是我國古代樸素的辯證思想。

（81）

經 是是與是同，説在不州。

説 （不），是是則是且是焉。今是，文於是而不於是，故是不文。是不文，則是而不文焉。今是，不文於是而文於是。故文與是不文同説也。

校 《經》文“是是”，譚據《經説》標題不字，改爲“不是”。《經説》共有八“文”字，孫謂文爲之字之誤。之與是古通用，譚改之爲是。“文於是而不於是。”孫謂不下應有之字，譚補是字。末句“故文與是不文”，是字衍。本條《經》與《説》應校正如下：〖［經］不是與是同，説在不州。［説］（不），是是則是且是焉。今

是，是於是而不是於是，故是不是。是不是，則是而不是焉。今是，不是於是而是於是。故是與不是同說也。〗

解 《廣雅》釋言："州，殊也。"不州即不殊，不殊即不異。《經說》中共有二十二個"是"字，意義不完全相同。有幾個是字是當作動詞用，即肯定的意思。有幾個是字是當作名詞用，即是非的是。如首句"是是則是且是焉"，共有四個"是"字，第一和第四是字爲肯定的意思，第二和第三是字爲是非的是。其他各句的是字也都有這樣的分別。在解釋時我們把作爲名詞用的是字，即是非的是，都加""號，以別於作爲動詞肯定意義的是，首句"是且是焉"的且，即暫且的且。《經上》第33條《說》云："自前曰且，自後曰已，方然亦且。"此且即方然之且。

這一條講矛盾統一和對立轉化的道理，就是辯證法所謂"甲是甲又不是"的道理。《經》文云"不是與是同，說在不州"，是說"不是"與"是"是同一的，并不是絶對不同的。《經說》就經義加以闡發云：肯定以爲"是"的東西是暫且的"是"，不是永久不變的"是"。今天以爲"是"的，是對於"是"的肯定也是對於"是"的否定，所以"是"就是"不是"。"是"就是"不是"，就是又"是"又"不是"。這是就"是"與"不是"的發展變化言。但"是"與"不是"在一定的時期又是相當穩定的。今天的"是"，雖然對於"是"有轉化爲"不是"的趨勢，而終歸還是對於"是"的肯定成分多。所以對於任何事物的判斷，"是"和"不是"都可以說。

舉例來說，有一隻新的桌子在這裏，這是客觀存在的"是"。我們說"這衹桌子是新的"，就是正確反映了客觀現實，就是肯定以爲“是”，就是所謂是“是”。但這衹是暫且的“是”，不是永久不變的“是”。因爲桌子總是一天一天地向舊的方面變化發展着，過了相當時期，新的桌子就完全變爲舊的桌子，甚至破壞得不成桌子了。因此，這隻桌子今天可以説是新的又不是新的。這就是所謂：“今是，是於是而不是於是，故是不是。是不是，則是而不是也。”但是從另一方面來説，今天肯定以爲是新的桌子雖然是正在向舊的方面變化發展着，而在今天來説，總還得承認它是一隻新的桌子。所以又説：“今是，不是於是而是於是。”這樣説來，這隻桌子是新的和不是新的都可以説。所以説：“是與不是同説也。”這説明對於任何事物來説，正面的“是”與反面的“不是”是同時并存的，而事物的發展，總是向它的相反方面發展着的，這就是矛盾統一與對立轉化的道理。

恩格斯説：“在形而上學者看來，事物及其在思想上的反映，即概念，是孤立的、不變的、硬化的、永久如此的研究對象，是應當一個一個地、彼此獨立地被研究的。形而上學者思維於絶對不能相容的對立之中。他的説法是：‘是則是，否則否，除此以外即是鬼話。’在他看來，事物或是存在，或是不存在；同樣地，某一事物不能同時是自己又是其他事物。正和反是絶對互相排除的，原因和結果也彼此處於固定的對立之中。這種思想方法，我們初看起來似乎是很有理的，因爲他正是合乎所謂常識的。可是人的常識在家庭四壁之內的生活範圍中，雖是極可尊敬的伴侶，但是一踏上廣大的研究的世界時，它立刻就會經歷最可驚的變故……因爲它衹看到個别的事物，而看不見它們相互的聯繫；衹看到它們的存在，而看不見它們的産生和消滅；衹看到它們的静止狀態，而忘記了它們的運動；祇見樹木而不見森林。例如，在日常生活中，我們可以確信地說，某種動物存在或不存在，可是在更切近的研究的時候，我們看到這常是極度複雜的事，像法學家所熟知的，他們所苦心焦慮想發現在母親子宮內殺死孕胎兒，究竟超出哪一種合理的界限纔算是謀害，可是毫無結果。同樣的，死的時間也是不能明確地確定的，因爲生理學說明，死亡并不是一種突然的、倏忽完成的事件，而是一種延續的過程。同樣的，每一有機體在某一瞬間既是這，又不是這；在每一瞬間，它消化着那些從外界吸取來的物質，而排泄別種物質；在每一瞬間，它的機體的一些細胞死亡着，而別一些新的細胞則又產生着；所以在經過或長或短的時間之後，這個機體的體質，是完全更新了，爲別的原子的構造所代替了。因之每一有機體常常是它自身而同時又不是它自身。同樣，在更切近的研究之時，我們看到某種對立的兩極——正與反，彼此不能分離，正如他們彼此對立一樣，而且不管它們之間的一切對立，它們總是互相滲透的。”（《反杜林論》，人民出版社 1957 年版，第 20—21 頁。重點是引者加的）恩格斯的這段話，對於我們理解這一條《墨經》有極大的啓發。墨家所謂“不是與是同”，即“既是這，又不是這”，“是它自身而同時又不是它自身”的意思。墨家對於“是”與“不是”的辯證觀，雖然是素樸的，而在我國古代思想史上則是很可寶貴的遺產。

在我國古代思想史上有不少的思想家是瞭解辯證法的，雖然他們的瞭解還不够深刻，還不够十分正確，但是他們運用這個方法已經能對於自然、社會和人的思維提出一些比較正確看法了。如《易經》上所講吉凶、悔吝、損益、消長等道理，老子所講有無、强弱、高下、長短、前後、善惡、禍福等道理，莊子所講夢醒、夭壽、有用無用和是非等道理，韓非在《解老》、《喻老》中所講的一些道理，都是運用辯證法所獲得的認識。

《莊子·齊物論》説："何謂和之以天倪？曰：是不是，然不然。是若果是也，則是之異乎不是也亦無辯。然若果然也，則然之異乎不然也亦無辯。化聲之相待若其不相待。"這就是説是非是矛盾統一的。又《寓言篇》莊子謂惠子曰："孔子行年六十而六十化，始時所是，率而非之，未知今之所謂是之非五十九非也。"這就是説是非的對立是可以轉化的。墨家此條言"不是與是同"，似和莊子所説相同。但因墨家接近下層勞動人民，要促進社會的發展，所以要明是非，講求知，研究辯，注重爲（志行、實踐）。莊子是站在腐朽的没落階級立場，唯恐社會向前發展，所以要等齊是非，否定知識，反對論辯，主張無爲。

《墨經》以講故開始，接着講體和兼，講知識成立的程序，中間講邏輯，講哲學，講數學，講光學、力學等自然科學，講政治、經濟、法律、倫理等社會科學。《經下》開首講類。這就是所謂"夫辭以故生，以理長（中間所講一切皆爲理），以類行者也"。最後二條講辯證法，可説是以邏輯開始，以辯證法終結。由形式邏輯而向辯證法的發展，是人類思想發展的自然程序。《墨經》不是雜亂無章的劄記，而是有組織、有系統、包羅豐富的一部寶貴典籍。

大取

解　取即取予、去取的取。《説文》又部："取，捕取也。從又耳。《周禮》：'獲者取左耳。'《司馬法》曰：'載獻聝。'聝者，耳也。"古代獲得俘虜，割取左耳以爲徵，故取從手持耳。又，手也。引伸爲取得、獲得的意思。墨家對於取字的意義，引伸更廣。《小取篇》云："以類取，以類予。""推也者，以其所不取之同於其所取者予之也。"此所謂取即取得的意思。《經下》第 47 條云："知其所以不知，説在以名取。"《説》云："雜所智與所不智而問之，則必曰：'是所智也，是所不智也。'取去俱能之，是兩智也。"《貴義篇》云："今天下之君子之名仁也，雖禹湯無以易之，兼仁與不仁而使天下之君子取焉，不能知也。故我曰：天下之君子不知仁者，非以其名也，亦以其取也。"此所謂取，即在取得的基本意義上，又引伸爲實在與實行的意思。名與取相對即名與實相對，也就是知與行相對。《廣雅・釋詁》："取，爲也。"墨家所謂知識，不衹是限於知，而更要求能行。所以《經上》第 81 條云："知，聞、説、親，名、實、合、爲。"爲即行，即實踐。大取和小取的取，兼有認識和實踐的兩種意義。《管子・白心篇》講到關於所謂"道"

是：“小取焉則小得福，大取焉則大得福，盡行之而天下服，殊無取焉則民反其身，不免於賊。”取與行互文，即取與行同義。《管子》書中所謂大取、小取，似即墨家所謂大取、小取。大取、小取，好像所謂大學、小學與大道、小道。《大取》與《小取》這兩篇東西的比較，從内容的分量來看，《大取篇》的内容比《小取篇》豐富。《大取篇》討論了愛利、利害、志功、名實、厚薄、愛人和愛已以及辭的故、理、類等很多的問題，而《小取篇》所講的衹是辯的問題。從内容的性質來看，《大取篇》所講的道理比《小取篇》高深。《大取篇》所講的道理，多帶有古代自發的辯證意味，《小取篇》所講的則是重在邏輯問題。但是從條理系統來説，《小取篇》的條理系統比較完整，可説是一篇專著。《大取篇》内容，多不聯貫，好像劄記斷篇，可能是一篇纂輯。人們學習這兩篇的時候，最好先學《小取篇》，然後學《大取篇》。

〇　天之愛人也，薄於聖人之愛人也；其利人也，厚於聖人之利人也。大人之愛小人也，薄於小人之愛大人也；其利小人也，厚於小人之利大人也。

解　天本爲自然之物，不能有情意的表現。古人把天人格化，就把天看成和人一樣，也能有愛惡之情。墨家講天志，以爲天是有意志的。天兼有天下，兼食天下，所以兼愛天下之人。但是和聖人的愛人相比，天的愛人還是比較薄的。因爲墨家雖然把天看爲有意志的，事實上天是不能盡如人意，即所謂“天地之大，人猶有所憾”(《禮記・中庸》)。聖人則“民胞物與”，饑溺爲懷，人民無不中心悦而誠服。至於利人，天的利人就比聖人的利人厚了。因爲人們的一切生活資料都是取之於自然，聖人則至多不過在人們的生產過程中起了一些組織和指導的作用。這是天和聖人在愛人和利人問題上的比較。同樣，大人和小人的兼相愛和交相利也是有差異的。大人是指在上的統治者言，小人是指在下的被統治者言。“大人之愛小人也，薄於小人之愛大人也”，即“君子愛人以德，小人愛人以姑息”的意思。君子愛人以德，所以看來好像是薄；小人愛人以姑息，所以看來好像是厚。此所謂厚薄是從表面上說。至於交相利的問題，則“大人之利小人也厚於小人之利大人也”。因爲大人的一言一動，一種立法，一種行政，都可以利及天下，而小人的言行就不能對大人有這樣大的利益。

這一條的主要意義是在説愛和利的矛盾與統一。墨家的根本思想是兼愛。“兼相愛，交相利”是墨家的最高綱領。愛屬於志，利屬於功。志功合，爲也。愛而能利，利由於愛，這是志功合的真正行爲，也就是墨家的最高理想。但是愛和利不是任何時候、任何地方、在任何事物上，都能完全一致的。有的是愛厚而利薄，有的是利厚而愛薄，如天和聖人的愛利差異，大人和小人互相之間的愛利差異就是例證。

按：這樣分别天和聖人，已經不是墨子本來的思想，而是經過發展了的墨家思想。墨子在《天志》中所説的聖人是完全執行天的意志的人，他愛人利人，和天相比并没有厚薄之差。所以説：“昔也三代之聖王堯、舜、禹、湯、文、武之兼愛天下也，從而利之，移其百姓之意焉，率以敬上帝、山川、鬼神。天以爲從其所愛而愛之，從其所利而利之，於是加其賞焉，使之處上位，立爲天子以爲法也，名之曰聖人。”（《天志下》）此處墨家之徒看出聖人和天的差異，是把人格化的天已經減少了一些神秘性。但是把屬於自然的天和屬於社會的聖人相提并論，在今日看來，仍是犯了“異類不比”的規則。至於所謂大人和小人的愛利差異，今日看來更成問題。在階級社會上，所謂被統治的小人并不見得對於所謂統治者的大人們有什麽厚愛，而所謂大人們也不見得對所謂小人們有什麽厚利。這些不正確的思想當然是因爲受了時代的限制。其目的不過是要説明愛利不是都能一致的。

○　以臧爲其親也而愛之，[非]愛其親也；以臧爲利其親也而利之，非利其親也。以樂爲利其子而爲其子欲之，愛其子也；以樂爲利其子也而爲其子求之，非利其子也。

校　“非愛其親也”句，孫云：“非字疑衍。此篇多以一是一非相對言之。”據删。

解　此節承上節而來，進一步説明愛和利的矛盾與統一。上節説愛和利的不一致是一厚一薄的差異，此節説愛和利在某些事物上是一是一非的對立。從葬與樂的兩種事物上來看就是這樣。

畢云：“《説文》云：‘葬，臧也。’即藏字正文，謂葬親。”譚云：“臧當指厚葬言，樂當指繁樂言。”墨家主張“節葬”、“非樂”，所以此處以葬和樂爲例説明愛和利的一是一非。此節文義是説：從動機上來説，以厚葬爲愛親，的確是愛親；但是從效果來説，以爲厚葬爲對親有利，那是没有利的。因爲親已死，厚葬久喪，不過是重耗財物，荒廢事業而已，死者并不能有所享受。以爲音樂對於自己的兒子有利而自己爲了兒子的原故喜愛音樂，這是愛兒子的心理；但是如以爲音樂對兒子有利而爲兒子求得音樂，結果是不利於兒子的。因爲喜愛音樂，是人之常情，爲了對兒子有利，而自己喜愛音樂，并不是壞的思想；但如果爲兒子取得音樂，使他終日玩弄音樂，勢必至於耗財荒業，以致饑不得食，寒不得衣，勞不得息，造成三巨患。（三巨患見《墨子·非樂上》）從葬與樂這兩件事情來看，愛的動機并不是一定都能得到利的結果。愛利不一致就是志功不相合，就不是合理的行爲。

欲即欲惡的欲。墨書多以欲惡相對言，欲惡即愛憎，欲即喜愛。求，索、覓也，有取得的意思。欲衹是思想上的表現，求即有行動上的表現。欲屬於志的方面，求屬於功的方面。

《墨子》書中常以愛利并舉，“兼相愛，交相利”尤爲墨子的主要思想，似乎愛與利是一致的。此言，愛與利在某些時候，某些地方，對某些事物來説，是一厚而一薄，或一是而一非，不僅不能常相一致，甚至有時互相對立。這是墨徒對於墨子的愛利思想的發展。墨家以爲關於愛利的問題，最好是愛利一致，其次是愛厚利薄，或愛薄利厚，再其次則爲愛而非利，或利而非愛。因之對於愛利問題，應當在具體事物上作具體的研究分析，不能籠統以爲能愛就能利，有利就是由於愛，厚愛就能厚利，薄愛衹能薄利。

譚云：“考墨子嘗言‘兼相愛，交相利’（此見《兼愛》、《天志》諸篇），其於愛利二字輒平等相視，不爲軒輊。及後學嫻習名辯，推求益精，始於二字生出差别，蓋以同一事端，謂愛之或是而利之者或非也。然則此引葬樂二事，原不過爲愛利二字之差别作一例證而已，特由是而知厚葬之非利親，繁樂之非利子，其於墨子節葬非樂之舊義，將益堅其説焉。”

○　於所體之中而權其輕重之謂權。權非爲是也，亦非爲非也。權，正也。斷指以存掔，利之中取大，害之中取小也（者），非取害也，取利也，其所取者人之所執也。過盜人而斷指以免身，利也。其遇盜人，害也。

校　"於所體之中而權其輕重之謂權"句，舊缺其字，孫謂據吴鈔本當有其字，據補。"亦非爲非也"句，亦字舊爲非，孫云"非爲亦之誤"，據改。"害之中取小也"句也字，畢云"當爲者。"按：也者古通用。

解　體有名詞與動詞的兩種意義，作爲名詞，體即身體。《説文》骨部："體，總十二屬也。"十二屬即首、身、手、足四部各有三屬。段注："首之屬有三：曰頂，曰面，曰頤。身之屬三：曰肩，曰脊，曰尻。手之屬三：曰厷，曰臂，曰手。足之屬三：曰股，曰脛，曰足。"作爲動詞即身體對於事物的接觸。《禮記·中庸》："體群臣。"注："體猶接納也。"體有能體、所體。能體指身體，所體指事物。此所謂所體與下文所謂事爲相對，所體指事物，事爲指行爲。權即稱錘，引伸之，稱東西的輕重名曰權。孟子云："權然後知輕重"（《梁惠王上》）又因在稱東西的時候，稱錘的位置不是固定的，是隨物體分量的輕重而移動以求平衡的，所以引伸爲權變。《論語》云："可與立，未可與權。"（《子罕》）孟子云："執中無權，猶執一也。"（《盡心上》）《公羊傳》云："權者何？權者反於經然後有善者也。"（桓十一年）皆權變義。掔，畢云："此捥字正文。舊作膃，誤。《説文》云：'掔，手掔也。'手腕亦作捥。按：捥腕皆掔字之俗。"

這一節的全文意思是説：人們對於所接觸的事物稱它的輕重

就名爲權。權的本義不是要分别是非，而衹是要正確地知道分量。人們按利害的大小而决定取捨也是權。如爲了保存手腕，斷掉指頭，就是權其利害大小，利之中取大，害之中取小的辦法。害之中取小，并不是取害，仍是取利，因爲所要取的是在别人手裹所執持的東西。例如遇了强盗，自己的身體被强盗所執持，能够斷掉指頭而脱身，這就是利。遇着强盗是害，斷指脱身就是害之中取小。孫云："《淮南子·説山訓》云：'斷指而免頭，則莫不利爲也。故人之情，於利之中則争取大焉，於害之中則争取小焉。'意本於此。"

○　斷指與斷腕，利於天下相若，無擇也；死生利若一，無擇也。殺一人以存天下，非殺一人以利天下也；殺己以存天下，是殺己以利天下。於事爲之中而權其輕重之爲求，求爲之非也。害之中取小，求爲義，非爲義也。

校　"非殺一人以利天下也"句，孫云："此對下'是殺己以利天下'爲文，一字涉上而衍。"據删。

解　若，如也。相若與若一皆相同的意思。"求爲之非也"的之字，譚云："當讀是，古本通用。"斷掉指頭和斷掉手腕的損失是輕重不同，如果二者有利於天下是相同的，就無須在二者之中選擇了，因爲人總是斷掉指頭而不斷掉手腕的。唯因斷掉指頭和斷掉手腕，二者有利於天下不相同——如或是斷指有利於天下，或是斷腕有利於天下，或是斷指比斷腕有利於天下較大，或是斷腕比斷指有利於天下較大，纔須在其中有所選擇。同樣，關於死生問題也是這樣。有時非死不能有利於天下就可以死，有時不死能有利於天下，就可以不死。是否須要死，全看對天下有利與否而定。如果死和生有利於天下相同，人們就不必在死生問題上有所選擇。再進一步看，如説殺一人可以保存了天下，并不是隨便殺一人就可以有利於天下；但是如説殺已可以保存天下，就是説犧牲了自已纔可以有利於天下。隨便殺一人是比較容易的，自我犧牲是甚爲艱難的。在這樣難易之間，就要人用思想選擇了。以上所舉都是事爲，在事爲之中而權衡輕重名謂求，求是要解决是非問題的。是非和利害是有關係的，但利害并不等於是非，有時甚至是矛盾的，即利不都爲是，害不都爲非。所以如説害之中取小是求爲義，實際上并不是爲義，不過是取利而已。

是非與利害是統一的，又是矛盾的，怎樣纔能使得是與利統一，非與害統一，就必須經過人的思維作用，即所謂求，求即人的主觀能動作用。人在利害、是非之間運用權的思維方法，既要權得利害合乎正，又要求得是非合乎義。例如遇盜人斷指免身，不管它是否合乎義，而害之中取小，總要算是利，這就是在利害之中權得其正。但是要到了斷指不能有利於天下，必須斷腕纔能有利於天下，或不是隨便殺一人可以保存天下，而必須殺自已纔能保存天下的時候，就衹能斷腕或殺自已。對自已個人來説，斷腕比斷指害大，殺自已比殺别人害更大，但是爲了有利於天下，就不能害之中取小了，這就是爲義。《經上》第 19 條云："任，士損已而益所爲也。"孟子説："墨子摩頂放踵，利天下爲之。"（《盡心上》）即此義。儒家所謂"殺身成仁，捨生取義"，也同此義。

〇　爲暴人語天之，爲是也；而性爲暴人歌天之，爲非也。

校　"而性"的性字，孫謂疑當作惟。

解 《説文》言部："語，論也。""直言爲言，論難曰語。"天之即天志，之志古通用。墨書言天志多作天之。《説文》欠部："歌，咏也。"暴人即天志中所謂桀、紂、幽、厲等暴王一類人。這類人是"從事别，不從事兼"的人，是"處大國則攻小國，處大家則暴小家，强劫弱，衆暴寡，詐謀愚，愚傲賤"的人。他們所作所爲是"上不利乎天，中不利於鬼，下不利乎人"的。（引語見《天志上》）這些人是違反天志的人，但是他們自己還以爲是有命在天，以爲自己的行爲是執行天志的。所以和暴人論天志，使他們認識自己的行爲違反天志，改惡從善，是應當的。假如衹對暴人加以歌頌，稱道他的言行合乎天志，就是不應當的。

○　諸陳執既有所爲，而我爲之陳執，執之所爲因吾所爲也；若陳執未有所爲，而我爲之陳執，陳執因吾所爲也。

校　"執之所爲"，執上疑脱一陳字。

解 《明鬼下》"天下之陳物曰"，孫云："謂陳説事故。《文選·古詩》李注云：'陳猶説也。'"執即執有命的執，即執持、主張的意思。陳執，即陳説主張。"諸陳執"指墨家以外的各種説法主張。"有所爲"即有目的、有作用。

各家的陳説主張既然都是有所爲的，而我的陳説主張就是因吾之所爲而有。若各家的陳説主張是無所爲的，而我的陳説主張也是因吾之所爲而有。意思就是説不管别家的陳説主張是有所爲或無所爲，我的陳説主張總是有所爲的。

《魯問篇》墨子告弟子魏越云："國家昏亂，則語之尚賢尚同。國家貧，則語之節用節葬。國家憙音湛湎，則語之非樂非命。國家淫僻無禮，則語之尊天事鬼。國家務奪侵凌，則語之兼愛非攻。”這樣有目的、有作用的宣傳教育就是所謂“陳執因吾所爲也”。

〇 暴人爲“我爲天之”，以人非爲是也。而性（惟）不可正而正之。

校 “而性”的性字據孫校同上當作惟。

解 譚云：“爲與謂通。”暴人爲即暴人謂。暴人説“我就是天志”，意即他的行爲都是合乎天志的，這是以人之所非者而自以爲是。對於這種頑固不化的思想，我們不要以爲是不可以改正的。正因爲他是不可改正，我們纔要强迫使他改正。“而惟不可正而正之”，即墨子所謂强行的意思，（參閱《非命下》）也就是今日所謂强迫改造的意思。

譚云：“此似當接上文‘爲暴人歌天之爲非也’下。”

〇 利之中取大，非不得已也；害之中取小，不得已也。於所未有而取焉，是利之中取大也；於所既有而棄焉，是害之中取小也。

校 “於所未有而取焉”句，舊缺於字，譚據下文補。

解 此節文義易明。“利，所得而喜也”（《經上》第26條），所以取利非不得已的事。利之中取大更是人所喜悦的，更非不得已的事。“害，所得而惡也”（《經上》第27條），大害固爲人所惡，小害也爲人所惡，在無可奈何的情况下，害之中取小，仍是不得已的事情，而不是心甘情願的。利之中取大，害之中取小，雖然都説是取，實際上取利是取，取害是棄。因爲無論大利小利，本非已有而要作爲已有，所以是取。至於害之中取小，則是爲了不受大害纔取小害，取小害就棄大害，所以是棄。如遇盜人斷指以免身，斷指就是爲了免身，免身就是棄大害。

孫云："此節疑當接上文'非爲義也'下。"

○　義可厚，厚之；義可薄，薄之。[之]謂倫列。德行、君上、老長、親戚，此皆所厚也。爲長厚，不爲幼薄。親厚，厚；親薄，薄。親至，薄不至，義。厚親，不稱行而顧行。

校　孫云："謂上當重之字。"

解　倫列，孫云："《戰國策·宋策》高注云：'倫，等也。'《服問》鄭注云：'列，等比也。'"《説文》人部："倫，等輩也。"段注："引伸之，同類之次曰輩。"刀部："列，分解也。"段注："引伸爲行列之義。"倫列即等次、次序的意思。侯外廬等云："倫同輪。列，次等也。倫列即以次輪轉的意思。"也通。(《中國思想通史》第一卷，人民出版社1957年版，第482頁)[侯説刪]"爲長厚，不爲幼薄"二爲字與謂通。

此節講愛人的厚薄問題。儒家以爲愛是應有差等的。"君子之於物也，愛之而弗仁，於民也，仁之而弗親。親親而仁民，仁民而愛物。"(《孟子·盡心上》)因此説墨家的愛無差等是無父。墨家在此節説他們愛人也有厚薄之分，而厚薄之分是以義爲準則。因此説：愛人的厚薄以義爲準則。按義可以厚愛就厚愛，按義應當薄愛就薄愛，這就名叫倫列。一般説來，有德行的人、朝廷的君上、鄉黨的老長、自己的親戚，這都是應當厚愛的。但這不是絶對的，如説對老長應當厚愛，并不是説對幼小就都應當薄愛。就是親戚也是應當厚愛就厚愛，應當薄愛就薄愛。人們對於至親如父母就絶不應當薄愛，這就是義。厚愛自己的父母，雖然不能稱量父母的行爲，斤斤計較，而也得顧着他們的行爲。如自己的父母爲盜、殺人，也就不能厚愛了。稱行，是稱量行爲的善惡程度而決定愛的厚薄，對於孝親是不能這樣作的。顧行，即《禮記·中庸》所謂"言顧行"的顧行。雖然不能稱量親的行爲，斤斤計較，大體上也要顧到親的行爲。

按：孔子斥"其父攘羊，而子證之"不足爲直，而謂"父爲子隱，子爲父隱，直在其中"。(《論語·子路篇》) 孟子説瞽瞍殺人，要是皋陶依法逮捕的時候，舜應當把瞽瞍"竊負而逃，遵海濱而處，終身訢然樂而忘天下"。(《盡心上》) 儒家以爲親雖爲盜殺人，還是應當厚愛。墨家此節所言，雖然没有明白説出是反駁儒家的這些説法，我們細加體會，覺着就是針對儒家這些思想而發的。墨家主兼愛，要"視人之國若視其國，視人之家若視其家，視人之身若視其身"，對於"竊異室以利其室"的盜和"賊人以利其身"的賊是深惡痛絶的，就是自己的至親有這些行爲也是不會袒護的。所以對於親的厚愛，雖然不能斤斤計較稱量親的行爲，大體上也不能不顧到親的行爲。如果親的行爲太不好，也就不能厚愛了。

儒家所謂愛的差等是從親疏上作分别，墨家所謂愛的倫列是從義上作分别。此節開首"義可厚，厚之；義可薄，薄之。之謂倫列"是全節的主要意義。隨着舉出德行、君上、老長、親戚四種人，即一般人都以爲應當厚愛的人爲例。墨家看來對於德行與君上兩種人應當厚愛是没有什麽問題的，而對於老長和親戚的厚愛就有些問題須要加以解釋。慎恐人們誤會以爲説對老長應當厚愛就是說對幼小應當薄愛，所以說“爲長厚，不爲幼薄”，這意思就是說，對老長應當厚愛，并不是對幼小就應當薄愛。尤其恐怕人們誤會以爲對於親戚厚愛就可以不顧親戚的行爲義不義，所以說“厚親，不稱行而顧行”。

按：孟子言：“天下有達尊三，爵一，齒一，德一。朝廷莫如爵，鄉黨莫如齒，輔世長民莫如德。”(《公孫丑下》) 此節言“德行、君上、老長、親戚，皆所厚也”，比孟子所謂達尊多了一項親戚。譚說：“《莊子·天下篇》云：‘宗廟尚親，朝廷尚尊，鄉黨尚齒，行事尚賢，大道之序也。’大道之序亦猶此言倫列。故德行即彼行事尚賢，君上即彼朝廷尚尊，老長即彼鄉黨尚齒，親戚即彼宗廟尚親。”

○　爲天下厚禹，爲禹［厚］也；爲天下厚愛禹，乃爲禹之愛人也。厚禹之爲加於天下，而厚禹不加於天下。若惡盜之爲加於天下，惡盜不加於天下。

校　譚云“爲天下厚愛禹”句，厚字應移上句作“爲禹厚也”，據正。“乃爲禹之愛人也”句，愛人舊倒，據孫校乙正。

解　此節言愛人惡人不是單純對人的問題，而是對事的問題，不是單純對於被愛者或被惡者個人的問題，而是對於天下人的問題。因爲墨家法夏尊禹，故以厚禹愛禹爲例。又因爲禹和墨家都惡盜，故以惡盜爲反面的例子。全文意思是說：爲了天下厚待禹，是因爲禹待人厚；爲了天下愛禹，是因爲禹愛人。厚愛禹的行爲可以使天下人效法，若衹厚愛禹個人就對於天下没有什麼好處。這就和我們憎惡盜賊一樣，是憎惡盜賊的行爲，不是憎惡賊的人。因爲憎惡盜賊的行爲，可以使天下人知道盜賊的行爲對人民有害，可耻可惡，作爲鑒戒，是對於天下有益的。若衹憎惡盜賊的人，至多也不過把盜賊的人身殺了。殺死一些盜賊，還可以又有一些盜賊發生，對於天下是沒有什麽好處增加的。

厚薄本是就愛和利的程度而言，此節把“爲天下厚禹”和“爲天下愛禹”對言，似乎厚與愛有分别。體會文義，厚似偏重待遇言，愛似偏重情感言，愛與厚的分别似即愛與利的分别。下文厚禹與惡盜對言，厚又是愛的意思。由此可見，厚與愛對言，厚就是指利而言，若單言厚就是指愛而言，或是兼指愛與利言。

○　愛人不外己，己在所愛之中。己在所愛，愛加於己。倫列之愛己，愛人也。

解　墨家以爲：“任，士損己而益所爲。”（《經上》第 19 條）“殺己以存天下，是利之取大。”（上文）因而孟子説墨家“摩頂放踵，利天下爲之”，莊子評墨學説“其道大觳，使人憂，使人悲，其行難爲也”（《天下篇》），荀子則以爲“聖人不愛己”的話是“惑於用名以亂名”（《正名篇》）。這樣看來，似乎墨家所謂兼愛就是愛人不愛己。愛己而不愛人，固然是自私自利的卑鄙之人；愛人而不愛己，也不是一般人都能做到的事情。當時對於墨家的兼愛誤解爲愛人而不愛己的人可能很多，此節所講就是墨家對這些誤解所作的解釋。因此説：所謂愛人并不是不愛自己，而是自己就在所愛之中。自己既在所愛之中，愛就一定能加於己。合乎倫列的愛己，就是愛人。合乎倫列的愛己就是把自己列在一般人的範圍之内，而不是把自己脱出一般人的範圍之外，就是把自己看作人中人，而不是把自己當作人上人或人外人，就是“愛人若愛其身”，而不是“愛其身不愛人”。

這節所講，從邏輯上來説是概念的問題，從現實生活上來説是倫理的問題。按邏輯説，人這個概念有兩種意義：一種意義是指人類而言，是和非人對立的。别人和自己都是人，即都屬於人類，即都是人這個概念的屬概念，愛人即愛别人也愛自己。另一種意義是指别人而言，是和我對立的，愛人即我愛别人，我是能愛，别人是所愛。此處所謂愛人是前一種意義，所以説：“愛人不外己，己在所愛之中。”即便是後一種意義，也不能因爲説我愛人，就説是不愛自己。自己既能愛人，當然也能愛自己。按倫理説，倫理的基本問題就是人己關係的問題。古人所謂君臣、父子、夫婦、兄弟、朋友等五倫，今人所謂社會關係、家庭關係、同志關係、朋友關係、群衆關係、領導和被領導關係，都不過是各式各樣的人己關係。人和己是對立的又是統一的，如何能活生生地而不是死板板地從人和己的對立之中把握住他們的統一性，就是視人猶己。能在大我和小我、人和己的激烈矛盾中，權衡利害與是非，使其合於義，就是所謂“損己而益所爲”和“殺己以存天下”，也就是儒家所謂“殺身成仁，捨生取義”。

“倫列之愛己”即在一定次序之内愛己，拿今日的話來説，就是先人而後己，先公而後私，先集體而後個人的意思。

○ 聖人惡疾病，不惡危難。正體不動，欲人之利也，非惡人之害也。

解 此承上節以聖人爲例説明“愛人不外己”的事實。因爲兼愛是“愛人不外己，己在所愛之中”，所以聖人自重其身，憎惡疾病。又因爲聖人“視人之國若視其國，視人之家若視其家，視人之身若視其身”，所以爲了愛人不怕任何危難，即殺己以存天下也是心甘情願。聖人平時端正自己身體而不輕舉妄動，是要保存身體以爲利人之用，并不是拘拘謹謹、苟安偷生怕人加害於己。

“不惡危難”和“非惡人之害己”二惡字有恐懼的意思。“正體不動”即脩身的意思。

〇 聖人不爲其室臧之故，在於臧。聖人不得爲子之事。聖人之法，死亡親。爲天下也。厚親，分也，以死亡之，體渴興利。有厚薄而毋倫列之興利，爲己。

解 此言聖人爲天下興利除害，大公無私，不爲己私，不爲子私，不爲親私。臧同藏，室臧即家藏、私藏的意思。“在於臧”，猶言志於藏，即存心貪藏財貨。得猶能。“不得爲子之事”，即不能爲兒子的事情費心思，即不能爲子孫作打算，如遺產等事。“死亡親”，孫云：“亡忘通，謂親死而忘之，即薄喪之義。”譚云：“《荀子·禮論篇》論‘三年之喪’節，有‘彼朝死而夕忘之’語，蓋即隱駁墨家之説。”以通已。“以死亡之”，即親已死就忘卻的意思。畢云：“《説文》云：‘渴，盡也。’‘竭，負舉也。’今經典多以竭爲渴。”體渴即體竭。體即身體，體竭猶言力竭，即竭盡體力的意思。毋同無。倫列即等次、次序。“倫列之興利”即交相利，“毋倫列之興利”即不和大家一起生産，就如今人所謂脱離群衆和脱離生産。

聖人爲天下興利除害，大公無私，不因爲積聚私人財産存心貪得貨財。不因爲兒子的事情耗費心思。聖人的制度，是父母死了就忘掉，不厚葬久喪。這都是爲了天下。厚愛父母是兒子的本分，父母已經死了就忘卻，爲的是要竭力興利。衹顧了對親的厚薄而離開群衆脫離生産，這是自私自利的爲己。

“體渴興利”，孫云：“此即《節葬下》‘疾從事’之意。”《節葬下》云：“死則既已葬矣，生者必無久哭（喪），而疾［而］從事，人爲其所能，以交相利也。”

“有厚薄”，即指對親的厚薄，特别是指喪葬言，雖然厚薄并舉，實際上是指厚的方面言，即指厚葬久喪言。中國語文常將相反的兩個概念合成一詞，而所表達的意思卻衹是着重在一方面，如言長短，意思是重在長的方面（這條繩子的長短有幾尺）；言輕重，意思是重在重的一方面（稱一下這個東西的輕重）；言緩急，意思是重在急的一方面（如在緩急之際可以幫忙）。（參閲章士釗《邏輯指要》，時代精神社 1943 年版，第 29—30 頁）

〇　語經。語經也。

校　“語經也”三字疑涉上文衍。

解　孫云：“語經者，言語之常經也。”按：此所謂語經，似兼有今日所謂語法、修辭和邏輯三種意義。以下所云皆語經問題。其中有似非語經者，疑係錯簡。

〇　“非白馬”焉，執駒焉，説求之舞（無），説非也。漁大（火）之舞（無）大（火），非也。

校　畢謂舞爲無之誤。“漁大之舞大”，二大字疑火之誤。

解　所謂“非白馬”，即所有白馬以外的東西都是“非白馬”，有人手裏拉着一個馬駒而説找不到“非白馬”，這話是錯的。這就和看着漁火而説無火的錯誤一樣。

○ 三物必具然後足以生。

校　孫云：“此下疑當接後‘以故生，以理長，以類行也者’句。三物即指故、理、類而言之，謂辭之所由生也。”孫説是，移後。

○ 臧之愛己，非爲愛己之人也。厚［人］不外己，愛無厚薄，舉己非賢也。

校　“厚不外己”句，孫云：“厚下當有人字，即上文‘愛人不外己’義。”又云：“此節疑當接上文‘愛己愛人也’下。”孫説是。

解　上文言“愛人不外己，己在所愛之中”，是兼愛并非祇愛他人不愛自己。但是反過來看，如臧之愛己也不是真正愛己之人。因爲所謂愛人不外己，就是説愛人和愛己没有厚薄的差别，若單舉自己個人，就不是賢明的行爲。臧之愛己就是祇愛自己而不愛别人，就是把自己從衆人中單獨提出來的思想，就是今日所謂强調個人利益，就是不懂得厚人不外己的道理，就是不賢明的行爲。

按：臧獲在古代階級社會是奴隸一類的人，是最受剥削和壓迫的下層人民，他們對於剥削階級的人們當然是不愛的，這在剥削階級的人們看來就成爲祇知愛己而不知愛人的人了。其實，剥削階級的人纔真是祇知愛己而不知愛人的人。墨家此處對於臧獲的看法，還是站在剥削階級立場上的看法。

譚引《列子・楊朱篇》張湛注：“楊朱與禽滑釐辯論，其説在愛己，不拔一毛以利天下，與墨子相反。”并謂此爲“斥楊氏棄人崇己之非是，而非賢之云，亦正猶孟子譏爲無君之意歟。”譚説可參考。

○ 義，利；不義，害。志功為辯。

【整理者按：此句原稿遺漏，未作解説。】

○ 有有於秦馬，有有於馬也，智來者之馬也。

校 二於字疑當爲相，因於與相行書字形近而誤。

解 孫讀有有爲有友。譚云：“有友二字古多通用。《兼愛下篇》‘兼之有，別之有’，即兼之友，別之友。《荀子·大略篇》：‘友者所以相有也。’楊注：‘友與有同義。’皆其例證。”

有朋友相秦馬，就是有朋友相馬，相馬就能知道所來的一切馬。這是邏輯上的前進連鎖的推論式，即能相秦馬即能相馬，能相馬即能知道所有的馬，故能相秦馬即能知道所有的馬。“知來者”即“告諸往而知來者”（《論語·學而篇》）的“知來者”，“知來者之馬”即從來不曾見過的馬衹要一相就可以知道它的品質和能力。這是以相馬爲例説明前進連鎖的思維方法，也就是由特殊而到一般的概括方法。假如我們説有人從事農業勞動就是生産，生産就能爲社會增殖財富，也就是這種思維方法。

○ 愛衆世與愛寡世相若，兼愛之有相若，愛尚世與愛後世，一若今世之人也。

校 “愛衆世”舊衆字重，“今世之人”舊爲“今之世人”。皆據王引之説删改。

解 孫云："衆世寡世，以廣狹言。尚世後世，以古今言。"孫説是。衆世、寡世、尚世、後世，皆指世人言，最後一句"一若今世之人"可證。寡世指一國言，即所謂已之國。衆世指天下各國言，即兼已之國和人之國。尚同上。尚世是過去，後世是將來，今世是現在。有相若即同等一樣的意思。

此節是墨家後學對墨子兼愛思想的闡發。墨子在《兼愛篇》中所謂的兼愛，主要的意思就是"兼相愛，交相利"，就是"視人之國若視其國，視人之家若視其家，視人之身若視其身"。墨家後學把這種思想加以闡發，以爲兼愛是不受空間和時間的限制，愛天下各國的人和愛自己一國的人相同，愛過去、未來的人和愛現在的人相同。"兼愛之有相若"句承上啓下，上句"愛衆世與愛寡世相若"是"兼愛之有相若"，下句"愛尚世與愛後世，一若今世之人也"，也是"兼愛之有相若"。墨家後學所講的兼愛比墨子當日所講的兼愛是精深廣博了，也就比較抽象玄虛了。學説思想的發展大體都是這樣。我們把原始佛教和後來的大乘佛教一加比較，把《新約》四福音中的耶穌教義和後來保羅、彼得等耶徒所宣傳的耶教之義一加比較，把《論語》中孔子所講的道理和儒家後學在《大學》、《中庸》等書中所講的道理一加比較，就可以看出學説思想發展的一般規律是：愈趨精深廣博，就愈趨抽象玄虛。精深廣博可以使多人信從，抽象玄虛就不免和實踐脱節。墨家後學這樣講愛，真如英國詩人布朗寧的詩句所説："愛既非環境所能改變，愛亦非時間所能消滅。"真可説是"博愛"。

○ 鬼，非人也；兄之鬼，兄也。

解　這是約定俗成的習慣說法。這種習慣說法之所以形成，第一，是因爲古人以爲人鬼異質，人死爲鬼，當然不能再名爲人，所以說“人之鬼，非人也”，但是人們對於自己的親屬、所認識的人和所敬愛的人，雖然知道他們已經死去，仍不願意以鬼稱呼他們，所以說“兄之鬼，兄也”。其次，是因爲人們對於親屬、所認識的人和所敬愛的人，本來都有一定的稱呼，他們死而爲鬼，仍可以用生前的稱呼叫他們，至於一般人，則當他們生的時候，人們對他們也没有特殊稱呼，甚至連他們的姓名也不知道，衹知道他們是一個人，死而爲鬼，當然不能再叫他們爲人。《小取篇》説：“人之鬼，非人也；兄之鬼，兄也。祭人之鬼，非祭人也；祭兄之鬼，祭兄也。”與此同義，可參證。

〇　天下之利驩。聖人有愛而無利，俔日之言也，乃客之言也。天下無人，子墨子之言也猶在。

校　子墨下舊無子字，孫據吴鈔本補。

解　驩爲歡之假借。孫云：“驩猶悦也。《天志中篇》云：‘今有人於此，驩若愛其子，竭力單務以利之。’”《説文》人部：“俔，諭也。一曰間見。”段注：“若言不可多見而間見之。”俔日即間或、偶或的意思。俔日之言即間或有的話。

墨家講愛，也講利。愛是志，利是功，志功合纔是爲，所以説“兼相愛，交相利”，愛利常是并舉的。愛和利是對立的又是統一的。墨家對於愛和利的對立統一是認識到了。儒家對於愛和利的關係卻衹看到它們的對立而没有看到它們的統一。孔子常常講仁而對於利則很少説，所以説：“放於利而行多怨。”(《論語・里仁篇》)

"君子喻于義，小人喻於利。"(《論語·里仁篇》) 孟子説："王何必曰利，亦有仁義而已矣。"(《梁惠王上》) 這都可説是"有愛而無利"。"聖人有愛而無利"，可能就是當時儒家的話。此節所言，即堅決聲明"聖人有愛而無利"的話不是墨子的話。意思是説："利，所得而喜也。"(《經上》第 26 條) 天下之利是人人所喜歡的。説"聖人衹講愛而不講利，"那是間或有的話，是別家的話，不是墨子的話。天下儘管無人懂得墨子的主義，墨子的話總是存在的。

"俔日之言"即不是經常聽到的話，意思就是説此話没有多大影響，不足爲重。"天下無人，子墨子之言猶在"，意思就是説墨子所謂"兼相愛，交相利"的話，就是無人瞭解，他的話總是不能否認的。

○　不得已而欲之，非欲之也。[專殺臧，] 非殺臧也；專殺盜，非殺盜也。

校　"非欲之"三字舊本重。畢云一本無，顧校季本亦無，孫據删。"專殺臧"三字舊脱，據王引之校補。

解　欲即欲惡之欲，愛也，願也。此節意思是説：人們對於事物的願欲，一定要出自本心，纔是真正的願欲。例如是被逼迫，出於不得已，就不是真正的願欲。例如專以殺臧爲事的人，他殺臧并不是出自本心所願爲，而是受人的指使不得不殺臧。又如專以殺盜爲事的人，他殺盜，也不是出自本心所願爲，而是因爲自己的職務不得不殺盜。

專即今人所謂專業、專職、專事、專門的意思。古代奴隸社會，奴隸如牲畜，爲人服役，被人剥削，到了衰老無用的時候，犯有過失的時候，或需要他們殉葬作犧牲品的時候，還要被人宰殺。宰殺奴隸不是人人都會，人人都敢的，於是就有專以宰殺奴隸爲事的人，好像後世的屠夫。這些人宰殺奴隸，并不是對奴隸有什麼憎惡，也不是誠心願意做這種事，而是因爲自已以此爲業，不得不做。此言“專殺臧，非殺臧也”可能就是反映古代奴隸社會的這種情況。至於專殺盜的人，即後世衙門中的劊子手一類人，他們是以殺犯人爲職業的，殺盜是他們的職業，説不上惡盜，也不是欲殺盜。墨書中常以欲惡對舉，此處雖衹言“不得已而欲之，非欲之也”，實則隱隱之中并言“不得已而惡之，非惡之也”。

墨家講志功，志功相合纔是真正的行爲。志爲動機，功爲效果。上節言“聖人有愛而無利”的話，不是墨子所説的話，是説衹重動機而不重效果，不是墨家的思想。此節和上節相反，是説墨家也不是衹重效果而不重動機的。一個人的行爲如果不是由於他自已心甘情願，而是出於不得已的時候，就不能看作他的真正意志表現。《魯問》篇云：“魯君謂子墨子曰：‘我有二子，一人者好學，一人者好分人以財，孰以爲太子而可？’子墨子曰：‘未可知也。或爲賞與（譽）爲是也。鈞（釣）者之恭，非爲魚賜也。餌鼠以蟲（蠱），非愛之也。吾願主公之合其志功而觀焉。’”爲名爲利和受逼迫而欲之，都是不得已而欲之，都不是真正的欲。所謂“合志功而觀”，即此節的意思。

○ 凡學，愛人。

校 此句據孫校移後。

○　小圜之圜與大圜之圜同。方（不）至尺之不至也，與不至鍾之不至異，其不至同者遠近之謂也。

校　孫云："方當爲不。""不至異"，舊作"至不異"，據王闓運、郭沫若、譚戒甫諸家校乙正。

解　圜與圓同。《經上》第59條云："圜，一中同長也。"《説》云："規寫交也。"《經上》第71條《説》云："意、規、員，三也俱，可以爲法。"《經下》第64條云："一法者之相與也，盡，若方之相合也。"此所謂"小圜之圜與大圜之圜同"，就是因爲它們都是"一中同長"，都是"規寫交"，都是所謂"一法者之相與"。所以它們雖然或大或小，圜之所以爲圜總是相同的。尺是量長短的，鍾是量多少的。十寸爲尺，八斛爲鍾，不够十寸是尺之不至，不够八斛是鍾之不至。不够一尺和不够一鐘是完全不同的。假如以遠近來説，不至尺之不至和不至千里之不至可以説是相同的。《經下》第7條云"異類不比，説在量"，即此義。

這一節的意思是説：有些事物，從現象上看來雖然不同，而它們的本質是相同的；又有些事物似乎相同而實在是不同的。

○　是璜也，是玉也。意楹非意木也，意是楹之木也。意指之人也，非意人也。意獲也，乃意禽也。志功不可以相從也。

校　孫云：首句兩是字疑并當作意。

解　《説文》玉部："璜，半璧也。"意同憶，同臆，即意想、臆測的意思。《經下》第56條云："以檻爲摶，於'以爲'無知也，説在意。"第57條云："意未可知，説在可用、過仵。"二意字與此意字同義。《説文》木部："楹，柱也。"犬部："獲，獵所獲也。"

《白虎通》曰：“禽者何？鳥獸之總名，言爲人所禽制也。”從同縱。《説文》糸部：“縱，緩也。一曰捨也。”段注：“捨者，釋也。”

此即《小取篇》所謂“一是而一非”和“一非而一是”的辭例。璜是由玉製成，璜都是玉，而玉不都是璜，但是人們想到璜的時候就是想到玉了。因爲雖然玉不都是璜，但是由玉所作成的人身佩帶的裝飾品究竟不太多，所以人們想到璜的時候，以别於金屬裝飾品，總是想到玉的裝飾品，即等於想到玉。柱子是由木頭製成，但是人們想到柱子的時候不是想到木頭，衹能説是想到作爲柱子的木頭。因爲木頭的東西太多了，想到柱子的時候，不會想到車的木頭，船的木頭，桌子、椅子、橋梁、棍棒以及森林等等的木頭。所以説“意璜也，意玉也。意楹非意木也，意是楹之木也”。這就是“一是而一非”的辭例。又如想到指定的人，如張三、李四、我的弟弟、你的哥哥、中國人、工人等，這也衹是想到某個人或某些人，不是想到所有的人。但是想到打獵所獲的東西就是想到鳥獸了，因爲打獵所獲的東西不外是鳥獸等物。所以説“意指之人也，非意人也。意獲也，乃意禽也”。這就是“一非而一是”的辭例。意想是志，事實的證明是功，意想一定要和事實相合而不能相離，所以説“志功不可以相縱也”。

“指之人”即指定之人。首二句各家多有校改，曹校竟增十八字之多，此暫從孫校。

○ [凡學，愛人。] 利人也，爲其人也。富人，非爲其人也。有爲也以富人，富人也。

校　“凡學愛人”四字由前移此。

解 墨家的主義是兼愛。兼愛的根本意義就是“兼相愛，交相利”，所以墨家所謂學就是愛人、利人。能愛人就能利人，利人與富人不同，利人是全心全意的爲人，使人致富不是全心全意的爲人。在私有制的社會上使人致富，都是自己有所企圖。如國君使臣下致富，主人使僕從致富，商人使夥伴致富，都是爲了自己的某種企圖，絶不是純粹爲人。

墨家“摩頂放踵，利天下爲之”，這説明墨家的利人是純粹於愛人之志所作的功，是純粹爲人的，并没有任何私人的企圖，也非“不得已而欲之”。愛人、利人可以富人，但不是一定能富人，如教人“斷指以存身”，“殺己以存天下”，都是愛人、利人，但不是富人。

自古以來，人們常把求學與致富作對比。如孔子説：“富而可求也，雖執鞭之事吾亦爲之，如不可求，從吾所好。”（《論語・述而篇》）孟子説：“分人以財謂之惠，教人以善謂之忠。”（《滕文公上》）《墨子・公孟篇》也説：“有游於子墨子之門者，子墨子曰：‘盍學乎？’對曰：‘吾族人無學者。’子墨子曰：‘不然。未（夫）好美者，豈曰吾族莫之好，故不好哉？夫欲富貴者，豈曰我族人莫之欲，故不欲哉？好美欲富貴者，不視人猶强爲之。夫義，天下之大器也，何以視人？必强爲之。’”此處以學與富人對舉也同此例。

○ 治人有爲鬼焉。

解 治人謂治理人事，即爲人興利除害。爲鬼即爲鬼神之事，如祭祀等事。有同又。“治人有爲鬼焉”，言聖人治天下，一方面治理人事，爲人民興利除害，另一方也敬尊鬼神，注重祭祀等事。

爲治同義。《經上》第86條云："爲，存、亡、易、蕩、治、化。"《貴義篇》云："子墨子曰：'凡言凡動，利於天鬼百姓者爲之；凡言凡動，害于天鬼百姓者捨之。'"即此義。

墨家以爲"鬼神能賞賢而罰暴，賢人兼愛故天下治，暴人侵人以自利故天下亂"，所以説"今天下之王公大人士君子，中實欲興天下之利，除天下之害，當若鬼神之有也，將不可不尊明也"(《明鬼下》)。墨家法夏尊禹。《論語》言："禹節飲食而致孝乎鬼神，惡衣服而致美乎黻冕，卑宫室而盡力乎溝洫。"(《泰伯篇》)夏禹的這些行爲，就是"治人有爲鬼焉"。

墨子明鬼是墨學中最落後的一種思想。墨子時代已經有人説："鬼神者固無有。"(《明鬼下》)《墨經》中没有關於鬼神的話，《大取》、《小取》雖然説到鬼，但是和《墨子·明鬼篇》的思想相比，已經是減少了一些迷信色彩。墨子言："古聖人治天下也，故(固)必先鬼神而後人。"(《明鬼下》)此言"治人有爲鬼"，似乎由先鬼後人而變爲先人後鬼了。至《小取篇》所説："人之鬼，非人也；兄之鬼，兄也。祭人之鬼，非祭人也；祭兄之鬼，祭兄也。"衹不過是引用習慣的説法證明辭有一是而一非形式，并不是專意論鬼。這説明隨時代的發展，墨家迷信鬼神的思想已經起了變化。由此也可以説明《大取》、《小取》不是墨子本人所著。

鬼和神是有密切聯繫的兩個概念，《墨子·明鬼篇》多以鬼神并言，後人所謂有鬼論、無鬼論，也是和有神論、無神論密切聯繫的。鬼神之有無是人類思想史上一個很重要的問題。鬼神的概念是基於心物二元論的。心物二元論是以爲自然的物質之外另有一種屬於精靈的東西。前者的表現是形體，後者的表現是精神。精神與形體可以相合也可以分離，相合爲生，相離爲死。精神是指導者，形體是被指導者。這種思想的根源是社會的階級劃分與人類的愚昧無知。自從私有制產生以後，社會分爲剥削階級和被剥削階級兩大階級，剥削階級是統治者，被剥削階級是被統治者。這樣的社會生活反映在人的意識中，就形成精神與物質分離的二元論。精神（在人身就是靈魂）好像是統治者、指導者，物質（在人身就是肉體）好像是被統治者、被指導者。這樣就產生了鬼神的概念，就產生了宗教思想。這種思想是隨着社會的發展而發展的，但是無論如何發展，衹要社會上有階級存在，二元論的思想就不會消滅，鬼神的概念也不會消滅，因而宗教思想也就根本不能消滅。所以在資產階級推翻封建統治的時候，宗教思想雖然曾經受到嚴厲的抨擊，但是直至今日，宗教思想仍爲資產階級自欺欺人的一件重要法寶，甚至於資產階級一些科學家，還相信“扶乩請神”、“催眠術”、“神媒”、“神靈照相”、“神靈論”、“神體生理學”等鬼把戲。（參閱恩格斯《自然辯證法》，人民出版社 1955 年版，第 29—38 頁）二元論的消滅，鬼神概念的消滅，宗教思想的消滅，必須在階級消滅以後，共產主義社會上纔可以實現。到那時，没有剥削者與被剥削者的分别，没有統治者與被統治者的分别。人人自主，人人自由。人們掌握了自然的規律，從事征服自然的工作，人們掌握了社會發展的規律，從事推進社會的事業，絕不會再想到冥冥之中還有什麽鬼神來操縱人的命運。

○　爲賞譽利一人，非爲賞譽利人也，亦不至無貴於人。

解　爲通謂。賞即今日所謂奬賞，譽即今日所謂表揚。“利人”

和“貴於人”的人都是指一般人，即指全體的人言。貴即寶貴、貴重的意思，即今日所謂有價值、有意義的意思。此節言：人説獎賞和表揚的辦法，祗是對於被獎賞和表揚的個人有利，并不是對於一般人都有利，因爲被獎賞和表揚的總是極少數的人。但是也不能因此就以爲獎賞和表揚是没有意義的，因爲獎賞和表揚一個人，可以使一般人有所勸勉。

老子説：“不尚賢，使民不争。”此言“爲賞譽利一人，非爲賞譽利人也”，似即老子所説之意。可能當時社會上有些人對賞譽是這樣説的，因此墨家加以辯解。

《墨子》書中常以賞譽、毁罰并舉。賞罰是君長的權力，毁譽是人民的行爲，所以説“上得且賞之，衆聞則譽之”，“上得且罰之，衆聞則非之”。(《尚同下》) 此節祗就賞譽言，毁罰隱在其中。

墨家對於賞罰毁譽是很重視的。墨家尚賢。尚賢之道如何？即實行公正的賞罰毁譽。“故古者聖王甚尊尚賢，而任使能，不黨父兄，不偏貴富，不嬖顔色、賢者舉而上之，富而貴之，以爲官長；不肖者抑而廢之，貧而賤之，以爲徒役。是以民皆勸其賞而畏其罰，相率而爲賢。者（是）以賢者衆而不肖者寡，此謂進（尚）賢。然後聖人聽其言，跡其行，察其所能而慎予官，此謂事（使）能。”(《尚賢中》)“今若有一諸侯於此，爲政其國家也。曰：‘凡我國能射御之士，我將賞貴之；不能射御之士，我將罪賤之。’問于若國之士，孰喜孰懼？我以爲必能射御之士喜，不能射御之士懼。我賞（嘗）因而誘之矣。曰：‘凡爲國忠信之士，我將賞貴之；不忠信之士，我將罪賤之。’問於若國之士，孰喜孰懼？我以爲必忠信之士喜，不忠信之士懼。今惟毋（王念孫謂毋字語詞無意義，惟毋即惟）以尚賢爲政其國家百姓，使國爲善者勸，爲暴者沮；大以爲政於天下，使天下之爲善者勸，爲暴者沮。”(《尚賢下》) 墨家尚同。尚同是不要人們“一人一義，二人二義，十人十義，人是其義以非人之義”，而是要“里長一同其里之義，率其里之萬民以尚同乎鄉長。鄉長一同其鄉之義，率其鄉之萬民以尚同乎國君。國君一同其國之義，率其國之萬民以尚同乎天子。天子一同天下之義，率天下之人以尚同乎天”。何以能一同其義？唯恃賞罰毁譽。例如就一國來説，“國之爲家數也甚多，此皆是其家而非人之家，是以厚者有亂而薄者有争，故又使家君總其家之義以尚同于國君。國君亦爲發憲布令於國之衆曰：‘若見愛利國者必以告，若見惡賊國者亦必以告。’若見愛利國以告者，亦猶愛利國者也，上得且賞之，衆聞則譽之；若見惡賊國不以告者，亦猶惡賊國者也，上得且罰之，衆聞則非之。是以徧若國之人皆欲得其長上之賞譽，避其毁罰。是以民見善者言之，見不善者言之，國君得善人而賞之，得暴人而罰之。善人賞而暴人罰，則國必治矣”(《尚同下》)。墨家尊天志，因爲“順天意者，兼相愛，交相利，必得賞；反天意者，别相兼，交相賊，必得罰”(《天志中》)。墨家明鬼，因爲“鬼神能賞賢而罰暴”(《明鬼下》)。

關於賞罰毁譽的作用，類如以上所述的話在墨書中很多。由此可見墨子對於賞譽的看法并不是利一人，而是利天下國家衆人的。此言賞譽，“亦不至無貴於人”，比墨子所説賞譽的作用已經是减弱了。

○ 智親之一利，未爲孝也，亦不至於智不爲已之利於親也。

校 “智不”疑誤倒，當作“不智”。

解 智同知。“智親之一利，未爲孝也”，是説人們衹知道愛自己的親而不知道兼愛人之親，即衹知道己之親的一方面利益，而不知道己之親和人之親的雙方交相利，是不足爲孝的。“亦不至於不知爲己之利於親也”，是説衹知道利己之親而不知道兼利人之親，固然不足爲孝，但也不至於把這種意思認爲是連自己對親有利的事情也不知道去做。“爲己之利於親也”即爲己之利於親者，也同者。《兼愛下》云：“子墨子曰：‘姑嘗本原之孝子之爲親度者，吾不識孝子之爲親度者，亦欲人之愛利其親與？意（抑）欲人之惡賊其親與？以説觀之，即欲人之愛利其親也。然即（則）吾惡先從事即得此？若我先從事乎愛利人之親，然後人報我以愛利吾親乎？意（抑）我先從事乎惡［賊］人之親，然後人報我以愛利吾親乎？即必吾先從事乎愛利人之親，然後人報我以愛利吾親也。’”這段話即“知親之一利未爲孝也”的説明。這話可能一些人誤解，以爲衹要愛利人之親，就不必做自己對親應當做的事了。如孟子所謂“墨氏兼愛，是無父也”，即此意。此節即墨徒爲了針對如孟子那樣的誤解而説的。這一節文義用今日的話來説就是，墨家固然説衹知道利自己的親不足爲孝，但也不能因此就説墨家連自己能對親有利的事情也不知道去做。

○ 智是之世之有盜也，盡愛是世。智是室之有盜也，不盡［愛］是室也。智其一人之盜也，不盡是（惡）二人。雖其一人之盜，苟不知其所在，盡惡其弱（羽）也。

校 “智是之世之有盜也”，孫云：“上之字當衍。”“不盡愛是室也”，舊缺愛字，據王闓運校增。“不盡是二人”，是字疑當爲惡，涉上文而誤。弱疑當爲羽，形近而誤。

解　室謂宫室、家室。羽即黨羽、羽翼之羽。《尚同下》云：“以自左右羽翼者皆良。”此羽是指盗的左右羽翼。《前漢·律曆志》：“羽，宇也。物聚臧，宇覆之。”是羽又有藏匿義。

這一節講關於兼愛和惡盗的問題。兼愛是對於世人盡愛的，盗賊是壞人，是有害於人的，是不應當愛的。但是盗賊在世人之中衹是很少數，絶不能因爲世人之中有很少數的盗賊就對於盡愛世人的思想有所動摇，所以雖然知道這個世界上有盗賊，還是要盡愛這個世界上的人。但是如果知道這個家室中有盗賊，就不能盡愛這個家室中的人了。因爲一個家室所有的人本來不多，即便其中衹有一個盗賊，如是盡愛這個家室，就必至連盗賊也愛了。儘愛是世，是從一般的原則上説；不盡愛是室，是從具體的事實上説。如果因爲世上有很少數的盗賊就不盡愛是世，那就是因爲少數的特殊事例不能堅持一般的原則了。如果因爲要盡愛人，明知一個家室中有盗賊，還要盡愛這個家室中的人，那就是衹知道死守一般的原則，而不知道對於具體問題應當有具體的辦法。墨家既要堅持盡愛是世的原則，又要對於有害于人的盗賊表示深惡痛絶，所以説“知是世之有盗也，盡愛是世。知是室之有盗也，不盡愛是室也”。因此對於盗賊和一般人的分别也是十分謹慎細微的。如確實知道衹有一個人是盗賊，就不至於憎惡兩個人。但是雖然衹有一個盗賊，如果不知道他在什麽地方，就要對於窩藏他的黨羽盡行憎惡。總之，對世人一定是要盡愛的，對盗賊一定是要憎惡的。不能因爲憎惡盗賊而動摇盡愛世人的原則，也不能因爲盡愛世人而不憎惡盗賊。不能冤枉一個好人，也不能放縱一個盜賊。不能讓盜賊有害於人，也不容許任何人庇護盜賊。(《小取》第五節第二段“殺盜非殺人”，可與此節互相參證。)

○　諸聖人所先，爲人欲名實。實不必名。

校　“實不必名”，實上舊有名字，孫云衍，據刪。

解　諸聖人即《墨子》書中常稱述的堯、舜、禹、湯、文、武等古聖人。所先即急先之務。爲人即愛人、利人。上文言“凡學，愛人。利人也，爲其人也。”《兼愛下》説：“爲人之國若爲其國。”“爲人之都若爲其都。”“爲人之家若爲其家。”“爲彼由（猶）爲已。”此即爲人義。“爲人欲名實”，是説愛人、利人的行爲，要聲譽，尤要實在事業，名實要相符。“實不必名”，是説關於名實的問題，實至名歸，名實相符，固然是聖人所欲，但是聖人重在實而不重在名，爲人之實是一定要做的，爲人之名就不是一定要追求的。此即“居其實不居其名”的意思。孟子言：“聲聞過情，君子耻之。”(《離婁下》) 義同此。

《晏子春秋·内篇問上》:“墨子聞之曰：‘晏子知道。道在爲人而失在爲已。爲人者重，自爲者輕。景公自爲而百姓不與，爲人而諸侯爲役，則道在爲人而行在反已矣。’”爲人和爲已是對立的。

《修身篇》云：“名不徒生，而譽不自長，功成名遂，名譽不可虛假，反之身者也。”“名不可簡而成也，譽不可巧而立也，君子以身戴（載）行者也。”“實不必名”即此義。《經上》第10條《説》云：“所爲不善名，行也。所爲善名，巧也，若爲盜。”也同此義。《韓非子·詭使篇》云：“先爲人而後自爲，類名號，言汎愛天下，謂聖。”似即指墨家言。

名實問題是人類思想上的一個重要問題，而也是一個很廣泛的問題。大體説來，有邏輯上的名實問題，有政治和道德上的名實問題。《經上》第 81 條云：“所以謂，名也；所謂，實也；名實耦，合也。”這所謂名實就是邏輯上的名實。實即主詞，名即賓詞，合即判斷或命題，耦即主詞和賓詞的聯繫。邏輯上的名實問題是一個判斷能否正確反映客觀現實的問題。能正確反映客觀現實的判斷是正舉，不能正確反映客觀現實的判斷是狂舉。尸佼謂“是非隨名實”，荀卿言“名實亂是非之形不明”，就都是指邏輯的名實言。《論語》云：“名不正則言不順，言不順則事不成，事不成則禮樂不興，禮樂不興則刑罰不中，刑罰不中則民無所措手足。故君子名之必可言也，言之必可行也，君子於其言也無所苟而已。”(《子路篇》) 這就是政治和道德上的名實問題。政治和道德上的名實問題即名義是否正當，知行是否合一，言行是否相符，名譽與功業是否相稱的問題。此節所言名實，主要的是就道德上的名實言，就是爲人的言行問題及聲譽和功業的問題。《貴義篇》云：“今天下之君子之名仁也，雖禹湯無以易之，兼仁與不仁而使天下之君子取焉，不能知也。故我曰：天下之君子不知仁者，非以其名也，亦以其取也。”名取即言行，也就是名實。

○　苟是石也白，敗是石也，盡與白同；是石也唯大，不與大同。是有便謂焉也。

解《説文》攴部：“敗，毀也。”《經上》第 43 條云：“盡，莫不然也。”孫云：“唯雖通。”譚云：“‘唯大’下，當承上文省去‘敗是石也’一句。”譚説是。《説文》人部便字段注：“便古與平、辨通用。如《史記》‘便章百姓’，古文《尚書》作平，今文《尚書》作辨。”此處便通辨。《説文》刀部：“辨，判也。”“判，分也。”古辨、判、別三字同義，此便（辨）即辨別、分辨的意思。謂即所謂和所以謂的合，即邏輯上的命題。《經上》第81條云：“所以謂，名也；所謂，實也；名實耦，合也。”第80條云：“謂，命、舉、加。”《經下》第71條云：“唯吾謂，非名也，則不可，説在仮。”此節謂字與上舉各謂字同義，可作“説法”講。

此節文義是説：假如有一塊石頭，它的顏色是白的，把它破壞了，它還是和原來的白色一樣。如果這塊石頭在形狀上雖然是大的，一經破壞，它就不能和原來的大一樣了。這樣的説法就是對於事物的屬性有分別的説法。

《論語》云：“不曰堅乎？磨而不磷。不曰白乎？涅而不淄。”（《陽貨篇》）我國古代堅白之説，可能以爲堅白二種屬性都是不能破壞的。墨家以爲這樣的説法太籠統了。人們説到堅白時常以石爲例。即以石來説，一塊白石，就是破壞了，仍能保持原有的白；一塊大石，如是破壞了，就不能保持原有的大。這説明事物的屬性有的是比較固定的，有的是比較不固定的，應當分別來看。事實上不衹是没有磨而不磷的堅，也没有涅而不淄的白。

○　以形貌命者，必智是之某也，焉智某也。不可以形貌命者，唯不智是之某也，智某可也。諸以居運命者，苟入其中者皆是也，去之因非也。諸以居運命者，若鄉、里、齊、荆者皆是。諸以形貌命者，若山、丘、室、廟者皆是也。

校　“苟入其中者”，入舊作人，據孫校改。

解　形貌即今人所謂形象。命，命名也。《經上》第 79 條云：“物，達也，必待文多也命之。馬，類也，若實也，必以是名也命之。”第 80 條《説》云：“狗、犬，命也。”上引各命字與此命字同義。“必智是之某也，焉智某也。”智同知。之同至，之某即及於某，指到某的意思。上某字是指某一名詞（概念）所指的事物，下某字是指標志事物的名詞（概念），下句同。焉猶乃也。孫云：“唯雖通。”畢云：“居運言居住或運徒。”

此節講具體名詞和抽象名詞的分别及地域名詞的意義。全節文義是説：根據事物的形象而構成的名詞，必須知道了它所指的是某種對象，纔能知道它的意義。不是根據事物的形象而構成的名詞，雖然人們不知道它指的是什麼對象，也可以知道它的意義。凡以人的居住和移動而得的名稱，當人們進入它的區域時就都是在它的名稱之内，要是離開它的區域就不在它的名稱之内了。凡以人的居住和移動而得的名詞，如鄉、里、齊、荆等是。凡以事物形象而得的名詞，如山、丘、室、廟等是。

按：此所謂以形貌命者，就是邏輯上的具體概念（名詞）。具體概念是人們反映單獨一個或一群同類具有某些特徵的確定對象而構成的，是把對象和它的屬性作爲一個整體反映的，它既有實在的對象，就有形象可指，如山、丘、室、廟等是。人們對於這些概念，必須知道山是指什麼東西，丘是指什麼東西，室、廟所指的是什麼東西，纔能認識它們的意義。就是有些具體概念所指的對象限於主觀和客觀的條件，一時不可能認識到它們的真正形象，也必須用想象的或比擬的方法，指出它們的類比形象，纔能認識它們的意義。例如我們對於客觀世界中的星球，微觀世界中的粒子，世界上早已絕跡的一些古生物，就是這樣認識的。所謂“不可以形貌命者”，就是邏輯上的抽象概念。抽象概念是人們僅僅反映對象的某些個別屬性，而且把這些屬性看作是離開具體事物而獨立的，因而不是根據一定的形象構成的。因此人們對於這些概念所反映的對象不可能指出它們的形象。人們雖然不能指出抽象概念所反映的對象有什麼形象，而對於它的意義是可以瞭解的。如說：“仁，體愛也。”“義，利也。”（《經上》第7、8條）“忠，以爲利而强作也。”（《經上》第12條）“勇，志之所以敢也。”（《經上》第20條）仁、義、忠、勇這些概念就都是“不可以形貌命者”，就都是“雖不知是之某也，知某可也”。

墨家這樣區别具體概念與抽象概念和現代邏輯上對於這兩種概念的區别大體相同。具體概念和抽象概念是不同的，但是又有聯繫的。要認識具體概念必須運用抽象的方法認識到具體事物所具有的本質屬性，然後可。要理解抽象概念必須把抽象概念和具體事物結合起來使它具體化，然後可。例如我們要認識牛這個具體概念，除過必須知道它所指的實際對象，還要用抽象的方法認識到它有反芻、分蹄、力大、爲人服役的馴服性等特徵。例如要理解仁、義、忠、勇等抽象概念，固然不能指出它們的形象，但必須把這些抽象屬性和具體事物結合起來纔能真正理解，如從仁人義士的品質上理解仁與義，從忠實的言語和勇敢的行爲上理解忠與勇。《經上》第12條講“忠”是，看到對人有利的事情而强幹的精神（以爲利而强作也）。《説》云：例如看到小孩子要往不利的地方跑，我們用嚴厲的聲色阻止他，就是忠（不利，弱孩足將入，止容）。這就是把抽象概念具體化的方法。

所謂以居運命者即地理名稱。按：地理名稱都是單獨名詞，即專名。此以鄉、里、齊、荆爲例，齊、荆是專名，鄉、里非專名，齊、荆與鄉、里非同類概念。墨家或者以爲地域名稱有普遍名稱和單獨名稱二種，或者鄉、里是指某鄉某里，不明。

《經下》第 32 條云："或，過名也，説在實。"也是講地理名稱，可參閱。

○ 智與意異。

解 智同知，即知識。意即意度、猜測。《墨經》講知識的話很多，最重要的是《經上》第 3、4、5、6 條及第 81 條。第 3、4、5、6 條云："知，材也。""慮，求也。""知，接也。""恕，明也。"是説知識的獲得必須先有感官的機能（材），經過準確的思維作用（求），第一步獲得感性的材料（接），第二步進行理性的認識（明）。第 81 條云："知，聞、説、親，名、實、合、爲。"是説知識的種類有三，聞知、説知、親知。知識的構成須有名有實，名實聯繫成爲判斷（合），再從實踐上獲得證明（爲）。由此可見墨家對於知識的重視及對於知識的要求的嚴格。至於意度、猜測的作用，墨家看來是没有什麽價值的。《經下》第 56 條云："以楹爲摶，於'以爲'無知也，説在意。"這是説，如果有人説我以爲柱子是圓的，這種"以爲"的口氣，正説明他對於柱子這個對象是没有真正的知識，因爲這衹是他的猜測。又第 57 條云："意未可知，説在可用、過仵。"這是説，人們在認識事物的時候，如果用猜測的方法是不能得到正確的認識，因爲可能猜測對，那是有用的，也可能猜測錯，那就無用了。這樣把知和意一加比較，它們之間的差異是顯然可見了。

上文自“意璜也”以下，講意又講知，這一句似爲上文講知與意的總結。

墨家對於知與意的分別，今日看來還是相當正確。但是知與意的不同，不是絶對的，而是相對的，即祇是程度上的不同。猜測當然不能算是知識，但是猜測如果有相當的根據，就可以成爲假說，假說能獲得證明，就可以成爲正確的知識。邏輯上對於假説是很重視的，科學研究必須經過假說的階段，古今來的許多發明都是由假説成功的。所以説到知與意的差異時，更應知道二者的關係。

○　重同、具同、連同、丘同、鮒同。

校　丘同、鮒同，舊在下段“同名之同”下，據譚校移此。

解　本節講同和異，共分五段。所謂同異是事物的同異，也就是概念的同異，所以在解釋的時候，有時是就事物說，有時是就概念説。

從一般情形來説，同有五種：（1）重同。《經上》第 88 條説云：“二名一實，重同也。”兩個不同的名稱所指的是同一對象，就是重同。例如“孔丘”和“仲尼”，“人”和“能製造生產工具的動物”等是。這適當邏輯上所謂叠合概念。（2）具同。孫云：“具當爲俱。《經説上》云：‘俱處於室，合同也。’”《經上》第 88 條云：“不同所，不合也。”王闓運云：“室所互文。”俱處於室即同在一個區域的事物，如同鄉、同學、同事、同夥等，他們雖然不盡相同，而因他們在同一地區生長，同一學校學習，或同一機關作事，他們就有相同的屬性。又如同屬水族動物，或同屬陸上動物，同屬寒帶植物，或同屬熱帶植物，雖然形形色色，千差萬別，而因爲它們生長在同一處所，總有相同的屬性。墨家所謂俱同，邏輯上無適當名稱。（3）連同。《經上》第87條説云："不外於兼，體同也。"第88條《説》云："不連屬，不體也。"連同即連屬之同，即邏輯上所謂并列的概念。并列概念是在同一個種概念之下的屬概念。種是兼，屬是體。如生物是兼，動物、植物就是體。動物和植物雖然在某些屬性上是不相同的，而在"有生命"這一點上卻是相同的。"有生命"這一屬性是生物的共同屬性，即動物和植物都和生物有連屬的一種屬性，所以動物和植物的同，從生物的觀點來説，是連同。（4）丘同。孫云："丘與區通。"《説文》匸部："區，踦區，臧隱也。從品在匸中。品，衆也。"段注："區之義内臧多品，故引伸爲區域，爲區別。"《增韻》："區，分也。"《經下》第13條："歐（區）物一體也。"區有部分義。區同即部分相同的意思，即不同的事物之中有一部分是相同的。這適當邏輯上所謂部分叠合概念或交錯概念。如革命家和科學家是兩個不同的對象，或不同的概念，但是有些革命家是科學家，有些科學家是革命家。革命家和科學家雖然不是完全相同的，其中一部分是彼此相同的，這就是所謂區同。（5）鮒同。孫云："鮒附通。《史記·魏世家》屈侯鮒，《説苑·臣屬篇》鮒作附。《周禮》大司徒鄭注云：'附，麗也。'"孫説是。附即附庸之附，也就是今人所謂附屬、附從、附議之附。鮒同即附從與主體的相同，如古代附庸國和宗主國的相同，現代帝國主義國家的僕從國和帝國主義國家的相同。這適當邏輯上所謂主從關係的概念。如學生和中學生，生物和植物都是主從概念，即中學生的屬性不能離開學生的屬性，植物的屬性不能離開生物的屬性。

○　同類之同，同根之同，同名之同。

校　"同根之同"句舊在下段"然之同"句下，孫謂當在"同名之同"下，余疑當在"同名之同"上，兹移正。

解　這一段講同之所以形成的來歷及其程度等級。從同之所以形成的來歷看有三種：

（1）同類之同。《經上》第79條云："名，達、類、私。"《説》云："物，達也，有實，必待文多也命之；馬，類也，若實也者必以是名也命之；臧，私也，是名也止於是實也。"由此可見，類名是介於達名和私名之間的，即比範疇概念的外延小而比單獨概念的外延大。凡所謂類都是有本質屬性相同的一群對象。如馬爲一類，其中包括有白馬、黑馬、大馬、小馬等，它們雖然有形形色色的不同，而在馬的本質屬性上是相同的，這就是所謂"同類之同"。世界上的事物雖然紛紜複雜，千差萬别，而因本質屬性的相同或相異總可分爲若干類。"人以類聚，物以群分"，這就是同類之同的來歷。同類之同，對於人們認識事物是很重要的，在人們實踐上也是很有用的。人們認識了事物的類同，纔能有普遍概念，纔能構成判斷，纔能進行推理。所以《大取篇》説："夫辭以類行者也，立辭而不明於其類，則必困矣。"《小取篇》説："以類取，以類予。"同類之同不是固定的，是隨類的大小而變化的。《經下》第2條云："推類之難，説在類之大小。"《説》云："謂四足與？牛馬與？物盡與？大小也。"這是説從四足獸的類來看，牛馬猪狗虎豹都是同類，若從牛馬的類來看，則衹有牛馬是一類。猪狗虎豹與牛馬不是同類。

（2）同根之同。同根之同是有些事物從現在的情况來看雖然不是相同的，而追溯其根源則是相同的，例如歐洲英、法、德、意等國的文字同源於拉丁文，九大行星同出於太陽，就是所謂同根之同。同根之同都是從歷史上追溯根源的，但是也衹能就具體明確的根來説，不應當一直追溯到最後的根。如我國古代哲學家説萬物同源於氣，希臘古代哲學家説萬物同生於水或同生於火，現代科學家説物體都是由粒子構成，甚至如老子説“天下萬物生於有，有生於無”，這樣追溯到最後的根，不是此處所謂同根之根。因爲同根是對異根而言，最後的根是萬物同根。既無異根之異，也就用不着説同根之同。

（3）同名之同。同名之同衹是名稱上的相同，實質是否相同不問。如一種鳥名杜鵑，一種花也名杜鵑。一種藥名白頭翁，一種鳥也名白頭翁。古代魯有兩曾參，趙有兩毛遂。鄭人謂玉未理者曰璞，周人謂鼠未臘者曰璞。河北叫外婆曰老老，山西人叫叔父曰老老。這都是同名之同，即僅僅是名同，實際上是完全不同的。

這三種同在程度上是有分别的。同類之同是事物本質上的相同，在科學研究和日常生活上是有很大意義的。同根之同比同類之同稍差，但在科學研究和日常生活上也還有一定的意義。同名之同是名同而實不同，它不衹是不能表明事物的同，而且容易使人因名同而把異實混淆了，因此人們常把同名之同另加一些區别。如前漢、後漢，真李逵、假李逵，孔子弟子曾參，“春城無處不飛花”的韓翃等是。同名之同在人們的認識和實踐上是無意義的。

注：韓翃，唐德宗時人。時有兩韓翃，適制誥闕人，批與韓翃，中書具二人同進，德宗批與“春城無處不飛花”之韓翃，以别

於另一韓翃。(轉引自章士釗《邏輯指要》,時代精神社 1943 年版,第 67 頁)

〇 是之同,然之同。

解 這是關於同的最本質和最根本的分別。以上所講事物的同,從一般情況來分別,有重同、具同、連同、丘同、鮒同五種。從同的形成來歷及程度等級上來分別,有同類之同、同根之同和同名之同三種。茲從最本質和最根本上來分別,則不外是之同和然之同二種。是之同是人們對於事物認識上所見的同,然之同是事物本身客觀存在的同。前者是邏輯思維的同,後者是事物本質的同。人們的思維是客觀存在的反映。正確的思維是客觀存在的正確反映。但是人們的思維不一定都能正確反映客觀存在。嚴格説來,衹有上文所謂二名一實的重同是"然之同",其他如具同、連同、丘同、鮒同,都爲"是之同"。從邏輯上來説,衹有如同一律的公式"甲是甲"所作出的命題如"人是人",它的主詞和賓詞的相同纔是"然之同"。此外如一般肯定判斷"人是生物",定義判斷"人是能製造生產工具的動物",單稱判斷"新疆爲中國最大的省份"等,它們的主詞和賓詞的同都爲"是之同"。因爲這些命題是由人們認識到它們的主詞和賓語有同一性而作成的,這種同是否與客觀存在完全相合,還須事實證明。《經下》第 1 條《説》云:"彼以此其然也,説是其然也;我以此其不然也,疑是其然也。"正可説明是與然的分別。

《説文》是部:"是,直也。從日正。"段注:"十目燭影則曰直,以日爲正則曰是。從日正,會意。天下之物莫正於日也。"關於“是”的意義，《經下》第81條講得特別詳細。《經》云：“不是與是同，説在不州。”《説》云：“是是則是且是焉。今是，是於是而不是於是，故是不是。是不是，則是而不是焉。今是，不是於是而是於是。故是與不是同説也。”此所謂“是不是”即人對事物認以爲是或不是的意思。（參看《經下》第81條解）

《説文》火部：“然，燒也。”段注：“通假爲語詞，訓爲如此，爾之轉語也。”凡事物的實在真相就是然。《墨經》中然字用得很多，如《經上》第1條云：“小故，有之不必然，無之必不然。”“大故，有之必然。”第24條《經》云：“夢，卧而以爲然也。”第43條《經》云：“盡，莫不然也。”第71條《經》云：“法，所若而然也。”第96條《説》云：“彼舉然者以爲此其然也，則舉不然者而問之。”《經下》第1條《説》云：“彼以此其然也，説是其然也；我以此其不然也，疑是其然也。”第9條《經》云：“假必誖，説在不然。”第10條《説》云：“或傷之，然也。”第16條《經》云：“在諸其所然者，未者然，説在於是推之。”第32條《説》云：“過而以爲然。”第50條《説》云：“且然必然。”第60條《經》云：“可無也，有之而不可去，説在嘗然。”第64條《説》云：“物俱然。”這些所謂然就都是事實的意思。章士釗謂《墨經》中的然相當於英文的truth，章説近是。（《邏輯指要》附録，時代精神社1943年版，第447頁）

○　有非之異，有不然之異。

解　這是關於異的最本質和最根本的分別。異是同的反面。《經上》第87條云：“同，重、體、合、類。”第88條云：“異，二、不體、不合、不類。”此即明言異是同的反面。針對上文“是之同”和“然之同”，從最本質和最根本上來看異的分別，也衹有“非之異”和“不然之異”。非即不是，非之異即不是之異。非之異是人們在認識中所見到的事物之異，不然之異是事物本質上客觀存在的異。和上文所謂同一樣，人對於事物所認識的異是事物本質上客觀存在的異的反映，但是人所認識的非之異，不一定都能正確地反映了客觀存在的不然之異。如甲與非甲，人與非人，白與非白，這些客觀存在的異就是不然之異。如説“子非我”(《莊子》)，“白馬非馬”(《公孫龍子》)，就是人們在認識中所見到的事物之異，就是非之異。説“子非我”是和客觀存在的異相符的，説“白馬非馬”和客觀存在的異是否相符，就有問題了。

○ 有其異也，爲其同也。爲其同也，異。一曰乃是而然，二曰乃是而不然，三曰遷，四曰强。

解 這是講同和異的相互聯繫。《經上》第89條云："同異交得，放有無。”這是説，同異不是絶對相反的、對立的，而是彼此相成、互有聯繫的。就如“有”和“無”一樣，有“有”纔有“無”，無“無”就無“有”。《説》語列舉有無、多少、去就、堅柔、死生、長少、白黑、中央旁、是非、成未、處適、存已、性故、貴賤、長短、前後、輕重等實例來説明此理。此言“有其異也，爲其同也。爲其同也，異。”義即所以有異，是因爲有同。因爲有同，所以有異。同異是交得的。同異交得的情况有四種：一曰乃是而然，即人們對於事物所認爲是的，也就是事物客觀存在的然，這是人們的認識和客觀存在完全相同了，是真正的同。《小取篇》關於“是而然”舉例是：“白馬，馬也；乘白馬，乘馬也。驪馬，馬也；乘驪馬，乘馬也。獲，人也；愛獲，愛人也。臧，人也；愛臧，愛人也。”例中所謂“白馬，馬也”，就是“是”，就是人們對於事物的認識。所謂“乘白馬，乘馬也”，就是“然”，就是客觀存在的事實。人能認識白馬是馬，事實上也證明乘白馬是乘馬，這就是“是而然”。其他各例都可以這樣理解。二曰乃是而不然，是人們認以爲是的而客觀存在的事實不是那樣，即人們的認識和客觀存在的事實有了差異。《小取篇》關於“是而不然”的舉例有：“車，木也；乘車，非乘木也。船，木也；入船，非入木也。盜，人也；多盜，非多人也；無盜，非無人也；殺盜，非殺人也。”例中所謂“船，木也”，是人對於事物的認識。這樣的認識不算錯，但不是和客觀事物完全切合的，所以事實上“入船非入木也”。這樣，人的認識和事物的客觀存在就有異了，這就是“是而不然”。三曰遷。遷，變遷也。由異而變爲同，由同而變爲異，就是遷。如“或安而行之，或利而行之，或勉强而行之，及其成功一也”，就是由異而變爲同。如“性相近也，習相遠也”，就是由同而變爲異。四曰强。强者勉强也，即强不同以爲同，强不異以爲異，前者如東施效顰，後者如“以五十步笑百步”。

○ 子深其深，淺其淺，益其益，尊其尊。

解 俞云：“尊當讀爲剸。《説文》刀部：‘剸，減也。’剸有減損之義，故與益對文成義。”譚云：“句首子字，當即稱子墨子，猶孔門常稱孔子爲子耳。此言墨子教人，深淺益剸（即加減損益）隨機順應。觀《耕柱》、《貴義》等篇可證。蓋亦孔子因材施教之意歟？”譚説是。《經下》第40條説云：“應有深淺大小，常中在其人。”與此義略同，可參證。

〇 察次山（正）比，因至優指。復次，察聲端名，因請復正。

校 山疑當爲正，因形近而誤。可能是寫者先誤正爲止，又誤止爲山。“察次正比”與下文“察聲端名”對文，正與端也相對。

解 《經上》第70條云：“次，無間而不相攖也。”《説》云：“次無厚而後可。”此所謂次即根據經義而來，有次第、次序、相次義。比即《小取篇》“論求群言之比”的比。《説文》比部：“比，密也。”引伸爲比附、聯繫義。《説文》口部：“因，就也。”《中庸》云：“天之生物必因其材而篤焉。”謂就其材而篤焉。《論語》云：“因不失其親。”（《學而篇》）謂所就者不失其親。就有依據的意思，此所謂因即依據義。《説文》至部：“到，至也。”見部：“親，至也。”是至有到義與親義。此所謂至即《經上》第81條所謂“聞、説、親”的親，就是即物的意思，就是和事物接觸的意思，就是感性知識的親知。《説文》人部：“優，饒也。”段注：“食部饒下曰：‘飽也。’引伸凡有餘皆曰饒。”指、旨、恉同。《説文》心部：“恉，意也。”復次，又也，再者。聲即《經上》第79條“聲出口俱有名”的聲。《説文》立部：“端，直也。”此所謂端即端正的意思。孫云：“請讀爲情。”

“察次正比，因至優指”，是説審察事物次序，就可以正確地把它們聯繫起來；依據親身所接觸的事物，就可以獲得豐富的意義。“察聲端名，因情復正”，是説審察人們出口的聲音，就可以端正概念的名稱；依據實際情況，又可加以訂正。復次二字連接前後二句。

此言人們對於事物的認識和正名的工作都必須以感覺所得到的材料爲根據。這是墨家在認識論和邏輯思想上所表現的唯物主義思想。所謂事物的次序，如冰、水、汽三種東西是有一定的次序，人們認識了它們的次序，纔能正確地説，冰由水結成，汽由水化成。事物的次序即因果關係。“察次正比”，就是説認識了事物的因果關係就可以作充足理由的判斷。判斷是概念的聯繫，充足理由的判斷就是正確的概念聯繫，即此所謂正比。

○　夫辭惡者，人右（有）以其請得焉。諸所遭執而欲惡生者，人不必以其請得焉。

校　孫云：“右疑有之誤。”

解　辭通辭。《説文》辛部：“辭，不受也。”辭惡即不承認罪惡。請讀爲情，實也。執即上文“人之所執也”的執，即執持、拘執的意思。孫云：“惡生謂樂於就死也。”

此言審訊罪犯的情況。罪犯不承認自己的罪惡，人可以從他的實際情況上瞭解。凡是被拘押而不希望再活下去的人，就不一定能從實際情況上獲得實情。因爲前者不承認自己的罪惡，這是一般罪犯的常情，經過詳細的調查研究，總可以把事實弄清；後者既不希望再活下去，就很難希望他吐露實情，甚至他可以自殺身死，使人無從對證。

“以其情得”即《論語》所謂“如得其情”（《子張篇》）的意思。

○　聖人之附（拊）瀆也，仁而無利愛。利愛生於慮。昔者之慮也，非今日之慮也。昔者之愛人也，非今之愛人也。愛獲之愛人也，生於慮獲之利。慮獲之利，非慮臧之利也。而愛臧之愛人也，乃愛獲之愛人也。去其愛而天下利，弗能去也。

校　孫云："附，道藏本、吴鈔本并作拊。"作拊是。瀆，字書無此字，暫以意改爲治。"弗能去也"，去字疑涉上文衍。

解　拊通撫，撫治即撫養治理人民。無通廡。《説文》广部："廡，堂周屋也。"《釋名》："大屋曰廡。廡，幠也。幠，覆也。"段玉裁云："《洪范》、《晋語》蕃廡皆假廡爲無也。"《説文》亡部："無，亡也。"段注："凡所失者，所未有者，皆如逃亡然也。此有無字之正體，而俗作無，無乃𣞤之隸變。𣞤之訓豐也，與無義正相反。"此處無或作廡之假借，或爲無之本字，其義當爲包羅豐富之義，非無有之義。

此言仁和利、愛的關係，利和愛的關係及利和愛的區别。聖人撫養、治理人民，是以仁爲體而包括利和愛的具體作用。仁是抽象的概念，利和愛是具體的行爲。仁在實踐上的表現就是利和愛的事實。因爲利和愛的行爲要在事實上有所表現，所以隨時間和對象的不同對於具體問題要作具體考慮。以前所考慮的問題和今天所考慮的問題不同，以前的愛人和今天的愛人不同。愛獲就要對於獲的利益考慮，對於獲的利益考慮，就不是對於臧的利益考慮。因爲獲與臧的具體利益是不同的，不這樣具體考慮，就是概念式的仁，而不是實踐性的利和愛。利和愛雖然在實踐上都是具體性的，但比較起來，愛比利是有概括性的，所以雖然慮獲之利非慮臧之利，而愛臧之愛人乃愛獲之愛人。利和愛雖然在概括性的程度上有些差别，但二者的關係是很密切的，要是去掉愛而能利天下，那是不可能的。

仁是抽象的概念，利人和愛人是具體的行爲，仁和利愛的結合就是抽象概念和具體行爲的結合。愛是比較概括性的，利是比較個别化的，愛和利的結合就是概括和個别的結合。抽象和具體的結合，概括和個别的結合，這是辯證的思想方法，墨家在此已經是自發地運用這種方法了。《經上》第 7 條云："仁，體愛也。"可參閱。

○　昔之知墻（臧）非今之知墻（臧）也。[藉臧也死而天下害，吾持養臧也萬倍，吾愛臧也不加厚。]

校　"藉臧也死而天下害"，以下二十二字舊在次節下，與上句不連，據孫校移此。蘇時學云："墻疑當作臧。"近是。二知字疑當爲利字，形近而誤。

解　孫云："藉即假借字。持養，《非命下》：'下以持養百姓。'王念孫引《荀子·榮辱篇》楊注：'持養，保養也。'"此承上節言利人的事情因時間與對象的不同而不同。例如有一臧在此，以前是好人，現在變爲壞人而且成爲被管押的要犯。我以前給過他利益，現在仍給他利益，但是以前給他的利益和今天給他的利益是不同的。因爲今天是怕他假如死了，天下就要受其害，所以我保養他比以前好過萬倍，但這并不是愛臧加厚。

此言"藉臧也死而天下害"，如臧爲國事要犯，还待審訊的時候而死去，即如此。墨家多以臧獲爲例，臧獲似即後人所謂某甲、某乙、張三、李四、王老五等稱呼，不一定是指奴隸。

○　貴爲天子，其利人不厚於正（匹）夫。二子事親，或遇孰，或遇凶，其［利］親也相若。非彼其行益也，非加也。外執無能厚吾利者。

校　正，顧、俞皆校爲匹。“其親也相若”句，譚言親上舊脱一利字。執，孫云：“疑爲埶之訛。”

解　此言人能有愛人之心，就能作出利人之事，不因地位的高下或境遇的好壞而有厚薄之差。因此説貴爲天子，所作利人之事不見得厚於匹夫。因爲天子和匹夫雖然地位高下不同，而從愛人之心來説，匹夫的愛人之心并不比天子差，天子能盡愛人，匹夫也能盡愛人。利人之事是由於愛人之心而生，至於具體利人之事的不同，那是由於職權的不同，易地而處是一樣的。又如兩個兒子事親，一個遇的是豐年，一個遇的是荒年，二人所遇的年歲不同，在供養上當然要有些不同，但是他們利親的行爲是相同的。這不是説遇荒年者在行爲上有什麽增益，也不是外界對他有什麽增加。如果人没有愛親之心，外界的形勢不能加厚人對親的利益。

貴爲天子，其利人不厚過匹夫。這正如今日人們説，政府主席的工作和一個炊事員的工作一樣，都是爲人民服務的，政府主席和炊事員祇是分工的不同。

此承上文“去其愛而天下利，弗能也”而言。祇要有愛人之心，匹夫和天子可以同有利於人，遇荒年或遇豐年可以都有利於親。

○　長人之異（與）短人之（也）同，其貌同者也，故同。指之人也與首之人也異，人之體非一貌者也，故異。將劍與挺劍異，劍以形貌命者也，其形不一，故異。楊木之木與桃木之木也同，諸非以舉量數命者，敗之盡是也，故同。

校 俞云："'長人之異短人之同'當作'長人之與短人也同'。下二句正釋長人短人所以同之故也。下文曰：'指之人也與首之人也異，人之體非一貌者也，故異。將劍與挺劍異，劍以形貌命者也，其形不一，故異。'并與此文一律可證。"俞説是。唯"將劍與挺劍異"云云，係與下文"楊木之木與桃木之木也同"云云對文，與上文無涉。"指之人也與首之人也"，疑當爲"人之指與人之首也"。欒調甫言此係之字倒裝句。(《墨子研究論文集》，人民出版社1957年版，第117頁）孫云："將，㨾之借字。《説文》手部云：'㨾，扶也。''挺，拔也。'""敗之盡是也，故同"，舊無同字。王引之將故字屬下文讀，孫從之。非是。譚屬上文讀，并云："據上文三例，故下當有同字。"譚説是，據增。

解 此言世界上的一切事物，異中有同，同中有異，從同可以求異，從異可以求同。例如身材長的人和身材短的人，雖然長短不同，實際上同爲人的形象，所以是相同的。人的手指和人的頭腦，雖然同屬一人之身，實際上是不同的，因爲人身的各部分不是同一形貌的。事物的同異，有的就形貌言，有的就量數言。就形貌言的，形貌不同就是異，如手扶的劍和手拔的劍，雖然同爲劍，而因形貌不同，名稱也就相異。就數量言的，量數的輕重、多少、大小稍有不同就有了差異。如一斤鐵和二斤鐵是輕重的不同，一隻牛和十隻牛是多少的不同，一座高山和一個土丘是大小的不同。楊木之木與桃木之木，在名稱雖然有些不同，而就其同爲木料來説是相同的，因爲它們不是從量數上作分別的。凡不是以量數命名的東西，一個東西壞了仍然是那些東西，所以是相同的。如一塊木頭壞了成爲許多小塊木頭，木頭仍是木頭。

○　一人指，非一人也；是一人之指，乃是一人也。方之一面，非方也；方木之面，方木也。

解　指可作指頭講，也可作指點講。是，此也。“一人指”的一人是泛言人，所以不是“一個人”意思。“是一人之指”的“一人”是僅僅指“一個人”言，指不是二個以上的人言，所以是“一個人”的意思。這就如我們今日說“一個人總是要工作的”，這所謂“一個人”即泛指任何人，并不專指一個人。如說“這祇是一個人的工作，不需要多的人”，這所謂“一個人”即指單獨一個人。前者有如英文的 a man，後者有如英文的 one man。“方之一面，非方也”，此指立體方言。立體方共有六面，祇有一面當然不是立體方了。“方木之面，方木也”，所謂“方木之面”，是方木的表面，即方木的各方面。整塊物體既然方木，它的表面當然也就是方木。

“方木之面”和“一人指”相同，是泛指方木的各面，并不是專指一面。“方之一面”和“是一人之指”相同，是專指方木的一個方面。由此可見，所謂“一人指，非一人也”即等於說“人之指，非一人也”，所謂“方之一面，非方也”即等於說“是方之一面，非方也”。

此節是舉例說明“一”字這個概念的兩種意義：一種意義是泛指任何一個，用作這種意義的時候，一字可有可無，如“一人指”是有一字，“方木之面”是無一字（不必說“一方木之面”）。另一種意義是確定數目，即一二三的一。用作這種意義時，所謂一即祇是一個，絕不是二個以上。如“是一人之指”，與“方之一面”的一，就是僅僅一人與僅僅一面的意思。

○［夫辭］以故生，以理長，以類行也者（者也）。［三物必具，然後足以生。］立辭而不明於其所生，忘（妄）也。今人非道無所行，唯（雖）有强股肱而不明於道，其困也可立而待也。夫辭以類行者也，立辭而不明於其類，則必困矣。

校　孫云："以字上當有'夫辭'二字，下文可證。""也者二字當乙轉。""三物必具，然後足以生"句係從上文移來，孫謂此句當在"以故生，以理長，以類行者也"上，余疑當在其下。顧云："忘當爲妄。"末句"夫辭以類行者也"疑衍。

解《説文》辛部："辭，説也。"荀子云："辭也者，兼異實之名以喻一意也。"(《正名篇》) 辭即邏輯上所謂判斷或命題，即語法上的語句。(參閱《小取篇》"以辭抒意"解)《經上》第1條云："故，所得而後成也。"第78條《説》云："故也，必待所爲之成也。"《説文》支部："故，使爲之也。"《廣雅・釋詁》云："故，事也。"綜合以上各義，故即原故、根據的意思。原故、根據都須有事實，也就是事故。《説文》玉部："理，治玉也。"段注："《戰國策》：'鄭人謂玉之未理者謂璞。'是理爲破析也。玉雖至堅而治之得其䚡理以成器不難，謂之理。"戴東原《孟子字義疏證》云："理者，察之而幾微必區以别之名也。是故謂之分理。在物之質曰肌理，曰湊理，曰文理。得其分則有條而不紊，謂之條理。"《説文》長部："長，久遠也。"此所謂長有長久存在意，即確立的意思。"以理長"即言理由充足纔可以確立而長久存在。道，道路。此以道路譬道理。孫云："唯與雖通。"類，即《經上》第79條所謂“達、類、私”的類。《説文》犬部：“類，種類相似，唯犬爲甚。”引伸爲凡相似之稱。《經上》第87條《説》云：“有以（似）同，類同也。”［《孟子·告子上》：“此之謂不類。”趙注：“類，事也。”《吕氏春秋·達鬱篇》：“得其細，失其大，不知類耳。”高誘注：“類，事也。”《禮記·學記》：“九年知類，通達。”注：“知類，知事義之比也。”］此所謂類即同類事物。《爾雅·釋詁》：“行，言也。”

此講辭的構成、存在和應用。“以故生”，是説一個命題（或一個語句）的産生一定有它的原故。“以理長”，是説一個命題的確立，必須有它的充足理由。“以類行”，是説一個命題的應用是用於表達同類事物。原故、理由和同類事物，這是命題的三個要素，這三個要素必須俱備，一個命題纔能成立。如果構造一個命題而對於它的原故不明，那是妄爲。所謂理就如道路，現今人的行走非由道路不可。一個人就是有健强的腿臂，如不認識道路，他的困難立刻就可以來到。命題和理由的關係，就如同人的行走和道路的關係。命題的應用既是以同類事物爲對象，因此如果要成立命題而對於事物的類不明確，必然要發生困惑。因爲所有命題，除過少數是單稱命題，不外全稱命題和特稱命題二種。全稱命題是以一類事物的全體爲對象的，特稱命題是以一類事物中的一部分爲對象的。如果對於事物的類不明確，無論全稱命題或特稱命題都無法構成。例如説“牛是反芻的”，一定要知道動物之中有所謂牛的一類，獸類之中有反芻的與不反芻的分別，牛是屬於反芻的一類，纔能作出這個全稱命題。又如説“有些植物是隱花的”，一定要知道生物之中有所謂植物一類，植物之中有的是顯花，有的是隱花，纔能作出這個特稱命題。概念的分類不明確就無法作出正確的命題。

故、理、類爲辭的三要素。故是原故，理是理由。原故即理由，原故和理由本來是同一的。如氣候冷爲水結冰的原故，也可説氣候冷是水結冰的理由。所以墨子在《非攻下》對於飾辭反對非攻的人一再説“子未察吾言之類，未明其故者也”，衹言類與故而没有提到理。《墨經》講故又講類，也没有講到理。［注：《經上》、《經下》都没有講到理，唯《經上》第76條《説》云：“觀‘爲，窮知而縣於欲’之理。”《經下》第77條《説》云：“誹之可不可以理，理之可誹……其理不可誹。”僅見幾個理字。因爲不是主要概念，没有特別解釋。］但是故和理不是絶對同一的，而是又有分別的。故是就事物的原因和結果的關係言，理是就思維的理由和推斷的關係言。一般説來，原因和理由相當，結果和推斷相當，在人的思維過程中也可以把結果作爲理由而推斷其原因。因此，我們可以用氣候冷的理由推斷水要結冰，也可以用水結冰爲理由推斷氣候是冷了。但是按原因和結果的關係來説，就衹能説氣候冷是原因，水結冰是結果，絶不能説水結冰是原因，氣候冷是結果。原因和結果的關係是屬於因果律的，理由和推斷的關係是屬於充足理由律的。原因和結果的關係是事物客觀存在的關係，理由和推斷的關係是人們在思維中反映事物關係的概念關係。所以故與理是同一的而又是有分別的。《荀子·非十二子》説各家的學説都能“持之有故，言之成理”。故理并言，就是説既有事實根據，又能説出道理。此處論辭，故、理、類三者并舉，比《墨子》和《墨經》上下及《經説》上下衹舉類與故二者更加細緻深刻了。

附注：馮友蘭把此所謂“辭”講成推理的結論。他説：“凡能把結論（‘辭’）證明的‘故’，必根據一定的客觀規律，與結論相聯繫。這客觀規律就是‘理’。‘理’使我們確信，從這樣的‘故’一定可以得出這樣的結論來。我們怎樣可以得到普遍規律，并且知道它是可靠的呢？這是從類推（‘類’）得來的。人的知識從個别開始，對於某一類的個别有了認識，就能推到同類的其他事物，這就是初步的歸納法；歸納法是比較有系統的類推。在一個演繹的推論中，‘理’就是大前提，‘故’就是小前提，‘辭’就是由大前提、小前提推出來的結論。爲了加强説服力，更可以舉幾個結論相類似的例作爲大前提的例證。結論是直接依靠小前提，所以‘辭’是‘以故生’。再加上大前提，結論的可靠性就增長了，所以是‘以理長’。再加上附加的舉例，更有説服力，這就是‘以類行’。”又説：“‘辭’，因明稱爲‘宗’，形式邏輯稱爲‘結論’。以故生，因明稱爲‘因’，形式邏輯稱爲‘小前提’。‘以理長’，因明包括在‘因’之内，形式邏輯稱爲‘大前提’。‘以類行’，因明稱爲‘喻’。”（《中國哲學史新編》，人民出版社 1962 年版，第 404—405 頁）

我以爲此所謂辭就是指判斷或命題言。任何一個正確判斷，它的形成都是有一定的原故，它能够確立都必須有充足理由，它的作用都是用於表達同類事物。一個推論式中作爲結論的判斷是這樣，作爲大前提、小前提的判斷也是這樣，就是人們隨便説的一句話也都是這樣。人的思維就是判斷的聯繫與發展，概念是由判斷而形成，推理也是由判斷而形成，任何一個思維過程都是由判斷開始，并由判斷終結的。所以墨家所謂“辭以故生，以理長，以類行者”衹是就判斷言，即指任何正確的判斷言，并不是專指作爲推理的結論言。當然，所有的判斷都可説是推理的結論，但是一定要按形式邏輯的三段論和因明的三支來比附，就不免失之牽强，如“以類行”在三段論中無可比附，衹得説成附加的舉例。拿因明來比附也就不得不把故和理都比作因。

譚戒甫以爲辭即因明的宗，故即因明的因，理即因明的喻體，類即因明的喻依，但是墨辯和因明有些不同。“因明以喻兼理事而稱宗、因、喻之三支，墨辯以一辭獨立而稱故、理、類爲三辯耳。夫一辭獨立而稱故、理、類爲三辯者，諒即墨家數傳弟子最後所定之辯學程式如是也。”此意近是而不明確。如他舉《經上》第10條爲例説：“行，爲也”是“辭”，“所爲不善名，行也”是“故”，“所爲善名，巧也”是“理”，“若爲盜”是“類”。“所爲不善名”和“所爲善名”，這是説行爲的性質有善（尚）名不善（尚）名兩種，似不能説是行爲的原故和理由。“若爲盜”也衹是“所爲善名”的類，不是“行，爲也”的類。這就如説“人是生物”，“人有從事生産勞動的”，“人有不從事生産勞動的，如資本家”，這不能説“人有從事生産勞動的”和“人有不從事生産勞動的”，是“人是生物”的原故和理由。“如資本家”也衹是“人有不從事生産勞動”的類，并不是“人是生物”的類。

郭沫若説：“‘故’、‘理’、‘類’爲一辭所必具的要素，似乎有點像印度因明學的三支：宗、因、喻。”（《十批判書》，科學出版社1962年版，第296頁）郭説是。我以爲對於墨家所謂“故”、“理”、“類”，衹可以説是一辭所必具的要素，和因明的三支及邏輯的三段相比，也衹能説似乎有點像，不能勉强作比附。

汪奠基説：“墨辯‘三物’的精神實質，并不同於三段論式或三支式的形式組織。三物的内容不衹是推理的形式問題，最值得注意的是它的出發點是從科學的唯物論的基礎上，把思維形式的演繹、歸納和分析、綜合等重要方法用三物必具的一個立辭原則，統一地表明出來了。這裏包含了豐富的邏輯思維形式，決不是簡單的“因、喻”或“前提、結論”的抽繹方式而已。”（《中國邏輯思想史料分析》第一輯，中華書局 1961 年版，第 380 頁）汪說可參考。

○　故浸淫之辭，其類在鼓栗。聖人也，爲天下也，其類在于追迷。或壽或卒，其利天下也指若，其類在譽石。一日而百萬生，愛不加厚，其類在惡害。愛二世有厚薄，而愛二世相若，其類在蛇文。愛之相若，擇而殺其一人，其類在阬下之鼠。小仁與大仁，相厚相若，其類在申。凡興利除害也，其類在漏雍。厚親不稱行而類行，其類在江上井。不爲己之可學也，其類在獵走。愛人非爲譽也，其類在逆旅。愛人之親若愛其親，其類在官苟。兼愛相若，一愛相若，一愛相若，其類在死也。

解　此承上文特將辭以類行的意義舉例說明。此與上文相連爲一節，非獨立的一節。故、理、類爲辭的三要素，“以故生”，“以理長”的意義比較容易清楚，“以類行”的意義比較難懂，所以特舉十三個實例來說明。這十三個實例甚費解，分條校解如下。

（1）浸淫之辭，其類在鼓栗。

解　孫云《文選·洞簫賦》李注云：“浸淫猶漸冉，相親附之意也。”《說文》水部：“淫，浸淫隨理也。一曰久雨曰淫。”段注：“浸淫者，以漸而入也。”《論語》云：“浸潤之譖，膚受之愬，不行焉，可謂明也矣。”（《顏淵篇》）綜上各義，“浸淫之辭”即人們用滲透的方法，使對方逐漸受到影響的言辭。

鼓栗，栗同慄。《增韻》“慄，竦縮也。”鼓栗謂人擊鼓時，鼓皮的震動有如人恐懼時竦縮顫抖的樣子。《論語・八佾篇》云：“使民戰栗。”《爾雅・釋詁》云：“戰慄，懼也。”戰栗謂人懼怕戰争作竦縮顫抖的樣子，鼓栗義仿此。

“浸淫之辭，其類在鼓栗”，是説用滲透的方法對於一個人不斷進言，使聽者不知不覺逐漸受到影響，這就如擊鼓的時候使鼓皮顫抖震動發生聲響，看來震動得不大，而它的聲音卻可以不斷地傳入聽者的耳中，影響了人的思想。

古今語文，以鼓字和動詞合成的詞彙頗多，如鼓舞、鼓蕩、鼓動、鼓吹、鼓勵、鼓鑄等，鼓栗同此。

［傅山云：“浸淫之辭謂浸漬淫溢之辭。栗謂戰栗。已戰栗矣，而又鼓之，是益其栗。鼓所以鼓勇也，非鼓栗也，鼓栗則已甚也。”（《霜紅龕集》卷卅五，《墨子・大取篇》釋）可備一説。］

（2）聖人也，爲天下也，其類在于追迷。

校 于字疑衍。按：十三條“其類在……”，唯此一條在下有于字，其餘皆無，疑爲後人增。孫言吴鈔本上條在下有於字，疑也爲後人所增。

解 《説文》辵部：“追，逐也。”追迷即追逐迷惑之人。人迷惑路途，如無人追逐使其歸於正途，將致愈走愈錯。聖人爲天下興利除害，教人爲善去惡，正如追逐迷惑路途之人，使其歸於正途一樣，所以説“聖人也，爲天下也，其類在追迷”。

伊尹説：“天之生斯民也，使先知覺後知，使先覺覺後覺，予天民之先覺者也，予將以斯道覺斯民也。”（《孟子・萬章下》）孟子説：“我亦欲正人心，息邪説，拒詖行，放淫辭。”（《滕文公下》）

即此意。耶穌把世人看作迷途的羔羊，把自己當作牧羊人，佛家以爲人都是在苦海，他們是要救人出苦海，也是此意。

（3）或壽或卒，其利天下也指（相）若，其類在譽（舉）石。

校 蘇時學云："指當作相。"譽疑爲舉之誤。

解 曹云："卒讀爲促，言不壽也。"譚云："壽卒猶云壽夭。"此言人有愛人之心，或是長壽，或是短命，他們能有利於天下是相同的。就如舉石頭，雖然因各人的力量大小不同，所舉的重量不同，而各盡其力，各其得功，是相同的。

上文言："貴爲天子，其利人不厚於匹夫。二子事親，或遇孰，或遇凶，其利親也相若。"是説人能愛人，不論地位高下，都能利人。人能愛親，不論年歲豐歉，都能利親。此言人能愛人，不論壽命長短，都能利人。這説明，人能愛人，在任何不同的情況之下都同樣可以利人。

（4）一日而百萬生，愛不加厚，其類在惡害。

解 《周禮》天官大宰注："生猶養也。"百萬，極言數多。此言對於某些人的供養，有的一天耗費很多資財，但并不是對於他特加厚愛。例如怕待他不好，對人有什麼禍害，就是這樣。此與上文"藉臧也死而天下害，吾持養臧也萬倍，吾愛臧也不加厚"同義。

（5）愛二世有厚薄，而愛二世相若，其類在蛇文。

校 蛇文疑爲繩交之誤，因篆文蛇與繩相似，文與交相似。（篆文繩作，蛇作，文作，交作。）

解 譚云："衆世、寡世，係就空間説；尚世、後世、今世，係就時間説。此二世當兼指空間與時間。"從空間上來説人們總是愛寡世之人厚而愛衆世之人薄，從時間上來説人們總是愛今世之人厚而愛尚世之人和後世之人薄，所以說“愛二世有厚薄”。但是無論衆世或寡世都有今世、尚世和後世，無論今世、尚世或後世都有衆世和寡世，因之愛空間的世也就是愛時間的世，愛時間的世也就是愛空間的世，所以又說“愛二世相若”。空間的世和時間的世是交織的，就如繩子扭絞在一起的情形，所以說“其類在繩交”。

（6）愛之相若，擇而殺其一人，其類在阬下之鼠。

校　阬舊作院，孫據道藏本、吴鈔本正。明嘉靖陸穩刊本亦作阬。

解　《爾雅·釋詁》:“阬，虚也。”《廣韻》:“阬同坑。”《説文》自部：“阬，閬也。”段注：“閬，門高大之貌也。引伸之，凡孔穴深大皆曰閬阬。”今言水坑、糞坑、垃圾坑，即此意。此言我們對於世人雖然是同樣的愛，但有時也選擇一個人把他殺掉，這就如我們對於坑中的老鼠不得不消滅一樣。

所謂“擇而殺其一人”，如殺盜是。《小取》云：“殺盜，非殺人”。上文言：“殺一人以存天下，非殺人以利天下。”與此義略同。

（7）小仁與大仁，行厚相若，其類在申。

校　申疑爲車之誤。車字上下兩横損脱，因誤爲申。

解　孫云：“仁與人通。”小人指一般勞動人民言，大人指統治者言。此言下層人民和上層統治者，他們的地位雖然不同，他們的行爲能厚利人民是相同的，這就如車子雖有大小的不同，而都能有利於人民的運輸交通是相同的。

上文云：“貴爲天子，其利人不厚於匹夫。”即此義。這説明墨家對於一般人民的重視。

（8）凡興利除害也，其類在漏壅。

解　漏與屚同。《説文》雨部："屚，屋穿水入也。從雨在尸下。尸者，屋也。"段注："今字作漏，漏行而屚廢矣。"雍與壅同，塞。此言凡興利除害的事情，就如在下雨的時候，房屋漏水，人把漏洞壅塞住一樣。壅塞漏洞，是除害，也就是興利。除害即所以興利，興利必先除害。"仁人之所以爲事者，必先天下之利，除天下之害。"（《兼愛中》）非攻、非命、非樂、節用、節葬等都與漏壅同。

（9）厚親不稱行而類行，其類在江上井。

校　上疑爲與之誤。上篆文有作ξ者，與篆文作ち，形近。江上井難通，江與井可通。

解　此言爲人子者愛利父母雖然在行爲上表現得很厚，但是和父母對兒子的愛利行爲來比，還是差的多，即不是相稱的。雖然不相稱，而愛利之情是類同的，這就如江水和井水的相比，雖然同爲水，江水大而井水小，是不相稱的。

（10）不爲已之可學也，其類在獵走。

解　蔡邕《月令章句》："獵，捷也。"《釋名》："徐行曰步，疾行曰趨，疾趨曰走。"獵走即快跑，似即今日所謂競走賽跑。不爲己即不自私自利，即兼相愛，交相利，即爲人。上文云："凡學，愛人。利人也，爲其人也。"又云："諸聖人所先，爲人欲名實。"所謂爲人就是不爲己。反之如《兼愛上》説："子自愛不愛父，故虧父而自利。弟自愛不愛兄，故虧兄而自利。臣自愛不愛君，故虧君而自利。"就是祇知爲己而不知爲人。楊子爲我，爲我即爲己。

此言不自私自利的愛人利人是人人可以學而至的，就如競走賽跑之可學會是一樣的。

（11）愛人非爲譽也，其類在逆旅。

解 逆旅,《莊子·山木篇》:“陽子之宋，宿於逆旅。”逆猶迎，逆旅即迎接旅客處所，後世稱爲旅舍、旅館、旅店。此言愛人是要實際上能利人，并不爲了博得人們的稱譽，這就如逆旅是爲了實際上便利旅客，并不是爲要博取虛名一樣。

上文言：“諸聖人所先，爲人欲名實。實不必名。”同此義。

（12）愛人之親若愛其親，其類在官苟。

校 曹校茍爲苟。

解 茍音殛，通亟，急也。官茍，言官急民事。此言愛人之親若愛其親，就如同官急民事爲己事一樣。孟子說：“禹思天下有溺者猶己溺之也，稷思天下有饑者猶己饑之也，是以如是其急也。”(《離婁下》）禹治水在外，三過其門而不入，這樣的思想與行爲就是官茍，“愛人之親若愛其親”與此同。

（13）兼愛相若，一愛相若，一愛相若，其類在死也。

校 孫云：“‘一愛相若’四字重出，當是衍文。”

解 “兼愛相若，一愛相若”，是說兼愛世人是把世人一樣看待，愛衆人如同愛一人。所謂“天下一家，中國一人”，就是這種意思。“視人之國若視其國，視人之家若視其家，視人之身若視其身”，也是這種意思。“其類在死也”頗費解。傅山云：“其類如人莫不有死，而我莫不有愛，謂於人定愛之也，矢死以一愛愛人，死而後已也。”(《霜紅龕集》卷卅五,《墨子·大取篇》釋）張其煌云：“爲一人而死與爲衆人而死無殊也，則愛一人與愛衆人無殊也。”畢云：“也一本作蛇。”孫云：“顧校季本亦作蛇。”譚校“死也”爲“宛它”,“宛它”即“宛蛇”,即“委曲隨順,宛轉無礙之義,正猶一愛相若,即所以兼愛天下之人而無制限也”。于省吾云:“死應讀作尸,也即古他字。尸之通詁訓主。其類在尸他,言無論兼愛一愛,均以他爲主,而非爲我也。”以上諸説,張説較長。

按:“辭以類行”的類是同類事物,即例證。此十三條“其類在……”,應當是舉事實證明命題,但是體會文義,覺着除第8條“其類在漏雍”,第11條“其類在逆旅”,似可説是例證,其餘多似“舉他物而以明之”的譬辭,有的衹能説是理由,如第4條“其類在惡害”。或者原來都是一些事實典故,今不可考。暫作此解,敬俟高明。

郭沫若云:“‘辭以類行’之下所舉十三類,都是些典故,故實遺亡,幾乎無一類可以索解。有‘愛人非爲譽也,其類在逆旅’這一類,所指的似乎是陽子的故事。《莊子·山木篇》云:“陽子之宋,宿於逆旅。逆旅有妾二人,其一人美,其一人惡,惡者貴而美者賤。陽子問其故。逆旅小子對曰:‘其美者自美,吾不知其美也。其惡者自惡,吾不知其惡也。’陽子曰:‘弟子記之,行賢而去自賢之行,安往而不愛哉?’”逆旅主人的愛其一妾,并不因爲人不譽爲美而不愛。反過來,他的不愛其另一妾,也并不因爲人譽爲美而愛。這似乎就是所謂‘愛人非爲譽也’了。”(《十批判書》,科學出版社1962年版,第296頁)此説可參考。

小取

〇　夫辯者，將以明是非之分，審治亂之紀，明同異之處，察名實之理，處利害，决嫌疑，焉摹略萬物之然，論求群言之比，以名舉實，以辭抒意，以說出故，以類取，以類予，有諸己不非諸人，無諸已不求諸人。

解　［辯］墨家所謂辯，兼有二義，一是談辯，二是思辯。《耕柱篇》云："能談辯者談辯，能說書者說書，能從事者從事，然後義事成也。"《經上》第 75 條云："辯，争彼也。辯勝，當也。"《說》云："或謂之牛，或謂之非牛，是争彼也。"《經下》第 34 條云："謂辯無勝，必不當，說在辯。"《說》云："辯也者，或謂之是，或謂之非，當者勝也。"這些所謂辯，就都是指談辯而言。談辯就是我們今日所謂辯論或争辯。《經上》第 91 條云："執所言而意得見，心之辯也。"《脩身篇》云："慧者心辯而不繁說。"《非攻篇》云："不知白黑之辯。""不知甘苦之辯。""知義與不義之辯。"這些所謂辯，就是指思辯言。思辯即對於事物的思考分析。思辯是思維的作用，談辯是語言的表述。人們的思維衹有在語言的基礎上纔能進行。没有語言的思維和没有思維的語言，都是不可能的。思辯和談辯是一件事情的兩方面，都是人們對於現實事物的認識作用。思辯屬於自悟，談辯屬於悟他。自悟是學，悟他是教。墨家重學也重教，自悟又要悟他，所以要思辯，更要談辯。

辯與辨古通，《墨子》書中多通用。墨家所謂辯和歐洲的邏輯相當。邏輯本義即兼有思辯與談辯二義。

我國古代思想家對於辯的問題有三派不同的思想。第一派以爲辯無用，最好是不辯，老莊爲代表。老子説："大辯若訥。""善者不辯，辯者不善。"《莊子・齊物論》説："即使我與若辯矣，若勝我，我不若勝，若果是也，我果非也耶？我勝若，若不吾勝，我果是也，而果非也耶？其或是也，其或非也耶？其俱是也，其俱非也耶？我與若不能相知也。"這些話都是否定辯的意義。第二派是專以辯爲能事的。這一派又可分爲二家：(1) 惠施、公孫龍等所謂辯者之流。這些人是"以反人爲實，而欲以勝人爲名"，"能勝人之口，不能服人之心"。如説"卵有毛"、"白馬非馬"等是。(2) 蘇秦、張儀等所謂縱橫家者流。這些人的談辯是沒有原則性的，是機會主義的，是衹講利害而不講是非的，是衹講狹小範圍的暫時的利害而不顧廣大人民的長遠的利害的。第三派是把辯看作爲真理而辯，爲自悟悟他而辯。儒墨兩家就都是如此看法，所以孟子好辯，墨家重談辯。儒墨兩家在根本原則上和一些現實問題上儘管主張不同，而他們在學與教中，要思辯，要談辯，要明是非，要求真理，則是相同的。

[明是非之分]《説文》八部："分，别也。"明是非之分就是認清是非的分别。這是辯的重要意義。是非是由於人們對於客觀現實事物的認識而有。能正確反映客觀現實的認識爲是，不能正確反映

客觀現實的爲非。客觀現實的事物有屬於自然的，有屬於社會的。“或謂之牛，或謂之非牛”，就是對於自然事物認識的是非。“小爲非則知而非之，大爲非攻國則不知非，從而譽之謂之義”，這就是對於社會事物認識的是非。對於自然事物認識的是非主要的是由於人們認識的程度的差異。前人認識錯的，後人逐漸加以改正了。普通常識以爲是的，科學家看來可能是大有問題的。人們對於自然的認識，是逐漸改正錯誤，接近正確的。人們對於社會事物認識的是非，則除由於人們認識的程度外，更重要的是人們的立場和觀點，在階級社會上就是人們的階級立場和觀點。統治階級以爲是的，被統治階級以爲非。勞動人民以爲非的，剥削者以爲是。在階級社會，抽象籠統的是非是没有的，是非是隨階級的利害不同而不同的。墨家所謂是非是兼指對於自然事物的認識和對於社會事物的認識而言。是者名爲正、當、可，非者名爲狂、誖、不可。他們判定是非的標準是所謂三表法：“上本之於古者聖王之事”，“下原察於百姓耳目之實”，“發以爲刑政，觀其中國家百姓人民之利”。這樣判定是非雖然還不免抽象籠統，而能“原察百姓耳目之實”與“觀其中國家百姓人民之利”，總算是有比較合理的標準了。

墨家知道是與非是對立的又是統一的，所以《經下》第 81 條云：“不是與是同，説在不州。”墨家又知道從發展變化上來説，是非是可以轉化的，并不是永遠固定不變的，但在某一階段來説，是非又是確定分明，不容混淆的。所以同條《經説》又云：“今是，是於是而不是於是，故是不是。是不是，則是而不是焉。今是，不是於是而是於是。故是與不是同説也。”（參閲《經下》第 81 條解）明是非之分就是：既要認識是非的對立，又要認識是非的統一；既要認識是非的發展變化及其互相轉化，又要認識是非在一定的階段是確定分明，不容混淆的。

［審治亂之紀］《説文》釆部："宷，悉也。知宷諦也。""悉，詳盡也。"宷即審字。古文、籀文爲宷，篆文爲審。審即明悉、清楚、瞭解。《説文》糸部："紀，别絲也。"段注："别絲者，一絲必有其首，别之是爲紀。衆絲皆得其首，是爲統。統與紀義互足也。"審治亂之紀，就是瞭解國家社會所以治亂的根源（即頭緒）。《兼愛上》説："聖人以治天下爲事者也。必知亂之所自起，焉（乃）能治之，不知亂之所自起，則不能治。譬之如醫之攻人之疾者然，必知疾之所起，焉能攻之，不知疾之所自起，則弗能攻。治亂何獨不然……當察亂何自起，起不相愛……兼相愛則治，交相惡則亂。"這就是所謂"審治亂之紀"。此外如《尚同》、《非攻》、《非命》等篇也多談到關於治亂之紀的話。人民永遠是喜治惡亂的，自古以來的思想家和政治家也都是想求治息亂的，但是他們對於真正的治亂之紀并没有正確的認識。真正的治亂之紀是階級問題。"在人類歷史中，存在着階級的對抗，這是矛盾鬥争的一種特殊表現。剥削階級和被剥削階級之間的矛盾，無論在奴隸社會也好，封建社會也好，資本主義社會也好，互相矛盾着的兩階級，長期地并存於一個社會中，它們互相鬥争着，但要到兩階級的矛盾發展到了一定的階段的時候，雙方纔取外部對抗的形式，發展爲革命。階級社會中由和平向戰争的轉化也是如此。"（《矛盾論》）在階級社會上，剥削階級和被剥削階級的利害是相反的，思想感情也是對立的。兼相愛是同一階級的事，交相惡是兩個對立階級的事。兼相愛與交相惡是同時并存的。墨子要人兼相愛而不交相惡，在階級社會上不可能的。

因此墨子所謂治亂之紀也不是完全正確的。由此可見，“審治亂之紀”并不是容易的。所以講到辯的意義時，在“明是非之分”以後，接着就是“審治亂之紀”。

［明同異之處］《說文》几部：“處，止也。”引伸爲處所、地方、地點。“明同異之處”，就是分明事物的相同和相異之點。世界上的事物是有同一性的，也有差異性的。從差異性來看，是千差萬殊、各不相同的，所以說“人心不同各如其面”，“没有兩個樹葉子是相同的”。但是從同一性來看，又是或多或少總有一些相同的地方，所以說“人同此心”，“萬殊一理”。於是怎樣是同，怎樣是異，什麼東西和什麼東西是相同的，什麼東西和什麼東西是相異的，就成爲人們認識現實事物的一個重要問題了，而明同異之處也就成爲辯的重要作用了。事物的同異是以本質屬性爲根據而分别的。事物的相同是因爲本質屬性的相同，事物的相異是因爲本質屬性的相異。事物的本質屬性就是《經下》第10條所謂“物之所以然”，是事物本身所具有，而且是不可或離，不能或少的，是同類事物的相同處，也就是異類事物的差異處。如複胃、分蹄是反芻動物的本質屬性，是反芻動物的所以然，是反芻動物的相同之處，也就是反芻動物和非反芻動物的差異之處。墨家對於同異的分别是相當精確的。同有四種，重同、體同、合同、類同；異也有四種，二之異、不體之異、不合之異、不類之異。（《經上》第87、88條）同又有“同類之同，同名之同，同根之同”與“是之同，然之同”，異又有“非之異，不然之異”。（《大取篇》）墨家對於同異的問題也如對於是非的問題一樣，能用素樸的辯證法認識到同異是對立的又是統一的，是互相轉化的，但在一定的時期又是確定分明、不容混淆的。

《經上》第 89 條云："同異交得。"即言同和異是在互相比較的情況下而有，在互相轉化的情況下而發展着。没有同就没有異，有異就一定有同。同可以發展成異，異也可以發展爲同。但是現實事物在一定時期内同總是同，異總是異。所以又說："止類以行之，說在同。"（《經下》第 1 條）"狂舉不可以知異。"（《經下》第 65 條）"法同則觀其同。""法異則觀其宜"（《經上》第 94、95 條）"所謂非同也，則異也。"（《經下》第 34 條《說》）

［察名實之理］《經上》第 81 條《說》云："所以謂，名也；所謂，實也；名實耦，合也。"合是命題。實是命題的主詞，是表達現實事物的，是要說的對象。因此說："所謂，實也。"名是命題的賓詞，是表達現實事物的屬性的，是關於現實事物的說明。因此說："所以謂，名也。"例如"水是液體"這句話，水是實，液體是名，把"水"和"液體"用一個"是"字（或用"不是"二字）聯繫起來就是名實耦，就成爲判斷或命題了。人們對於現實事物的認識是否正確，即人們對於現實事物所作的判斷（或命題）是否正確地反映客觀現實的問題。判斷是思維的開始，也是思維的終了，而思維的全部過程也衹是判斷的聯繫和發展。無論思辯或談辯，基本上就是判斷的構成、聯繫和發展。因此所謂"名實之理"，基本上就是"名實耦"的理，就是判斷的理。擴而充之，則老子所謂"無名"，孔子所謂"正名"，尸佼所謂"是非隨名實"，荀卿所謂"名實亂是非之形不明"，都是名實之理。再擴而充之，凡知與行，理論與實踐，思維與存在的問題，都是屬於名實之理。《經下》第 47 條云："知其所以不知，說在以名取。"名屬於知，取屬於行，名取也就是名實。《貴義篇》云："今有瞽者曰：'鉅（豈）者白也。黔

者黑也。’雖明目者無以易之，兼黑白使瞽取焉，不能知也。故曰瞽不知白黑者，非以其名也，以其取也。今天下之君子之名仁也，雖禹湯無以易之，兼仁與不仁而使天下之君子取焉，不能知也。故我曰天下之君子不知仁者，非以其名也，亦以其取也。”《非攻下》云："今天下之所同意者，聖王之法也。今天下之諸侯，將猶多皆攻伐并兼，則是有譽義之名而不察其實也。此譬猶盲者之於人，同命白黑之名而不能分其物也。則豈謂有別哉。”墨子的這些談辯就都是“察名實之理”的實例。

［處利害］處，分別，即處分、處理的意思。“處利害”，就是處理利和害的問題，就是用思辯和談辯把利害問題處理得當。“利，所得而喜也。”“害，所得而惡也。”（《經上》第 26、27 條）“所以仁者之事，必務求興天下之利，除天下之害，將以爲法乎天下，利乎人則爲，不利乎人則止。”（《非樂上》,《兼愛中、下》略同）趨利避害，是人們的共同心理。興利除害，是人們生活上的重要工作。因此，什麼是利，什麼是害，怎樣興利，怎樣除害，就成爲人們認識和實踐上的重要問題。利害既是和欲惡有密切的關係，欲惡的感情又最容易發生偏差，所以要處利害，首先要正欲惡。利害有大小的不同，利害的大小不是絶對的，而是比較的。利害當前，究竟應當如何較量，如何取捨，又必須隨時隨地隨具體情況而精密考慮，靈活處理，這就是所謂權。權衡利害是極細微、極複雜的工作，絶不容許有偏差的欲惡之情摻雜於其間。所以説："欲正權利，惡正權害。”（《經上》第 85 條）能權纔能“利之中取大，害之中取小”，如“斷指以存腕，殺己以存天下”。(《大取篇》) 所謂利害，不是限於一身一家的利害，而是國家人民的利害，不能衹顧目前暫

時的利害，而是要看到長遠永久的利害。因此，義和利是統一的，而不是對立的。所以説："義，利也。"(《經上》第8條）又説："義，利；不義，害。"(《大取篇》) 因爲義是利，不義是害，所以一件事情對於國家人民是利是害，既要看作這件事情的人的動機，又要看他所作的效果。因此，必須"志以天下爲芬（分），而能能利之"纔是義。(《經上》第8條《説》)"義，利；不義，害"，是以"志功爲辯（辨)"。(《大取篇》) 利害問題是這樣的重要與複雜，所以處利害就成爲辯的重要工作之一。

[決嫌疑]《説文》水部："決，下流也。"段注："引伸爲決斷。"女部："嫌，疑也。"決嫌疑就是決斷人們對於事物的疑難問題。《經下》第11條言，疑有四種，逢、循、遇、過。(1) 逢疑是對於未來事物的預見不能明確斷定而有的疑惑。如今天預測明天是否晴天，春天預測秋天是否豐收，不能有明確判斷之前總是疑惑不定的。就在有了判斷之後而還没有能在事實上證明的時候，也仍是有或多或少的疑惑的。(2) 循疑是人們對於尋常事物的疑惑不解。如太陽總是每天東升西落，有些人至今不知道是什麽原因。人們都是有生有死的，很多人至今不明生死的道理。所謂"行之而不著，習矣而不測，終身由之而不知其道"的事物，一經提問，人多無法回答，這就是循疑。(3) 遇疑是突然遇到一些事物不明底裏而發生的疑惑。如忽然來了一個素不相識的人，不知道他是爲何而來。忽然頭暈目眩，不知道是什麽原故。這就都是遇疑。(4) 過疑是事過境遷，人們對於已經過去的事物有所疑惑。如考試已經交卷，疑惑自己曾否在考卷上寫了名字。一本書不見了，不知道曾經遺失在什麽地方。這就都是過疑。人有疑惑總是要求解決的。人們爲自己決

嫌疑，必須思辯。人們要給别人决嫌疑，更必須談辯。

［焉摹略萬物之然］焉猶乃，於是的意思。《説文》手部："摹，規也。"《韻會》云："謂所規仿也。"摹即今人所謂摹仿。《説文》田部："略，經略土地也。"段注："引伸之，規取其地亦曰略地。"摹略即摹仿略取的意思。然是實在、真實。"摹略萬物之然"，即摹仿略取事物的真相，即今人所謂正確反映客觀現實，這是就感性知識而言，是指人們通過感覺所獲得的事物的印象而言。如有一個蘋果在此，人們由視覺看到它的形狀是圓的，顏色是紅的，由嗅覺聞到它的氣味是香的，由味覺嘗到它的汁肉是甜酸的，由觸覺摸到它的表皮是光滑的，這就是由各種感覺把蘋果的各種屬性反映到人的意識中了。再進一步，由知覺的作用，把這些分離的印象結合起來，成爲一個整體，人們一見蘋果就把它的各種屬性，如圓的形狀、紅的顏色、芳香的氣味、甜酸的汁肉與光滑的表皮等一并反映到人的意識中，形成蘋果的一個整體印象了。這就是摹仿略取到的蘋果的真相了，就是所謂"摹略萬物之然"。這是人們認識事物的第一階段，即感性認識的階段。有了感性認識的基礎，纔能進一步上升到認識的第二個階段，即理性認識，即下文所謂"論求群言之比"。

［論求群言之比］《説文》羊部："群，輩也。"引伸爲類聚的意思。《經上》第32條云："言，出舉也。"《經説》云："言，謂也。"言猶（由）名致也。《經上》第31條云："舉，擬實也。"《經説》云："告以文名舉彼實故也。"言即語言，即判斷或命題。群言即相類、相近、互有聯繫的一些命題。《説文》比部："比，密也。"引伸爲比附、聯繫。"論求群言之比"，即講究有關係的一些命題

的互相聯繫。例如“液體是有彈性的。”“水是液體。”“水是有彈性的。”這三句話是互有關係的三個命題，即所謂群言。人們把這三個命題聯繫起來，便成爲推理的論式（演繹推理），就是“群言之比”。這樣對於事物的認識就成爲理性的認識了。又如“孔子死了。蘇格拉底死了。釋迦牟尼死了。”“孔子、蘇格拉底、釋迦牟尼都是人。”“人都有死。”這也是有關係的一些命題。把這些命題聯繫起來也是推理的論式（歸納推理），也是“群言之比”。又如“工人是勞動人民，工人愛好和平。”“農民也是勞動人民，農民也愛好和平。”把這些有關係的命題聯繫起來，也是推理的論式（類比推理），也是“群言之比”。推而廣之，一段談話，一篇文章，一本文學、哲學或科學的著作，都是一些命題的聯繫，即都是“群言之比”，即都是推理的論式，即都是對於事物的理性認識。推理的論式至少須有兩個命題，所以是“群言之比”。“群言之比”是有一定規則與形式的，而不是由人隨意拼凑的。人們要想“持之有故，言之成理”，就對於論式構成的規則與形式不能不加以研究，這就是對於“群言之比”的論求。

毛主席説：“理性認識依賴於感性的認識，感性認識有待於發展到理性的認識。這是辯證唯物論的認識論。”（《實踐論》）“摹略萬物之然”是感性認識的方法，“論求群言之比”是理性認識的方法。由“摹略萬物之然”到“論求群言之比”，就是由感性認識到理性認識的發展。這是我國古代自發的、樸素的辯證唯物主義的認識論。

［以名舉實］《説文》口部：“名，自命也。從口夕。夕者，冥也。冥不相見，故以口自命。”名是會意字。此言人在黑暗之中，

如在夜間，要叫對方知道自己是誰，就得用自己的口說出自己的名字。引伸之，凡事物的名稱都是名。邏輯上的概念或名詞即都是名。《説文》宀部："實，富也。從宀貫，貫爲貨物。"段注："以貨物充於屋下是爲實。引伸之爲草木之實。"今言實物、實在、事實也是原義的引伸。"以名舉實"，即用名稱或概念代表現實事物的意思。概念是事物的本質屬性反映在人們的意識中而形成的，人們用概念就可以代表現實事物。例如人們把具有複胃、分蹄、有角、力大、能爲人服勞役等屬性的一種動物反映在意識中，構成一個概念名爲牛，就可以用牛這個名稱指示任何實在的牛，就可以對所有的牛都有了明確的認識。《經上》第 32 條云："名若畫虎也。"即言名是反映現實事物的，但不是現實事物。就如同照着真的老虎畫成的老虎像，是畫虎，不是真虎。名有達名、類名和私名三種。指示範圍極廣泛的事物者是達名，如"物"是。指示普通一類的事物者是類名，如"馬"是。指示一個單獨事物者是私名，如"管仲"是。世界上的事物是繁多複雜的，反映事物本質屬性的概念是比較簡單明瞭的，人們憑借概念纔可以對於事物進行思辯或談辯。

［以辭抒意］《説文》辛部："辭，説也。"辭即言辭、語句，即邏輯上的命題，即《墨經》上的舉、謂、合。《經上》第 31 條云："舉，擬實也。"《説》云："告以文名舉彼實故也。"《經上》第 80 條云："謂，命、舉、加。"《説》云："狗、犬，命也；狗，犬，舉也；叱狗，加也。"《經上》第 84 條云："合，缶、宜、必。"《説》云："并立反，中志工，正也；義之爲，宜也；非彼必不有，必也。"《經下》第 65 條云："狂舉不可以知異。"這都是對於命題的説明。《説文》心部："意，志也。從心音。察言而知意也。"此所

謂意即人們對於事物的判斷。《説文》手部："抒，挹也。"段注："凡挹彼注兹曰抒。"抒在此即發表、表達的意思，是抒本義的引伸。以辭抒意，就是説以命題表達人們對於事物的判斷。荀子云："辭也者，兼異實之名以喻一意也。"即此義。人們由於現實事物的反映構成概念以後，衹憑概念還不能對於現實事物有明確的説明，必須進一步由概念構成判斷，然後能對於事物有所説明。例如人們衹説出一個牛字，究竟是什麽意思，别人無法知道。必須説出"牛是反芻動物"，或"牛是牲畜"等語句，纔算是表達出自己的意思，别人聽了纔可以瞭解。判斷是人們對於現實事物有没有某種屬性的表達。有某種屬性用肯定形式表達，没有某種屬性用否定形式表達。例如"牛是反芻動物"這一肯定判斷，就是表達牛有反芻這種屬性。"馬不是反芻動物"這一否定判斷，就是表達馬没有反芻這種屬性。正確的判斷墨家名爲正舉，不正確的判斷墨家名爲狂舉。判斷（命題）是由主詞和賓詞用係詞聯繫而成的。主詞指現實事物，指所要説的對象，是所謂，是實。賓詞指現實事物的屬性，是事物的所以然，是所以謂，是名。《經上》第 79 條《説》云："所以謂，名也；所謂，實也；名實耦，合也。"由系詞（是、不是）把主詞和賓詞聯繫起來就是名實耦。如"牛是反芻動物"、"馬不是反芻動物"等判斷，就是名實耦的合。這樣就把人們對於事物所認識的意思表達出來了。這就是"以辭抒意"。

附注：《説文》司部䛐字段注："䛐與辛部之辭，其義迥别。辭者，説也。從𤔔辛。𤔔辛猶理辜，謂文辭足以排解紛也。然則辭謂篇章也。䛐者，意内而言外，從司言。此謂摹繪物狀及發聲助語之文字也。積文字而爲篇章，積䛐而爲辭。孟子曰：'不以文害辭，不以辭害志。’孔子曰：‘言以足志。’詈之謂也。‘文以足言。’辭之謂也。”段對於詈與辭的分別，即此處名與辭的分別。

章士釗說：“命題者，辭也。荀子曰：‘辭也者，兼異實之名以喻一意也。’此之謂辭即命題。且辭從𤔔從辛。𤔔（音亂），治也，理也。辛亦含斷制辛痛意，與歐語 judgement 本義相通。故凡吾人之論物，於心理言之曰斷，或曰判斷。以文言表之曰辭，或曰命題。”（《邏輯指要》，時代精神社 1943 年版，第 81 頁）

《戰國策》載，有人向靖郭君進言，祇說“海大魚”三字，靖郭君不解。問他何意，他說“海大魚不能離水”，這纔懂了。祇說“海大魚”就是以名舉實，說“海大魚不能離水”，纔是以辭抒意。

［以說出故］說是說明。《經上》第 73 條云：“說，所以明也。”故即原故、理由。《經上》第 1 條云：“故，所得而後成也。”《經上》第 78 條云：“故也者，必待所爲之成也。”“以說出故”，就是對於事物的認識要看出它的因果關係；對於事物的說明，要說出它的所以然；對於判斷的構成，必須有充足理由。世界上的事物都是有因果關係的。事物的因果關係是必然的、客觀存在的。物體的冷熱是隨分子運動量的增減而變化，地球上的晝夜是因地球自轉對太陽的向背而形成。因爲有甲，所以有乙，甲是原因，乙就是結果。這種規律反映在人的意識中就成爲充足理由律。人們對於事物的說明有兩種形式，即論證與推理。論證是由論題找論據，推理是由前提求結論。論題與結論相當，論據與前提相當。無論論證或推理都須有充足理由，纔可以持之有故，言之成理。例如說“牛是反芻動物”，必須有圓滿的論證纔能使人信服。我們當下殺死一隻牛，檢查它的胃，當然是很好的證明，但是每次說這樣話的時

候，就要殺一隻牛來作證明，那是不可能的事。况且即使殺了牛看它的胃，也不是一般人都能看清它在反芻時的情形。因此，我們衹要這樣論證："牛是反芻動物，因爲牛是複胃，凡複胃的動物都是反芻動物。"這就是充足理由，就可以使人信服。這是用已經證明的命題來證明還須證明的命題，即"以説出故"。《墨經·經下》各條的"説在……"即其例。如"異類不吡，説在量"(《經下》第7條)，即這樣的論證：不同類的東西是不能比較的，因爲它們的單位數量不同，凡單位數量不同的東西是不能相比的。印度因明的因支也是"以説出故"。如"此山有火（宗），以有煙故（因），譬如竈（喻）"。"以有煙故"就是對於"此山有火"的説明。《經上》第81條《説》云："方不𢈪，説也。"説即推知，即推理或推論。也就是以説出故。如云："凡複胃動物都是反芻的，牛是複胃動物，所以牛是反芻的。"（演繹推理）"牛是複胃，羊是複胃，駱駝是複胃。牛、羊、駱駝都是反芻動物，所以凡複胃動物都是反芻動物。"（歸納推理）"牛是複胃，牛反芻。羊有複胃，所以羊也反芻。"（類比推理）這些推論的形式是論證的倒轉。它們都能從前提得出結論，即從理由得出推斷。這也就是"以説出故"。

［以類取，以類予，有諸己不非諸人，無諸己不求諸人］這是説推理的方法，即"以説出故"的方法。"以類取"是歸納推理的方法。"以類予"是演繹推理的方法。"有諸己不非諸人，無諸己不求諸人"，是類比推理的方法。世界上的事物彼此之間或多或少總有一些相同的屬性，也或多或少總有一些相異的屬性。由本質屬性的相同而成爲同類，由本質屬性的相異而成爲異類。歸納推理就是從同類事物中取出它們的共同屬性的方法。例如金能熔解，銀能熔

解，銅能熔解，鐵能熔解，錫能熔解，金、銀、銅、鐵、錫都是金屬，所以凡金屬都能熔解。這就是從同類事物中取得了它們的共同屬性，就是“以類取”。

人們用歸納推理的方法，從同類事物中取得它們的共同屬性以後，就可以把所謂共同屬性應用到同類中的其他特殊事物。如我們看見鋁這種東西，雖然不知道它能否熔解，衹要知道它是金屬，就可以這樣推理：凡金屬都能熔解，鋁是金屬，所以鋁能熔解。這是演繹推理的方法。這就是把已經知道金屬有能熔解這一屬性給予金屬中鋁這一種東西了，就是“以類予”。

以類取，以類予，都必須先有同類的一些事物爲基礎。如果沒有同類的一些事物爲基礎，而衹有兩個類似的事物，它們在一些屬性上大部分都相同，其中衹有一種屬性已經知道一個事物是有的，另一個事物有沒有還不知道，這樣，我們要知道另一個事物有沒有這種屬性，既不能用歸納推理的方法，也不能用演繹推理的方法，就衹能用類比推理的方法。因爲沒有同類的一些事物爲基礎，就不能“以類取”，也不能“以類予”，就衹能以此推彼了。“有諸己不非諸人，無諸己不求諸人”，就是以此推彼的類比法。所謂人與己，就是彼與此的意思。以己度人的方法，也就是以此推彼的方法。例如我愛好和平推知別人也不會不愛好和平，這就是“有諸己不非諸人”。又如我不能不飲食而生活，也就不要求別人不飲食而生活，這就是“無諸己不求諸人”。由地球的情形推論火星的情形，由牛的情形推論羊的情形，都如此。

總解　這是《小取篇》的第一節，是關於辯的總論。可分爲四部分。第一部分“夫辯者，將以明是非之分，審治亂之紀，明同異之處，察名實之理，處利害，决嫌疑”，是講辯的意義及功用。“明是非之分，審治亂之紀，明同異之處，察名實之理”是辯的根本意義。“處利害，决嫌疑”，是辯在實踐上的功用。第二部分“摹略萬物之然，論求群言之比”，是關於辯的本質的説明。“摹略萬物之然”是感性的認識，“論求群言之比”是理性的認識。第三部分“以名舉實，以辭抒意，以説出故”，是講辯的構成。名是邏輯上的概念或名詞，辭是邏輯上的判斷或命題，説是邏輯上的論證和推理。人們在構成辯的過程中是：先以概念反映了現實事物，再以判斷表達出事物的屬性，然後以論證或推理的論式説明事物的所以然。第四部分是説辯的方法有三種：第一種是“以類取”的方法，即邏輯上的歸納法；第二種是“以類予”的方法，即邏輯上的演繹法；第三種是“有諸己不非諸人，無諸己不求諸人”的方法，即邏輯上的類比法。第一部分可以説是辯的目的，第二、三、四部分都可以説是達到辯的目的所必需的手段，焉字承上啓下，因爲要達到以上所説的目的，乃有以下的手段。這樣短的七十六個字，開宗明義就把辯的全體大用完全説盡，在我國古代思想史上實在是可寶貴的文獻。

○　或也者，不盡也。假也者，今不然也。

解　這兩句是承上節而來，是説“以辭抒意”和“以説出故”有兩種特殊形式，即或與假的形式。人們在思辯或談辯的過程中，無論是“以類取”（歸納），“以類予”（演繹），或“有諸已不非諸人，無諸已不求諸人”（類比），都必須“以名舉實”（構成概念），“以辭抒意”（構成判斷），“以説出故”（構成論證或推理的論式)。當人們對於事物的認識衹有概念的時候，還說不上什麼思維的形式，而當構成判斷進行論證或推理的時候，就有各種不同的思維形式了。一般的思維形式多是直言的。直言判斷沒有任何條件的限制，也不須經過什麼選擇，是徑直對於某一事物肯定或否定有什麼屬性的。由直言判斷構成的推論也就是直言論式。直言的形式既是一般思辯和談辯的形式，所以在此不特别提了。在直言的形式之外，還有兩種特殊的形式，即選言的形式與假言的形式。選言的形式是"或是……，或是……"。如"或生而知之，或學而知之，或困而知之"(《禮記·中庸》)，"或謂之牛，或謂之非牛"(《經上》第75條《說》)是。假言的形式是"假如……則……"。如"假如世人兼相愛則天下平定"(《兼愛上》"天下兼相愛則治")是。

[或也者，不盡也]《易·乾文言》:"或之者，疑之也。"《經上》第42條云:"盡，莫不然也。"不盡即非莫不然，即有然有不然。有然有不然，人就要疑惑不定，要考慮選擇，這就形成選言判斷和選言論式了。選言判斷和選言論式是由選言肢構成。選言肢有相容的和不相容的二種。相容的選言肢是彼此非絕對排斥的。如"或生而知之，或學而知之，或困而知之"，就是相容的選言肢。一個人可以是學而知之，不是困而知之，也不是生而知之，但也可以是學而知之，又是困而知之。不相容的選言肢是彼此絕對排斥的。如"或謂之牛，或謂之非牛"，就是絕對不容并存的。無論相容的選言或不相容的選言，都是人們對於所要認識的事物疑惑不定，有待於考慮選擇，就是"不盡"，所以說"或也者，不盡也"。

[假也者，今不然也]假有二義，一云非真，一云假借。《說文》人部:"假，非真也。"又部:"叚，借也。"段玉裁謂假叚義略

同。《經下》第9條云：“假必誖，説在不然。”《説》云：“假必非也而後假。狗假霍也，猶氏霍也。”“假必誖”，“假必非”，即云假非真。此言“假也者，今不然也”，即平常所謂假設、假定、假如的意思，非絶對假，祇就當下來説不是真的，含有假借義。假言判斷、推理或論證都是受條件限制的。如“假如共産主義社會實現，就絶不會再有戰争。”“假如下雨一定地濕。今地不見濕，故知没有下雨。”這些形式就都是假言的形式，即此時此地還不是這樣，即“今不然”。

以上爲第二節，是關於“以辭抒意”和“以説出故”的兩種特殊形式的説明。

○　效者，爲之法也。所效者，所以爲之法也。故中效則是也，不中效則非也。此效也。

解　《説文》攴部：“效，象也。”段注：“象當作像。”人部曰：“像，似也。”效即效法，此所謂效指辯的規律言。客觀現實事物反映在人們的感覺中有了印象，人們根據這些印象經過思維的作用認識到事物的規律，根據事物的規律再經過長期的概括與抽象，就逐漸成爲辯（思辯、談辯）的規律。辯的規律不是先天所有的，也不獨立存在的，而是事物的規律的反映，即仿效。“效者，爲之法也”，就是説仿效事物的規律就成爲辯的規律。“所效者所以爲之法也”，就是説所仿效的事物的規律就是辯的規律所以成立的根據。“故中效則是也，不中效則非也”，是説合於辯的規律就是合乎事物的規律，就是正確的，不合乎辯的規律就是不合乎事物的規律，就是不正確的。中，即《天志中》所謂“中吾規者謂之圜，不中吾規者謂之不圓”的中。《史記》索隱云：“《倉頡篇》云：‘中，得也。’”中效不中效即合規律不合規律的意思。“此效也”，是説這就是所謂效。最後特提此句正説明效對辯的重要。

章士釗云：“孔子事天立命，晚年贊易，深而明之，幽而顯之，語其得力，雅不外仰觀、俯察二事。道既通於陰陽變化之理，一切遜言曰贊，無敢自承損益。又《中庸》言：‘天地位焉，萬物育焉。’夫位者自位，育者自育，固非人力足以爲之。”這就是説人們的思維法則完全是以自然法則爲依據，并不是人們可以隨意創造或改變的，正可説明所謂效的道理。老子所謂“道法自然”也略同此義。

以上爲第三節，總結以上二節，下啓以下三節。以上所説辯的意義及功用、辯的本質、辯的方法以及辭和説的兩種特殊形式，都是效。以下所説就是中效和不中效的兩方面。

〇　辟也者，舉也（他）物而以明之也。侔也者，比辭而俱行也。援也者，曰子然，我奚獨不可以然也？推也者，以其所不取之同於其所取者，予之也。是猶謂也（他）者同也，吾豈謂也（他）者異也？

解　辭有四種，辟、侔、援、推。分别解釋如下。

［辟也者，舉他物而以明之也］畢云：“辟同譬。《説文》云：‘譬，諭也。’諭，古文喻字。”王引之云：“也與他同。”《墨子》書通以也爲他。“辟也者，舉他物而以明之也”，是説譬辭是用另一種事物説明所要説的事物的一種辭（命題）。人們對於現實事物的認識，必須有由感覺獲得的直觀材料爲基礎，纔能有明確的認識。但

是有些事物是人們憑感官不容易獲得直觀材料的。如空間遼遠的天體現象，時間古老的歷史事物，宏觀世界的巨大事物，微觀世界的微小事物，以及隱而不顯的事物規律等，就都是不容易獲得直觀材料的。人們對於這些事如要認識或對别人説明，在不能用可靠的論據作出圓滿的論證時，就不得不採取人們比較容易獲得的相似的直觀材料或容易理解的相似的道理來作譬。例如《耕柱篇》云："治徒娱、縣子碩問於子墨子曰：'爲義孰爲大務？' 子墨子曰：'譬若築墻然，能築者築，能實壤者實壤，能欣（晞）者欣，然後墻成也。爲義猶是也，能談辯者談辯，能説書者説書，能從事者從事，然後必事成也。' 巫馬子謂子墨子曰：'子兼愛天下，未云利也。我不愛天下，未云賊也。功皆未至，子何獨自是而非我哉？' 子墨子曰：'今有燎者於此。一人奉捧水，將灌之。一人摻火，將益之。功皆未至，子何貴於二人？' 巫馬子曰：'我是彼奉水者之意，而非夫摻火者之意。' 子墨子曰：'吾亦是吾意而非子之意也。'" 這樣以築墻譬爲義，以奉水灌火譬兼愛天下，以摻火益譬不愛天下，就都是用比較容易獲得直觀材料的事物説明比較不容易獲得直觀材料的事物，就都是"舉他物而以明之"的譬。《墨子》書中譬辭很多。如以染絲譬人之相染，以瞽者不辨黑白譬天下君子之不辨仁與不仁等都是譬辭。

譬的方法是人們自古以來常用的方法，是自悟悟他的方便之門，但也容易使人發生錯誤的認識。蘇軾《日喻》説："生而眇者不識日，問之有目者。曰：'日之狀爲銅盤。' 扣盤而得其聲。他日聞鐘以爲日也。生而眇者不識日，問之有目者。曰：'日之光如燭'。捫燭而得其形。他日揣籥以爲日也。" 這樣的錯誤，主要原因當然是因爲聽話的人是生而眇者，但是一個人對於從來不曾認識而且是感官不容易獲得直觀材料的事物，和生而眇者不識日是没有多大分别的。如古人以香草美人譬君王，宗教家以人間情況譬天堂地獄，都可以使人容易瞭解，也容易使人的認識陷於錯誤。“譬喻不是真理”，即此義。

[侔也者，比辭而俱行也]《説文》人部："侔，齊等也。"比部："比，密也。"“比辭而俱行”，是説意義相同的命題可以并行不悖。孫云："謂辭義齊等，比而同之。"命題都是由主辭、賓詞和系詞三部分構成的。命題的性質不外肯定和否定二種。“S是P”，“S不是P。”這是命題的一般公式。任何人對於任何事物所作的判斷（命題）都不能變易這種公式。但是人們爲了説話的便利，語句的有力，措辭的美妙，意義的明確，使對方更容易瞭解，將同一判斷常常用形式不同而意義相同的命題一并表達出來，這在邏輯上名爲判斷的變形或命題的變形，就是此所謂比辭而俱行的侔辭。邏輯上的命題變形有换質、换位、質位俱换等形式。换質是把命題的肯定性質變爲否定性質，或把否定性質變爲肯定性質，而命題的意義不變。如把“水是液體”變爲“水不是非液體”，“人非木石”變爲“人是非木石”。“水是液體”和“水不是非液體”，“人非木石”和“人是非木石”，就都是比辭而俱行的侔辭。换位是把一個命題的主詞和賓詞的位置互换而意義不變。如把“人是能製造生産工具的動物”變爲“能製造生産工具的動物是人”（直接换位），把“牛是反芻動物”變爲“有反芻動物是牛”（限量换位）。質位俱换是把一個命題先换質，後换位，得到的新命題仍和原命題的意義相同。如把“水是液體”先换質變爲“水不是非液體”，再换位變爲“非液

體不是水”。這些形式不同而意義相同的命題就都是比辭而俱行的侔辭。《經上》第 43 條云：“盡，莫不然也。”即“盡，皆然也”的換質式。第 66 條云：“盈，莫不有也。”即“盈，皆有也”的換質式。不用肯定語而用否定語，即因用否定語說來更明確有力。章士釗說：“語云：‘氣盛則言宜。’氣者，心理之所蘊發也。故立言人當時心理如何，殆爲一言條正條負之主因。其或與人上下議論，意在屈人以伸己，抑重言以申明，往往以負式便於用力，數多於正。所謂正言若反，此意取正而勢取反，其義可深長思也。公孫龍子云：‘指非非指。’孟子云：‘城非不高，池非不深，兵革非不堅利，米粟非不多。’此較之僅云‘指指也’或‘城高也，池深也，兵革堅利也，米粟多也’，論鋒遥爲犀利，語勢遥爲緊逼，不難揣摩而得之。然此爲文家之事，邏輯家不甚厝意。邏輯所司，亦在正負之質易而原義無損耳。”（《邏輯指要》，時代精神社 1943 年版，第 120 頁）章氏所言雖僅就換質言，實則換位及質位俱換都可作如是觀。命題的變形，有的邏輯家名爲直接推理，這說明它對於自悟悟他的作用是很大的。我們平常所謂“换一句話說來”或“易言之”，就都是比辭而俱行的侔辭。

［援也者，曰子然，我奚獨不可以然也？］孫云：“《說文》手部云：‘援，引也。’謂引彼以例此。”援就是我們所說的援例。如對於某種事務的處理，以前曾經有過一種辦法，現在又要處理，并沒有規定的原則可以遵循，人們仍照先前的辦法來處理，就是援例。這是實踐上的援例。又如對於一些事物的認識，人們知道甲事物有某種屬性，又知道乙事物和甲事物有許多相同點，因而推知乙也有某種屬性，也是援例。這是認識上的援例。援例即類比的方

法。《經下》第 49 條《説》云 :“臧也今死，而春也得之死也可。”這是以臧例春。《孟子》云 :“舜何人也? 予何人也? 有爲者亦若是。”這是以舜例予。這些話都表示了“子然，我奚獨不可以然也”的意思，就都是援辭。

援與譬相似而實不同。譬是取彼以譬此，取譬的事物和所譬的事物多不是同類。如以築墻譬爲義，以救火譬兼愛，這些取譬和所譬都不是同類，至多衹是在現象上有些相似。這樣的譬辭不過幫助人們對於所不容易瞭解的事物能得到一些相似的直觀形象罷了。譬辭多是以具體事物譬抽象道理，以空間時間較近的事物譬空間時間較遠的事物，以較明顯的事物譬較隱晦的事物。援是引彼以例此，所援的例和所要處理或説明的事物是同類的，是受同一原則支配的。本來可以用演繹法處理或説明，衹因人們還沒有掌握它們的原則，所以不能運用由一般推特殊的演繹法，或者人們雖然知道它們的原則，而爲了直截了當，容易使人明曉，不採用演繹法而採用比較直觀的類比法，即援的方法。譬是譬喻，援是類比，譬喻和類比是不同的。《墨子・非攻中》有一段話説 :“飾攻戰者言曰 :‘南則荆、吴之王，北則齊、晋之君，始封于天下之時，其土城（地）之方未至有數百里也，人徒之衆未至有數十萬人也。以攻戰之故，土地之博至有數千里也，人徒之衆至有數百萬人。故當攻戰而不可非也。’子墨子曰 :‘雖四五國則得利焉，猶謂之非道也。譬若醫之藥人之有病者然。今有醫於此，和合其祝藥之於天下之有病者而藥之。萬人食此，若醫四五人得利焉，猶謂之非行藥也。故孝子不以食其親，忠臣不以食其君。古者封國于天下，尚者以耳之所聞，近者以目之所見，以攻戰亡者不可勝數。何以知其然也? 東方有莒之國者，其爲國甚小，間於大國之間，不敬事於大，大國亦弗之從而愛利。是以東者越人夾削其壤地，西者齊人兼而有之。計莒之所以亡于齊、越之間者，以是攻戰也。雖南者陳蔡，其所以亡于吳越之間者，亦以攻戰。雖北者且不一著何（孫校且爲柤，不著何爲不屠何，皆北胡國，一字衍），其所以亡于燕代胡貊之間者，亦以攻戰也。'" 在這段話中，爲攻戰辯護的人是以荆、吳、齊、晋四國爲例，説明攻戰是有利的，即荆、吳、齊、晋之君然，我奚獨不可以然也？《墨子》則引莒、陳、蔡、柤和不屠何亡國之例説明攻戰之害，即莒、陳、蔡、柤、不屠何等國爲然，我奚獨不可以然也？這都是舉例，即都是援。墨子以醫藥之於病人譬攻戰之於國家人民，就是以此譬彼的譬。援與譬的區别於此可見。

印度因明的喻支，中譯爲譬辭，但在實質上是引彼例此，而不是以彼譬此，是此所謂援而不是此所謂譬。如三支作法："聲是無常（宗），所作性故（因），諸所作者皆無常，譬如瓶（喻）。" 五支作法："聲是無常（宗），所作性故（因），譬如瓶（喻）。諸所作者皆無常（結）。瓶是所作，瓶是無常。聲是所作，聲也無常（合）。" 無論三支作法或五支作法，譬如瓶的喻支是引瓶例聲，不是以瓶譬聲，因爲瓶和聲在所作性上是同一的。因明的喻是和墨家所謂援相當，而不是墨家所謂譬。古無例字，漢人甚少言例。杜預説《左傳》乃云發凡言例（見《説文》人部例字段注）。因此古人説譬有時是援。因明譯文，以譬譯喻支，可能是因此。

［推也者，以其所不取之同於其所取者，予之也。是猶謂他者同也，吾豈謂他者異也？］推即《孟子》所謂"善推其所爲"的推。《説文》手部："推，排也。" 引伸爲推廣、推開的意思。此所

謂推即推己及人、推此及彼的意思，即邏輯上所謂推理或推論。取予即上節所謂“以類取，以類予”的取予。取即取得。予即給與。所不取即還沒有取得事物的意義，即未知的事物。所取即已經取得事物的意義，即已知的事物。“推也者，以其所不取之同於其所取者，予之也”，是説推辭就是推論之辭，推論就是人們對於所不知道的事物，衹要知道它和已經知道的事物是同類，就可以把已經知道的事物所具有的屬性給予它。這就是由已知推未知。“是猶謂他者同也，吾豈謂他者異也？”這就如説一種事物既在種類上和我所知道的某種事物相同，在某種屬性上我還能説它有什麼不同嗎？邏輯三段論法的公理是：肯定對象的整體，就是肯定了整體的任何部分。否定對象的整體，就是否定了對象的任何部分。“是猶謂他者同也，吾豈謂他者異也？”第一他字指他的整體言，即事物的種類。第二他字指他的部分言，即事物的某一屬性。例如我們不知道張三這個人是否有死，張三就是所不取的事物。但是知道所有的人都有死，人是所取的事物。又知張三是人，這就知道了所不取的事物（張三）是同於所取的事物（人）。這樣，我們就可以把人所共有的一種屬性（有死）給予張三，説張三有死。就是張三還正在强壯時期也敢這樣説。張三和人既是同類，關於有死這一屬性就絶不能相異。“是猶謂他者同也，吾豈謂他者異也？”即此義。“張三有死”這句話就是推辭。墨家此處所謂推辭似衹指“以類予”的演繹推論言，實則“以類取”的歸納推論，和“有諸己不非諸人，無諸己不求諸人”的類比推論，也都是如此。例如我們由於知道金、銀、銅、鐵、錫都可以熔解，推知所有的金屬都可以熔解，就是因爲知道所有的金屬是和金、銀、銅、錫是同類的東西，因而在可熔解這一屬性上是不會相異的（歸納推論）。又如我們從太陽有氦推知地球也有氦，就是因爲太陽和地球有些屬性是相同，因而推得在有氦這一屬性也可能是相同（類比推論）。

凡是理論的闡發，不是用推理的形式，就是用論證的形式，推理和論證都有推辭。《墨子》書中即有明顯的例證。《非攻下》說："今天下好戰之國，齊、晉、楚、越。若使此四國者得意於天下，此皆十倍其國之衆而未能食其地也，是人不足而地有餘也。今以争地之故而反相賊也，然則是虧不足而重有餘也。"這是演繹式的推辭。這段話簡明說來就是凡虧不足而重有餘是有害而無利的。齊、晉、楚、越四國以戰争殺人而擴張土地是虧不足而重有餘，所以齊、晉、楚、越四國以戰争殺人而擴張土地是有害而無利的。又如《兼愛上》說："當察亂何自起，起不相愛。臣子之不孝君父，所謂亂也。子自愛不愛父，故虧父而自利。弟自愛不愛兄，故虧兄而自利。臣自愛不愛君，故虧君而自利。此所謂亂也。雖父之不慈子，兄之不慈弟，君之不慈臣，此亦天下之所謂亂也。父自愛也，不愛子，故虧子而自利。兄自愛也，不愛弟，故虧弟而自利。君自愛也，不愛臣，故虧臣而自利。是何也？皆起不相愛。雖至天下之爲盗賊者亦然。盗愛其室，不愛異室，故竊異室以利其室。賊愛其身，不愛人，故賊人以利其身。此何也？皆起不相愛。雖至大夫之相亂家，諸侯之相攻國者亦然。大夫各愛其家，不愛異家，故亂異家以利其家。諸侯各愛其國，不愛異國，故攻異國以利其國。天下之亂物具此而已矣。"這是歸納論證的形式，也可說是歸納推理的形式，用許多的具體"亂物"，證明了"亂起於不相愛"的命題。反過來說，就是推出了"亂起於不相愛"的結論，就是歸納的推辭。又如《尚賢上》説："譬若欲衆其國之善射御之士者，必將富之、貴之、敬之、譽之，然後國之善射御之士，將可得而衆也。况又有賢良之士，厚乎德行，辯乎言談，博乎道術者乎，此固國家之珍而社稷之佐也，亦必且富之、貴之、敬之、譽之，然後國之良士亦將可得而衆也。"這就是類比的推辭。這些推辭就都是"以其所不取之同於其所取者予之也"。

〇　夫物有以同而不率遂同。辭之侔也，有所止而正。其然也，有所以然也。其然也同，其所以然也不必同。其取之也，有所以取之。其取之也同，其所以取之也不必同。

解　這是關於譬、侔、援、推四種辭在運用時應當注意的問題。分別解釋如下。

［物有以同而不率遂同］這是譬辭應注意的問題。《經上》第87條《説》云："有以同，類同也。"以讀爲似。譚云："率即大率，皆也。"遂，竟也，盡也。"物有以同而不率遂同"，是説世界上的事物，有些看似相同，實則不是完全相同。所以"舉他物而以明之"的譬辭，不能使人對於所要認識的事物有完全正確的認識。上舉《日喻》的例子即可爲證。孟子對於聖人和衆人的不同曾這樣爲譬："麒麟之於走獸，鳳凰之於飛鳥，泰山之於丘垤，河海之於行潦，類也。聖人之於民，亦類也。出乎其類，拔乎其萃。"這種譬法即"有以同而不率遂同"。因爲衆人都可以由主觀能動性學成聖人，而其他取譬的四種東西都不能由主觀能動性學習進步。［最好的譬辭是范縝所謂"神之於形，猶利之於刀，未聞刀没而利存，豈容形亡而神在哉？"但是精切説來，人是生物，刀是非生物，人的

神與形和刀的利與刃是否相同是很成問題的。所以沈約反駁說："若謂此喻盡耶？則有所不盡。若謂此喻不盡耶？則未可以相喻也。"］由此可見任何譬辭都不是完全正確的。

［辭之侔也，有所止而正］這是侔辭應當注意的問題。止即《禮記·大學》所謂"止於至善"和"於止知其所止"的止。此所謂止有限度和規則的意思。止即正舉狂舉的正。"辭之侔也，有所止而正"，就是說形式變而意義不變的命題（侔辭）是有一定的限度和規則的。按照一定的規則，在一定的限度內，命題的變形是正確的，否則是謬誤的。所以人們運用侔辭是不能任意隨便的。例如說"有德行的人都是能說話的"和"能說話的人都是有德行的"，這兩句話是命題的换位，但不是正確的侔辭。因爲换位的規則是原來不周延的名詞不能變爲周延，原來周延的名詞可以變爲不周延，所以像這樣全稱肯定的命題不能直接换位，衹能限量换位，"有德行的人是能說話的，有些能說話的人是有德行的"，這纔是正確的侔辭。古人說："有德者必有言，有言者不必有德。"即此義。又如說："這是玫瑰花。""這不是非玫瑰花。""這不是非非非玫瑰花。"這三句話雖然是齊等的，但這樣的文字游戲可以無限度的"非非"下去，是毫無意義的，所以侔辭必須"有所止而正"。

［其然也，有所以然也。其然也同，其所以然也不必同］這是援辭應當注意的問題。"援也者，曰子然，我奚獨不可以然也？"你能這樣，我爲什麼不能這樣？這是援例。但在援例的時候，不應當衹注意到事物之然，更應當注意到事物之所以然。你然，我也然，儘管是相同，你之所以然，我之所以然，卻不一定是相同。事實儘管相同，原因不一定相同。例如兩個人同生一樣的疾病，甲是

由於寒暑，乙是由於飲食，得病的原因不一定是相同的。又如人們對於某種工作雖然都獲得成功，但他們是“或安而行之，或利而行之，或勉强而行之”，所以成功的原因是不一定相同的。援例不能衹根據事物之然的相同，更要根據事物之所以然的相同。否則衹見其然而不知其所以然的援，就成爲東施效顰和守株待兔的援。生搬硬套，不是真正的援。

［其取之也，有所以取之。其取之也同，其所以取之也不必同］這是推辭應當注意的問題。取就是上文“以類取”的取，獲得和認識的意思。人們對於事物是能認識的。人們能認識事物是有所以認識的方法。方法不是單純一樣的，而是隨主觀客觀的條件的不同有所差異的。所以人們對於同一事物的認識，儘管彼此所獲得的結論相同，而彼此所以獲得結論的方法不一定是相同。《經上》第 81 條云：“知，聞、説、親。”《説》云：“傳受之，聞也；方不㢓，説也；身觀焉，親也。”這説明人對於事物的認識有聞、説、親三種方法。如人們都知道熱帶的氣候是炎熱的，這是“其取之也同”。而所以知道熱帶氣候的炎熱，或是由於聽人的講述（聞），或是由於自己根據天文、地理、氣象等知識的推得（説），或是由於自己的親身經歷（親），不一定是相同的。這就是“其所以取之也不必同”。同樣是“方不㢓”的説知，也可以有三種不同的方法。例如人們對於“人都有死”這個道理的認識，可以是用“以類取”的方法（歸納法），即張三有死，李四有死，趙五有死，張三、李四、趙五等都是人，所以人都有死。也可是用“以類予”的方法（演繹法），即凡生物都有死，人是生物，所以人都有死。也可以是用“有諸己不非諸人，無諸己不求諸人”的方法（類比法），即禽獸都

有死，人和禽獸有許多屬性是相同的，所以人也有死。這就是“其取之也同，其所以取之也不必同”。因爲所以取得知識的方法不同，所取得的知識雖然相同，而在精粗、深淺、廣狹的程度上也就有所不同。如聞知就不如親知真，親知就不如説知廣，歸納法所得的知識是概括的，演繹法所得的知識是具體的，類比法所得的知識是蓋然的。《經下》第 10 條云：“物之所以然，與所以知之，與所以使人知之，不必同。”“物之所以然”的不必同，是援辭應當注意的問題。“所以知之，與所以使人知之”的不必同，是推辭應當注意的問題。注意了這個問題纔可以對於相同的推辭從它們“所以取之”的不同方法上分別看待。這就如同看學生對於數學題目的演算，答案對了，還要看他得到答案的式子是怎樣的。

○　是故譬、侔、援、推之辭，行而異，轉而危，遠而失，流而離本，則不可不審也，不可常用也。故言多方，殊類異故，則不可偏（徧）觀也。

校　譚將“不可不審也”五字移至本段末。全段爲“……則不可常用也。……則不可偏觀也，不可不審也。”文義較順。

解　這是説譬、侔、援、推四種辭容易發生的毛病。《説文》行部：“行，人之步趨也。”俞樾云：“危讀爲詭。”方即方術。孫云：“《莊子・天下篇》：‘惠施多方。’《吕氏春秋・必己篇》高注云：‘方，術也。’”“偏與徧通，下同。”

從以上所講譬、侔、援、推四種辭的本質及關於它們應注意的問題看來，這四種辭是不能隨便運用的。正是所謂“中效則是也，不中效則非也”。如果不中效，就可以發生以下四種毛病：走入異途；轉變成爲詭辯；相距太遠失卻意義；放流不知所止，離開了本題。所以這四種辭是不可以常用的。語言的表達是有多種方術的，繁雜的事實和不同的原故，是人們不能普遍看到的，所以對於四種辭的運用不能不審慎。

"行而異，轉而危，遠而失，流而離本"，這四種毛病是譬、侔、援、推四種辭都能犯的，所以這可説是對於譬、侔、援、推四種辭的統説，但也可説是對於四種辭的分説。譬最容易犯的毛病是行而異。因爲舉他物而以明之的譬辭，有時衹能使人明瞭取譬的事物，而對於所譬的事物仍不明瞭，這就使人對於事物的認識不免發生不正確的異義。如《孟子·告子篇》云："告子曰：'惟猶湍水也，决諸東方則東流，决諸西方則西流。人性之無分於善不善也，猶水之無分於東西也。'孟子曰：'水信無分於東西，無分於上下乎？人性之善也，猶水之就下也，人無有不善，水無有不下。'"告子以水無分於東西譬人性之無分於善與不善，孟子以水之就下譬人性之善，都是譬辭。但這些譬辭都衹能使人明瞭水之性，并不能使人明瞭人之性，因爲水無分於東西并不就等於人性之無分於善不善，水之就下也不就等於人性之善。如説人性之惡猶水之就下又有什麽不可？我們不是指責人的墮落爲下流嗎？這就是所謂"行而異"，即譬辭往往使人認識的不是事物的本義而是它的異義，好像離開了所要走的路子而走入另一條路子了。侔最容易犯的毛病是轉而詭。如把"仁者必有勇"一轉而爲"勇者必有仁"就是詭辯。援最容易犯的毛病是遠而失。如把本質和條件毫無相同或很少相同的兩種事物引彼以例此，就是遠而失，東施效顰即其例。推最容易犯的毛病是流而離本，如孟子説"然則犬之性猶牛之性，牛之性猶人之性與？”（《告子篇》）劉勰說：“專以類推，以此象彼，謂犬似玃，玃似狙，狙似人，則犬似人矣，謂白似緗，緗似黄，黄似朱，朱似紫，紫似紺，紺似黑，則白似黑矣。”（《新論·審名》）這些推辭就都是流而離本。

類與故在辯中是很重要的。《大取篇》云：“夫辭（據孫校增此二字）以故生，以理長，以類行者也。立辭而不明於其所生，忘（妄）也。今人非道無所行，唯（雖）有强股肱而不明於道，其困也可立而待也。夫辭以類行者也，立辭而不明於其類，則必困矣。”故是原故，理是道理，類是事物的種類，即事實。這是説，辭的成立一定有它所以成立的原故，辭的存在一定有它的充足理由（長即生長、存在），辭的行使一定有它的事實根據。故和理是一件事物的兩方面。從事物的因果聯繫來説，事物所以形成的原因是故。從思維的基本規律來説，判斷的充足理由是理。判斷的充足理由就是事物的因果聯繫的反映。荀子云：“持之有故，言之成理。”“持之有故”即掌握了事物的因果關係，“言之成理”即能説出有充足理由的話。故和理既然是一件事情的兩方面，所以雖然説“辭以故生，以理長，以類行”，但是在此處和其他地方衹將故和類并言而不再舉理。如在《非攻下》一再説：“子未察吾言之類，未明其故者也。”類與故即事物的種類和原故，簡單説來，即事實和理由。此言“殊類異故”即繁雜的事實和不同的理由。

以上爲第四節，專論譬、侔、援、推四種辭。其分三段，第一段論四種辭的本質，第二段論四種辭在運用上應當注意的問題，第三段論四種辭容易犯的毛病。

○ 夫物或是而然，或是而不然，或不是而然，或一周而一不周，或一是而一非也。

校 舊無“或不是而然”句，譚謂按下文第四段應有，據補。兩周字舊并作害，王引之云：“兩害字并當作周。”據改。“或一是而一非也”句舊作“或一是而一不是也。”以下并有“不可常用也，故言多方，殊類異故，則不可偏觀也，非也”二十一字。王引之云：“‘不是也’三字後人所增。‘非也’二字當接‘或一是而一’下。‘不可常用也’以下十九字爲衍文。”據删正。

解 這以下至篇末是第五節。全節共分六段。第一段總冒全節，提明綱要。第二段講是而然者。第三段講是而不然者。第四段講不是而然者。第五段講一周而一不周者。第六段即末一段講一是而一非者。

所謂“是而然者”，即原命題是肯定式的，在原命題上附加上一些新義，仍是肯定式的。所謂“是而不然者”，即原命題是肯定式的，在原命題上附加上一些新義，就成爲否定式了。所謂“不是而然者”，即原命題是否式的，在原命題上附加一些新義，就成爲肯定式了。所謂“一周而一不周者”，即關於事物的表達，有的必須涉及對象的全體纔對，有的不必涉及對象的全體也對。所謂“一是而一非者”，即用形式相同的命題表達事物，對於一些事物是對的，對於另一些事物就不對了。

物兼事與物言，即今人所謂事物。《兼愛上》：“天下之亂物具此而已矣。”孫云：“物亦事也。”《墨子》書中物作事講者頗多。《兼愛中》：“不可行之物也。”物也作事講。此節本是講辭，而開首提綱不説是辭有這樣五種情况而説是物有這樣五種情况，正因爲辭是事物的反映，言物即所以言辭的本質。

○　白馬，馬也。乘白馬，乘馬也。驪馬，馬也。乘驪馬，乘馬也。獲，人也。愛獲，愛人也。臧，人也。愛臧，愛人也。此乃是而然者也。

解　這是第五節的第二段，是關於“是而然”的辭例。《説文》馬部：“驪，馬深黑色。”畢云：“《方言》云：‘臧獲，奴婢賤稱也。’”本段辭分四組。每組首句可名爲原辭（原有命題），次句可名爲承辭（承接命題）。這四組辭都是在原辭的主詞和賓詞上各加一相同的動詞而成爲承詞。原辭是正辭（肯定命題），承詞也是正辭（肯定命題）。原辭正確，承辭也正確。兹得四組辭例分列如下。

（1）白馬，馬也。（原辭，正）

乘白馬，乘馬也。（承辭，正）

（2）驪馬，馬也。（原辭，正）

乘驪馬，乘馬也。（承辭，正）

（3）臧，人也。（原辭，正）

愛臧，愛人也。（承辭，正）

（4）獲，人也。（原辭，正）

愛獲，愛人也。（承辭，正）

第1、2組辭似對於“白馬非馬”説的反駁。《公孫龍子·白馬論》云：“馬者所以命形也，白者所以命色也。命色者非命形也。故曰白馬非馬。”這樣説法，不是原察于百姓耳目之實，是玩弄概念的詭辯，墨家不以爲然。故云：“白馬，馬也。乘白馬，乘馬也。驪馬，馬也。乘驪馬，乘馬也。”第3、4組是墨家兼愛説的推演。

臧獲在古代階級社會中，尤其是在奴隸時代，是被剥削階級不當作人而當作牛馬牲畜一樣看待的，剥削階級對於他們是毫不愛惜的。墨家主兼愛，以爲臧獲都是人，就都應當被愛。《大取篇》云："愛臧之愛人也，乃愛獲之愛人也。"就是把臧獲都和一般人同樣加以愛了。

○ 獲之親，人也。獲事其親，非事人也。其弟，美人也。愛弟，非愛美人也。車，木也。乘車，非乘木也。船，木也。入船，非入木也。盗[人]，人也。多盗，非多人也。無盗，非無人也。奚以明之？惡多盗，非惡多人也。欲無盗，非欲無人也。世相與共是之。若若是，則雖盗[人]，人也。愛盗，非愛人也。不愛盗，非不愛人也。殺盗，非殺人也。無難[盗無難]矣。此與彼同類，世有彼而不自非也，墨者有此而非之，無也（他）故焉，所謂内膠外閉與心毋空乎。[内膠而不解也。]此乃是而不然者也。

校 "獲之親"的親字舊作視，王引之言視乃親之訛，據改。"入船"的入舊爲人，蘇時學言人爲入之誤，據改。"盗人，人也"，"則雖盗人，人也"二句皆衍一人字，據孫校删。"盗無難"三字，孫言衍，據删。"無也故焉"，舊本作"無故也焉"。據王引之校改。也故即他故，下同。"内膠而不解也"六字疑衍，或後人按識語。

解 這是第五節的第三段，是關於"是而不然"的辭例。本段辭分六組。每組原辭都是正辭，承辭是負辭。承辭比原辭的意義有所增加了，辭的性質卻由正變爲負了。一正一負，意義都是正確的。承辭衹有負纔是正確，如果和原辭同樣是正就成爲謬論。六組辭例的承辭有的如上段衹有一句，有的不衹一句而有兩三句。茲將六組辭例分列如下。

（1）獲之親，人也。（原辭，正）

獲事其親，非事人也。（承辭，負）

（2）其弟，美人也。（原辭，正）

愛弟，非愛美人也。（承辭，負）

（3）車，木也。（原辭，正）

乘車，非乘木也。（承辭，負）

（4）船，木也。（原辭，正）

入船，非入木也。（承辭，負）

（5）盜，人也。（原辭，正）

多盜，非多人也。（承辭，負）

無盜，非無人也。（承辭，負）

惡多盜，非惡多人也。（承辭，負）

欲無盜，非欲無人也。（承辭，負）

（6）盜，人也。（原辭，正）

愛盜，非愛人也。（承辭，負）

不愛盜，非不愛人也。（承辭，負）

殺盜，非殺人也。（承辭，負）

［"獲之親，人也"，是就獲之親的本質屬性言。"獲事其親，非事人也"，是就獲與其親的關係言。"其弟，美人也"，是就其弟的偶有屬性言。"愛其弟，非愛美人也"，是就和其弟的關係言。"車，木也"，"船，木也"，是説車和船是用木頭製成的。但是木已成車，乘車就不好説是乘木。木已成船，入船也不能説是入木。"若若是"，上若字是此的意思，下若字是如的意思。"若若是"，即這如果是對的。］

這六組“是而不然”的辭例，主要的意義是在第六組：“盜，人也。愛盜，非愛人也。不愛盜，非不愛人也。殺盜，非殺人也。”也可説是主要的意義在説明“殺盜，非殺人也”的理論的正確。[但“殺盜非殺人”的話是墨家的特殊理論，按一般邏輯是説不通的。]

墨家主兼愛，要非攻。盜的行爲正是和兼愛相反而和攻伐相同。所以他們對於盜深惡痛絶，不衹是不愛，而且要殺。因爲盜在形體上雖然也是人，而在本質上已經不是人了。所以説：“盜，人也。愛盜，非愛人也。不愛盜，非不愛人也。殺盜，非殺人也。”《兼愛上》説：“當（嘗）察亂何自起，起不相愛。”“盜愛其室，不愛異室，故竊異室以利其室。賊愛其身，不愛人，故賊人以利其身。此何也？皆起不相愛。”《非攻上》説：“今有一人，入人園圃竊其桃李，衆聞則非之，上爲政者得則罰之。此何也？以虧人而自利也。至攘人犬豕鷄豚者，其不義又甚於入人園圃竊桃李。是何也？以虧人愈多，其不義兹甚，罪益厚。至入人欄廄取人馬牛者，其不仁義又甚攘人犬豕鷄豚。此何故也？以其虧人愈多。苟虧人愈多，其不仁兹甚，罪益厚。至殺不辜人也，扡（拖）其衣裘取戈劍者，其不義又甚入人欄廄取人牛馬。此何故也？以其虧人愈多。苟虧人愈多，其不仁兹甚，罪益厚。當此天下之君子皆知而非之，謂之不義。今至大爲攻國則弗知非，從而譽之謂之義。此可謂知義與不義之别乎？”盜的行爲既和兼愛相反而和諸侯攻伐相同，所以墨家對於一般人和盜的分别是很嚴格的，而愛憎的表現也是很分明的。《大取篇》説：“知是世之有盜也，盡愛是世。知是室之有盜也，不盡愛是室也。知其一人之盜也，不盡惡是二人。雖其一人之盜，苟不知其所在，盡惡其弱（羽）也。”這是説，雖然知道世上有盜，但對於世人還是要盡愛。因爲盜在世上總是很少數，不能因爲惡很少數的盜就不盡愛一般人。要是知道一個家庭中有盜，就不能盡愛這一個家庭，因爲如盡愛這一個家庭，就連盜也愛了。如果確實知道衹有一人是盜，就不盡惡二人。盜和好人是要一定分清。但是雖然衹有一人爲盜，如果不知道他藏匿在何處，那就要對他的黨羽（羽翼）都加以憎惡。總的意思就是，不因世上有盜而不兼愛人，也絶不因兼愛人而寬恕了一個盜。不因惡盜而妨害了好人，也不因愛好人而放鬆了盜。這説明墨家對於盜是如何憎惡了。

“此與彼同類”，此指“盜，人也。愛盜，非愛人也。不愛盜，非不愛人也。殺盜，非殺人也”這一組辭所表達的道理，特别是指“殺盜非殺人”言，這是墨家以爲是的道理。彼指“盜，人也。多盜，非多人也。無盜，非無人也。惡多盜，非惡多人也。欲無盜，非欲無人也”那一組所表達的道理，那是世人共以爲是的道理。這兩組辭的形式是相同的，所表達的道理也是相同的，但是世人對於他們自己所説的話不以爲非，而對於墨家所説的話就加以非難，這就是因爲人内部膠執、外部閉塞和心不謙虚的原故。“毋空”的毋同無，空即謙虚的意思。

墨家所斥爲“内膠外閉與心毋空”的世人，即當時反對“殺盜非殺人”説法的一些人，其中主要的就是儒家。儒家的政治思想是主張以德化人而不主張以刑罰制裁人。所以季康子患盜，問於孔子。孔子曰：“苟子之不欲，雖賞之不竊。”（《論語·顔淵篇》）又説：“天下有道，盜其先變乎！”（《荀子·正論》引孔子語）荀子則説：“殺盜非殺人也”，“此乃惑於用名以亂名也。”（《正名篇》）

所謂“用名以亂名”就是説玩弄概念，造成詭辯。

《莊子·天運篇》云：“禹之治天下，使民心變。人有心而兵有順（訓），殺盜非殺人，自爲種（重）而天下耳（佴）。（看得自己很重而把天下看爲副次事物，即先私後公的意思。）是以天下大駭，儒墨皆起。”據此，“殺盜非殺人”的話，是夏代已有。莊子這話何所根據不知，不過從中國的社會發展史來看，這話是有道理的。因爲夏代是中國原始公社破壞，私有財産制度確立的時代。在私有財産制度確立之後，盜的問題就在社會生活和國家法律上成爲一個重要問題了。盜既是私有制社會的産物，所以無論儒家的化盜辦法或墨家的殺盜辦法都不能根本消滅了盜。必須根本改造社會，把私有制改變成公有制纔能將盜根本消滅，這當然不是古人所能做到的。恩格斯説：“自從動産的私人所有制發生以來，在一切存在這種私有制的社會裏，道德的箴言不能不是‘勿偷盜’。這個箴言是否因此而成爲永恒的道德箴言呢？絶對不是。在任何偷盜動機都被消除的社會裏，就是説衹有神經病者纔會偷盜的那個時候起，如果某一道德宣揚者來莊嚴地宣佈勿偷盜爲永恒的真理，那末他將受到如何的訕笑！”（《反杜林論》，人民出版社 1957 年版，第 69 頁）

○　且讀書，非讀書也。好讀書，好書也。且鬬鷄，非鬬鷄也。好鬬鷄，好鷄也。且入井，非入井也。止且入井，止入井也。且出門，非出門也。止且出門，止出門也。若若是，且夭，非夭也。壽夭，夭也。有命，非命也。非執有命，非命也。無難矣。此與彼同類，世有彼而不自非也，墨者有此而罪非之，無也（他）故焉，所謂内膠外閉與心毋空乎。內膠而不解也。此乃不是而然者也。

校　首二句舊作“且夫讀書，非好書也。”孫校爲“且夫讀書，非讀書也。好讀書，好書也。”陶鴻慶謂夫字衍文。玆據增删。譚云：“非鬭鷄也句，原脱鬭字，據文例補。”“壽夭，夭也”句，舊夭字不重，孫云“疑當重”，據增。“墨者有此而非之”句，非字上舊有罪字，蘇時學云：“罪字衍，即而非兩字之訛。”畢沅、王引之、顧廣圻皆云衍，據删。“無也故焉”舊作“無故焉也”，王、顧據道藏本，孫據吴鈔本校正。“内膠而不解也”六字，同上疑衍，或係後人按識語。末句舊脱不字，據譚校補。

解　這是第五節的第四段，是關於“不是而然”的辭例。本段辭分六組。每組原辭都是負辭，承辭都是正辭。玆將六組辭例分列如下。

（1）且讀者，非讀書也。（原辭，負）
　　好讀書，好書也。（承辭，正）
（2）且鬭鷄，非鬭鷄也。（原辭，負）
　　好鬭鷄，好鷄也。（承辭，正）
（3）且入井，非入井也。（原辭，負）
　　止且入井，止入井也。（承辭，正）
（4）且出門，非出門也。（原辭，負）
　　止且出門，止出門也。（承辭，正）
（5）且夭，非夭也。（原辭，負）
　　壽夭，夭也。（承辭，正）
（6）有命，非命也。（原辭，負）
　　非執有命，非命也。（承辭，正）

這六組是“不是而然”的辭例，主要的意義在“有命，非命也。非執有命，非命也”一組。且有二義。《經上》第33條云：“自前曰且，自後曰已，方然亦且。”此處且字都是自前曰且的意思，都是將然未然的意思。(參閱《經上》第33條及《經下》第50條)“且讀書，非讀書也。好讀書，好書也。”是說將要讀書，不是讀書；喜好讀書，是喜好書。下文鬬鷄也是這樣的意思。“且入井，非入井也。止且入井，止入井也。”是說將要入井，不是入井；停止將要入井，是停止入井。下文出門也是這樣的意思。這樣的話如果是對的，我們說將要夭折不是夭折，壽命夭折是夭折，有命不是命，非執有命是非命，這些話也是沒有什麽疑問的。但是世人對於那些讀書、鬬鷄、入井、出門的説法不以爲非，而對於墨家非命的説法就以爲非，這没有别的原故，就是因爲世人内部膠滯、外部閉塞、心不謙虚的原故。這些辭例就是“不是而然”的例。

《説文》夭部：“夭，屈也。”段注：“象首夭屈之形也。物初長者尚屈而未申，假令不成遂，則終於夭而已矣。故《左傳》、《國語》注曰：‘短折曰夭’，《國語》注又曰：‘不終曰夭’。又曰：‘夭，折也。’”因此，古人稱短命爲夭，後人稱爲夭折。壽和夭是相對的，古人常以夭壽對舉，并以夭壽同屬於命。墨子説：“執有命者之言曰：‘命壽則壽，命夭則夭。’”(《非命上》)孟子説：“(同夭)壽不貳，修身以俟之，所以立命也。”(《盡心下》)

“有命，非命也。非執有命，非命也。”上句是否定語，下句是肯定語。即有命不是命，非執有命是非命。《論語·先進篇》子夏對司馬牛説：“死生有命。”《墨子·非儒篇》述儒家言：“壽夭、貧富、安危、治亂，固有天命。”這就是所謂有命，墨家看來這些都不是命，所以說“有命，非命也”。

“執有命”就是主張有命，“非執有命”就是反對有命的主張。墨子非命就是“非執有命”，就是反對主張有命的思想、反對主張有命的言論和反對主張有命的人。《非命上》云：“子墨子曰：‘古者王公大人爲政國家者，皆欲國家之富，人民之衆，刑政之治，然而不得富而得貧，不得衆而得寡，不得治而得亂，則是本失其所欲，得其所惡，是何故也？’子墨子曰：‘執有命者以雜於民間者衆。’執有命者之言曰：‘命富則富，命貧則貧，命衆則衆，命寡則寡，命治則治，命亂則亂，命壽則壽，命夭則夭，雖强勁何益哉。’上以説王公大人，下以駔（阻）百姓從事。故執有命者不仁。故當執有命者之言，不可不明辨。”在墨子看來，古代執有命的代表者就是桀紂，非執有命的代表者就是湯武，非執有命的重要文獻就是《仲虺之告》和《太誓》。所以在《非命中》一再説：“夏王桀之執有命也，湯與仲虺共非之。紂之執有命也，武王以《太誓》非之。”

“世有彼而不自非也，墨者有此而非之。”這是指世上執有命者而言，特别指儒家言。古代的人大概多是執有命者，人們對於命的問題并没有理論的根據，衹不過是人們對於自然力量和社會勢力無可奈何的一種思想。儒家對於命的問題在一般人的思想基礎上就進一步構成一種較有系統的思想了。所以孔子説：“吾五十而知天命。”(《論語·爲政篇》)“不知命，無以爲君子也。”(《堯曰篇》)。“道之將興也與，命也。道之將廢也與，命也。”(《憲問篇》)“君子畏天命。”“小人不知天命而不畏也。”(《季氏篇》)孟子説：“莫之致而至者命也。”(《萬章上》)墨家非命，儒家執有命，針鋒相對，争論激烈，所以《公孟篇》説“儒之道足以喪天下者有四政”，而

“以命爲有”是四政之一。此處所舉“不是而然”的辭例，主要意義就是從邏輯上論證非執有命的正確。

附注：這種原辭、承辭的聯繫，有似邏輯上所謂判斷變形的附性法，也就是所謂直接推理的附性法。附性法是把一個命題的主詞和賓詞加以相同的成分，使原命題有了新的意義。附性法有兩種。一種名爲加詞附益法，是用同一的形容詞加於主詞和賓詞。例如“馬是走獸”這一命題，在主詞和賓詞上各加“白色”形容詞，就成爲“白色馬是白色走獸”。另一種名爲概念複合法，是在主詞和賓詞上各加名詞，使原來單純的概念成爲複合的概念。例如在“馬是動物”這一命題的主詞和賓詞上各加一個“毛”字，就成爲“馬的毛是動物的毛”。附性法是容易流於謬誤的。“蚊子是動物”，加形容詞成爲“最大的蚊子是最大的動物”，“學生是青年”，加“全體”一詞成爲“學生的全體是青年的全體”，就都是謬誤的。此處所謂“是而然”的辭例有似加詞附益法。但“是而不然”與“不是而然”的辭例，則既與加詞附益法不同，也與概念複合法不合。如上舉蚊子與學生例，照“是而不然”的辭例，即：蚊，動物也；最大之蚊，非最大之動物也。學生，青年也；學生之全體，非青年之全體也。一是而一非，這是很正確的。由此可見，形式邏輯拘泥於形式，墨辯則能注意到辭的殊類異故。此即墨辯中的辯證意義。

○　愛人，待周愛人而後爲愛人。不愛人，不待周不愛人。有失周愛，因爲不愛人矣。乘馬，不待周乘馬然後爲乘馬也。有乘於馬，因爲乘馬矣。逮至不乘馬，待周不乘馬而後爲不乘馬。此一周而一不周者也。

校　“有失周愛”，有字舊作不，譚據下文“有乘於馬”改爲有。舊本“不待周乘馬”句脱不字，“而後爲不乘馬”句脱爲字，“而後不乘馬”五字又重出，孫定本據王引之説增删，兹從之。

解　這是第五節的第五段。主要的意義是論證愛人和不愛人的問題。乘馬不乘馬的問題是反襯。《説文》口部：“周，密也。”密的反面是疏，不密即疏。疏則有遺漏，密則無遺漏。俞樾云：“周猶偏也。”此所謂周有似邏輯上所謂周延。這一段的意思是説：愛人須普遍愛人纔是愛人。不愛人不須普遍不愛人，祗要有不愛的人就是不普遍愛人。乘馬不須把所有的馬普遍乘了纔爲乘馬，祗要有馬被乘就是乘馬了。至於不乘馬，必須對所有的馬都不乘纔是不乘馬。這就是“一周而一不周”的辭例。

墨子的兼愛思想，經過發展成爲墨家後學的盡愛思想，要“愛衆世與愛寡世相若，愛尚（上）世與愛後世，一若今世之人也”（《大取篇》）。他們以爲地域無窮，不害盡愛；不知人有多少，不害盡愛；不知人在何處，不害盡愛。（參閲《經下》第72、73、74條）。此所謂周愛義同盡愛。

當時有些各愛其國、不愛異國的諸侯，和各愛其家、不愛異家的大夫，以及爲這些諸侯大夫服務的别士們，可能飾辭説，愛自己的國和自己的家，即愛一部分人而不是愛全體的人，也是愛人。就如乘馬，祗要有馬被乘就是乘馬，并不必把所有的馬都乘了纔是乘馬。如梁惠王對孟子説：“寡人之於國也盡心焉而已。河内凶則移其民於河東，河東凶亦然。察鄰國之政無如寡人之用心者。鄰國之民不加少，寡人之民不加多，何也？”（《孟子·梁惠王上》）就是這種意思。像這樣思想的人很多，所以墨家在此用周不周的道理來説明愛人和乘馬的不同。

○ 居於國，則爲居國。有一宅於國，而不爲有國。桃之實，桃也。棘之實，非棘也。問人之病，問人也。惡人之病，非惡人也。人之鬼，非人也。兄之鬼，兄也。祭人之鬼，非祭人也。祭兄之鬼，乃祭兄也。之馬之目眇，則謂之馬眇。之馬之目大，而不謂之馬大。之牛之毛黄，則謂之牛黄。之牛之毛衆，而不謂之牛衆。一馬，馬也。二馬，馬也。馬四足者，一馬而四足也，非兩馬而四足也。一馬，馬也。馬或白者，二馬而或白也，非一馬而或白。此乃一是而一非者也。

校 “祭人之鬼”句，舊脱人字，據王引之校補。兩眇字舊皆爲盼，據顧千里校改。“則謂之馬眇”句，謂舊作爲，畢云“爲當作謂”，據改。“馬或白者”上舊有“一馬馬也”四字，王引之云衍，據删。“馬或白者”，白舊作自，據畢校改。

解 這是第五節的第六段，即“一是而一非”的辭例。一是一非即一爲正辭（肯定命題），一爲負辭（否定命題）。共有六組，兹分别解釋如下。

（1）居於國，則爲居國。有一宅于國，而不爲有國。

這是一是而一非的兩個辭。居於國和居國是同義的，所以説居於國就是居國。有一宅於國和有國是不同義的，所以説有一宅於國不是有國。這是墨經所謂正合。(《經上》第84條：“合，正、宜、必。”)即邏輯上的實然判斷。實然判斷是正確反映事物的實在情況的。主詞“居於國”有賓詞“居國”的情況，所以肯定二者的聯繫。主詞“有一宅于國”没有賓詞“有國”的情況，所以否定二者的聯繫。

（2）桃之實，桃也。棘之實，非棘也。

這也是實然判斷。《說文》朿部："棘，小棗叢生者。從並棘。"棗從朿。"朿，木芒也。"朿即古刺字。段玉裁云："棘即棗也。析言之則棗棘，統言之則曰棗。"此所謂棘似即今所謂酸棗。古人對於果木，多以果實之名爲名，所以把結李子的樹木名爲李，把結杏子的樹木名爲杏，把結桃子的樹木名爲桃。棘之得名原來不是從它的果實得的，是因爲它多刺而得的。但是它的果實并没有刺，因此人不叫它爲棘。"桃之實，桃也。棘之實，非棘也。"這也是"一是而一非"的辭例。

（3）問人之病，問人也。惡人之病，非惡人也。

這樣的"一是而一非"，是由於語句的省略而造成的。"問人"是"問人之病"的省略語。這句省略語可能是古人習慣用的，就如後人所謂"問候"的意思。這樣的省略語，對於原義無損，至於把"惡人之病"省略爲"惡人"，就和原義大不同了，所以不能這樣省略，也不能這樣理解。我們現在説：給人東西是給人，借人東西不是借人。騙人的東西是騙人，吃人的東西不是吃人。與此相同。語句的省略是没有一定規律的，祇要省略之後對於原義無變而對方又能聽懂，就可以省其所能省。

（4）人之鬼，非人也。兄之鬼，兄也。祭人之鬼，非祭人也。祭兄之鬼，乃祭兄也。

這是約定俗成的習慣説法。這種習慣説法的形成大概有兩個原因。第一，人們對於一般人根本不知道他們的姓名，也不認識他們的形貌，更没有親戚的關係，因此當他們活的時候也無法稱呼他們，祇能一般地稱他們爲人，當他們死後成爲所謂鬼的時候（墨家以爲人死有鬼），又如何能有特殊的具體稱呼。他們死後既然不復是人而成爲所謂與人異途的鬼，當然也就不能再稱他們爲人，而衹得以鬼來稱呼了。至於親戚，或所敬愛的人們，或所認識的人們，當他們活的時候，人們對於他們就都有固定的特殊稱呼，他們死了以後當然仍能照舊稱呼。第二，古人以爲鬼“陰氣賊害”（許氏《說文》語），與人異途。人們雖然知道自己的親戚及所敬愛的人們或所認識的人們已經死了，仍不願意以鬼來稱呼他們，因此還是如生前一樣稱呼他們。

（5）之馬之目眇，則謂之馬眇。之馬之目大，而不謂之馬大。之牛之毛黃，則謂之牛黃。之牛之毛衆，而不謂之牛衆。

之，是也。蘇時學云：“之馬，猶言是馬。”《說文》目部：“眇，一目小也。”“馬之目眇”和“馬眇”是同義的，所以肯定它們的聯繫。“馬之目大”和“馬大”是沒有必然關係的，所以否定它們的聯繫。“牛黃”就是由於“牛之毛黃”，所以肯定它們的聯繫。“之牛之毛衆”和“牛衆”是毫無關係的，所以否定它們的聯繫。辭之一是而一非，即以所謂（主詞）與所以謂（賓詞）有無關係而定。語句的構造衹是辭的形式，事實的反映纔是辭的內容。事實上馬的目眇是眇馬，馬的目大不一定是大馬，所以語句的構造衹能依據事實，一爲肯定語而一爲否定語。

（6）一馬，馬也。二馬，馬也。馬四足者，一馬而四足也，非兩馬而四足也。馬或白者，二馬而或白也，非一馬而或白。

這是由於我國語文中的名詞沒有單數和複數的區別而形成的語法。所謂“一馬，馬也。二馬，馬也。”就是說單數的馬和複數的馬在名稱上是一樣的。因此要理解一個名詞所指的實在物件是單數還是複數，須從全句的意思，甚至上下文的意思來判定，單從名詞上是無法判定的，所以説“一馬，馬也。二馬，馬也。”如説“馬四足”，雖然没有明白説出這所謂馬指的是單數的馬，實際上就是説，一馬而四足，不是説二馬而四足。如説“馬或白”，雖然也没有明白説出這所謂馬指的是複數的馬，但人們一聽這話，就知道它所指的實際對象，至少要有兩匹馬。如果祇有一匹，則白的就是白的，非白的就是非白的，不能説或白。按：“馬或白者”一句必須與上文“一馬，馬也。二馬，馬也”的句子聯繫起來看纔能説是“二馬而或白也，非一馬而或白也”。假如把“馬或白者”一句話孤立起來看，這一句話因重點的不同可有兩種解釋。其一，重點如在馬字，則是説多數馬之中有的馬是白色，即至少須有二匹馬，纔能這樣説。其二，重點如在白字，則是説一匹馬的顔色或者白色。祇有一匹馬也可以這樣説，因爲一匹馬可能是白色，也可能是非白色，如紅色、黑色、灰色等。這就如我們雖然知道地球祇有一個，也能説地球或者是圓的，意即也可能是非圓的，并不是兩個地球或多數地球之中有圓的有不圓的。

《小取》全篇共五節。前四節，文字簡短，説理精闢，條理系統也甚嚴密，皆抽象説法，未舉例證。第五節，文字較長，論列較廣泛，所舉皆爲例證，主要目的是要説明“言語多方，殊類異故”。但對於所謂殊類異故，并没有很好的説明，所謂“是而然”、“是而不然”、“不是而然”、“一周而一不周”和“一是而一非”等分類也祇是語句形式上的分類，并没有説明所以然。没有説出所以然，就是没有認識殊類異故的規律。不能指出殊類異故的規律，就使人在實踐上無所適從。例如“盜，人也。殺盜，非殺人也。”這是墨家自以爲不可非議的話。但是我們絶不能援此例説："兵，人也。殺兵，非殺人也。"又如説："愛人，待周愛人而後爲愛人。不愛人，不待周不愛人。"我們絶不能援例説："害人，待周害人而後爲害人。不害人，不待周不害人。"也絶不能説："教人，待周教人而後爲教人。不教人，不待周不教人。"其他各辭皆如此。所謂"殊類異故，不可偏觀"，難道就是無一定規律的意思嗎？

墨辯著述考

《雙劍誃墨子新證》于省吾 著　中華書局 1962 年版（《雙劍誃諸子新證》）

這是著者《雙劍誃諸子新證》中關於《墨子》的一部分。《諸子新證》中的《墨子新證》共四卷。關於墨辯的新證屬卷三的前半卷。共計 48 條，經說合證的 5 條，祇證經的 9 條，祇證說的 26 條，證大取的 11 條（有兩條并證，各作 2 條計），證小取的 3 條。著者在 1938 年所作的序中説："舊藏有嘉靖本、子彙本、寶曆本，又借傳沅叔先生所藏綿眇閣本、堂策檻本（從芝城館銅活字本出），互相讎校。"所謂新證即根據金文和甲骨文及畢沅、孫詒讓等未見之寶曆本、綿眇閣本和堂策檻本證明舊説的是否。新證有些是著者的獨特見解，但有的以金文爲證，反而難通。如"治，求得也"（《經上》），"治，吾事治矣，人有治，南北"（《經説上》）。著者云："金文治字作嗣，嗣又與司同用。如經傳司徒、司馬、司工，金文作嗣徒、嗣馬、嗣工，即其證。經與説四治字均應讀作司。司之通詁爲主，主謂主管其事之謂也。司主其事，乃職官之語也。吾之司主其事，是吾之求有所得也。吾事治矣，即吾司事矣之倒文。……言吾既司主其事矣，人又司主之，則事權不統一，難免齟齬之患，故以南北相背爲喻也。”按：此條《經説》南北下有譽之二字應連讀。《經》文“治，求得也”，是説治的意義是要求得到一相當的結果。如治事、治學、治人、治國、治病，都是要求得到一個相當的結果。《經説》“吾事治矣，人有治，南北譽之”，即是説，例如我把事情辦好，又把人管理好，那就各方的人都要稱贊我。這樣解，本可通，不需以金文證治爲司。且《墨子》書中治字很多，似不能都讀作司，即以《墨經》來説，此條以外，如《經上》第77條《説》云“治病，亡也”，《經上》第86條《説》云“爲，存、亡、易、蕩、治、化”，都不能讀作司，則此條也不應讀作司。著者每以金文及其他書籍所作的新證，大概多像這樣衹是自己的臆説，不能成爲通則。著者的新證有的衹證經，有的衹證説，證經就不照顧説，證説又不能照顧經，弄得經和説無法聯繫。如“庫，易也”（《經上》）一條，著者云：“易乃物字之訛，甲骨文、金文易字作[illegible]，古物字亦省作勿，故易訛也。……《釋名·釋宫室》：‘庫，舍也，物所在之舍也。’庫爲藏物之所，故曰‘庫，物也’。”按：此條《説》云：“庫，區穴若，斯貌常。”語應如何解？如何和經聯繫？又如“知而不以五路，説在久”（《經下》），著者據金文謂久字“當讀爲厥，謂逆阻也……言人之有知，而不由五官以知之，必扞格而不能通也”。《經説》云：“智，以目見，而目以火見，而火不見，惟以五路智。久不當以目見，若以火見。”若久讀爲厥，“久不當以目見，若以火見”如何講，又和經如何聯繫？著者在1960年寫的再版序言説：“清代考據學風，鼎盛一時，許多學者對於古籍之目録、辯僞、輯佚、校勘以及文字聲韻、訓詁之學頗能實事求是，饒有發明。但極其弊也，則流於發難穿鑿，冗蔓煩瑣，無裨宏旨。”著者此書也有發明，也有偏弊。

新證根據寶曆本、綿眇閣本、堂策檻本所校，有些頗有價值。如“以其知過物”(《經説上》)，孫詒讓謂過疑當作遇，于謂按寶曆本正作遇物。

《諸子新證》係在抗戰時期已印過，此爲重印。再版序言 1960 年作於長春。

《墨辯新注》魯大東 著　中華書局 1936 年版

卷首録晋魯勝《墨辯注》原叙。自叙作於 1933 年 12 月，是此書寫成後二年纔出版。所録《墨經》直行本原文係根據道藏本。新訂旁行本《經上》共 98 條，《經下》共 81 條。著者所引用的參考書衹有畢沅《墨子注》、張惠言《墨子經説解》、孫詒讓《墨子閒詁》、梁啓超《墨經校釋》、胡適《中國哲學史大綱》等書。(伍非百，欒調甫等人著述，似未見)著者校勘，改字太多。注解多衹解大意，不是逐句注解，所以有些句子的意思不明。

《讀墨子札記》陶鴻慶 著　中華書局 1959 年版(《讀諸子札記》)

全書爲讀諸子札記，關於《墨子》的札記是其中的二卷。關於墨辯的札記僅 23 條，無甚可取，有些是穿鑿附會。如關於《經説下》“二與一亡，不與一在”，著者説：“此當讀云：二與，一亡；不與，一在。與讀爲舉。言舉二之名，則一之實亡；不舉二之名，則二之中各有一也。”此意不明確。“使人視城得金，蓋使人信其言，若城之固，若金之重。”不可通。章炳麟序云：“論其學抑可謂知所趨向者矣。”陶氏知所趨向而造詣不深。

①《墨子注》畢沅 著 靈巖山館刊本

全書十五卷，首列墨子篇目考，末録墨子佚文。卷首撰者叙作於乾隆四十八年（1783）。叙云："先是仁和盧學士文弨、陽湖孫明經星衍，互校此書，略有端緒。沅始集其成，因徧覽唐宋類書，古今傳注，正其訛謬，又以知聞，疏通其惑，自乾隆壬寅（1782）八月至癸卯（1783）十月逾一歲而書成。"

關於《經上、下》云："此翟自著，故號曰經，中亦無子墨子曰云云。按宋潛溪云：'上卷七篇號曰經，中卷下卷六篇號曰論。'上卷七篇則自親士至三辯也，此經似反不在其數，然本書固稱經，詞亦最古，豈後人移其篇第與？唐宋傳注亦無引此，故訛錯獨多，不可句讀也。"

畢氏因《經上》末有"讀此書旁行"五字，將《經上》文分兩截寫旁行句讀，作新考定經上篇，列於《經説下》之後。這一考定，對於後來研究《墨經》者啓發很大。

②孫星衍《墨子注後叙》

③孫星衍《經説篇跋》

【整理者按：此處序號①②③應是作者計劃《著述考》完成後調整的順序。】

②《新考正墨經注》張之鋭 著 河南官印刷局印（1921）

全書一册，附圖三十幅，卷首有張鳴岐叙，卷末有張登雲、宋豪跋。自叙云："《經上》、《經下》及《經説上》、《經説下》四篇。

其中所言名學殆居大半，故魯勝謂之墨辯，是墨家實兼名家而二之也。……蓋六家之中有科學知識者當推名、墨二家，而墨子書以科學知識組織成文者則又在於《經說》等篇，故非有科學知識不足以語此。”著者還不知道《經說》首一字爲牒經標題之字，所以對於句讀弄錯的頗多。著者所參考的書大概衹有孫氏《墨子閒詁》一種。著者對於力學、光學和數學等似有相當基礎。所附圖三十幅，雖不精當，似爲首創。張氏分《經上》，上欄共 48 條（自“故，所得而後成也”至“動，或徙也”），“正，無非”條應與“讀此書旁行”句相值。分經下上欄共 34 條，下欄共 42 條，相差 8 條，乃以爲下欄有的是二條連屬，有的是三條連屬，非是。著者分條有誤。（張之鋭字子晋）

③《墨經通解》二册（附《大取篇校注》）張其煌 著　桂林張氏獨志堂印行（1931）

卷首有梁啓超叙，作於丁卯仲冬晦（1927）。自叙作於民國十三年（1924）。據自叙所言此書開始寫於民國十一年（1922），卷末有瞿宣穎（兑之）跋（瞿爲張氏婿）。著者致梁啓超書云：“鑽研墨經已歷四年，凡五易稿，成通解五卷。”

自魯勝合此六篇名爲墨辯，近人或以經文全部與印度因明及西歐邏輯同視。以爲《經上》言辯不過十條，《經下》稱是，《經説》雖往往應用辯術，然并非以釋辯爲主，若事事以因明邏輯相傅會，反有削趾適履之慮，故正名爲墨經。

關於經文成立年代。著者從文體及思想系統上觀察，推定《經上》爲墨子自著以授弟子，《經説上》則弟子述口説或參己意以爲詮解，而後人附益亦有數條。《經下》及《經説下》，則經與説成於一時，或且同出一手，而年代較晚。

著者以爲各條經文，間有字多之簡，後人改寫縑素時誤析爲二，因之條數增多，行列錯亂，有的上下列錯置，有的前後改移，因於《經上》聯繫《經説》及其文義，重爲排比，改正將近十條。《經下》因爲訛錯太多，無從復舊，就按各條性質分别排列。將改正目次别寫一卷列在卷首。但是著者改動太多，而且多無根據，全以意改，以致弄得更加錯誤，使人無法讀通。著者引梁啓超説甚多。

瞿跋：《墨經通解》四卷，其前冠以經上下考目及經説上下次第考，其後附以大取篇校注，以今年七月校印訖。（民國二十年）

《墨子大取篇釋》傅山 著　宣統三年山陰丁氏刊本（《霜紅龕集》卷三十五）

傅在篇目下注云："奥義奇文，後世以其不可解而置之。因其文而録之，道藏中亦有此。"傅氏此釋當在清朝初年，可説是魯勝以後最早解釋《大取》的人。有些句讀是錯誤的，如將"其類在於追迷"和"或泰或卒"連讀。有些解釋是望文生義的，如把"三物必具，然後足以生"解作"鷄、犬、豚三物所以養生也，必具之而後可以爲生"，以鷄、犬、豚三物解此三物，無據。解瀆云："從賈從水，水平也。稱物平施，如物之貴賤之價也，不容私心輕重之。"也是臆解。

有些解釋有獨特見解。如釋"大人之愛小人，薄於小人之愛大人也，其利小人也，厚於小人之利大人也”云：“大人有德有位者，治人者也。小人百姓也，治於人者也。百姓依護大人以爲生，故愛大人也。然此就大人能爲人依護者言耳，其常也。若草芥寇讎，則後世之大人矣，小人焉能愛之。”又如釋“其類在死也”云其類如人莫不有死，而我“莫不有愛，謂於人定愛之也。矢死以一愛愛人，死而後已也”。

整理後記

大約十年前，陳高傭先生的女兒陳杰瑶老師找到我，説她父親1976年去世，留下大約一百萬字的手稿，内容主要是對於諸子百家著作的研究，希望我看看能否整理出版。我問爲什麽現在纔記起這事？她説母親健在時，一直催促盡快將父親遺稿整理面世。消息傳出，幾位這方面的專家都有意願，希望交與他們整理，甚或有人多次上門聯繫并承諾負責籌措出版費用。但鑒於父親在學術界的地位以及他是在極其艱苦的條件下寫出這些著作，她們深知書稿的分量，所以很慎重。此後，由於方方面面的原因，一直没有定下最佳人選。當時我校校長趙世超，正是研究先秦史方面的專家，於是她就找趙校長商談這事。校長想了想，建議她找我，讓我看看這批手稿的價值再説。校長對她説我這人比較老實，不會剽竊别人的成果，專業又是先秦思想史，應該能看懂。

得到别人的推薦和信任，自然是一件高興的事，我當下就同意看看。幾天後，陳杰瑶老師和她姐陳杰玶拎來了手稿複印件，沉甸甸一大包。隨後我做了初步瀏覽，感到其中《老子今解》、《墨辯今解》都是成熟的著作，《鄧析子今解》、《尹文子今解》、《公孫龍子今解》也基本完成。這些寫作於二十世紀六十年代的文字，可以説代表了那個年代還在潛心著述的老一輩學者最高層次的水平，十分珍貴，應該整理出版。此外還有尚未完成的《晏子春秋譯解評》（寫於 1967 年），以及大體完成的《論語譯注評》（寫於 1974 年至 1975 年）和接近完成的《鹽鐵論評注》（寫於 1975 年至 1976 年）。後二書寫於作者去世前不久，在當時特殊的歷史條件下，其評論部分自然打上時代的烙印，然在今日看來，這些都是學術思想史的珍貴資料。

那時我正忙於整理和審讀《尚書詞典》的初稿（約百萬字），希望她們耐心等一兩年。2005 年夏，我請趙燕姣同學、韓曉梅同學及惠媛同學完成了遺稿的電子版録入以及手稿與電子版的校對，正式開始了此項工作。

2011 年初，在逐字逐句審讀原稿的同時，我開始更多地瞭解陳高傭其人。首先令我驚奇的是，陳高傭先生是曾在暨南大學歷史學系工作過的幾位史學大師之一：

> 八十年來，歷史學系先後有周予同、周谷城、陳高傭、沈煉之、譚其驤、朱杰勤、陳樂素、金應熙等諸多史學大師執教，鑄就了歷史學系沉潛厚重、究心學術的學風，爲國家培養了大量杰出人才。（《暨南大學歷史學系舉行成立八十周年慶祝活動》，暨南大學新聞網，2008-12-3）

談到陳高傭先生，多提及由他主編的《中國歷代天災人禍表》（1940 年商務印書館出版）。這一著作的重要意義，如時任暨南大學校長的何炳松先生在爲此書作的序中所説：

> 這部書，篇幅的繁重，材料的充實，凡例的縝密與編制

的新穎，無論讀者一瞥的翻覽或吟味的通讀，都自能得到深刻的印象，而將不能自已地發爲贊嘆。至於這部書有助於中國社會史、經濟史、民族史、政治史的研究，而必能促“盡善盡美的”中國通史早日産生，更是中國從事史學研究者所知曉，都不待我再費辭多説。

不過我所不能已於言的：自從“八一三”事變爆發，本校黌舍毁於炮火，圖書化爲灰燼，學校局促於上海租界的一角，可謂艱苦萬狀；但全校師生竟能繼續着“弦歌之聲”。而高傭先生和文學院幾位教授以及史地學系多位學生，仍然計劃搜討，編述校印，埋頭努力於本位的文化工作，不問辛苦，無間寒暑，真使我百感交集！然而，轉念：全國文化工作者殆都具有這種努力向上的民族精神，而謂這民族將要淪於奴役或絶滅，雖極愚騃，也决不相信人世間會有此慘劇，則又不禁“色然以喜”！若干年後，民族復興，國家安定，文化工作日異而月不同，我如能和高傭先生、各位教授以及各位學生，促膝圍坐，清茶淡酒，縱談史學，回話當年，那末，我們目前所身受的一切艱苦都已得到無價的心靈的快慰了！

除了《中國歷代天災人禍表》，涉及陳先生較多的就是發表於1935年的《中國本位的文化建設宣言》(以下簡稱《宣言》)，即著名的“十教授宣言”，陳先生是發表此《宣言》的十教授之一。這個《宣言》在中國近代思想史上的地位，一直存在較大争議。《宣言》一開始赫然提出：

在文化的領域中，我們看不見現在的中國了。……中國人正在苦悶，正在摸索，正在挣扎。

《宣言》説：

> 有人以爲中國該復古，但古代的中國已成歷史。歷史不能重演，也不需要重演。有人以爲中國應完全模仿英美，英美固有英美的特長，但地非英美的中國應有其獨特的意識形態，并且中國現在是在農業的封建的社會和工業的社會交嬗的時期，和已完全進到工業時代的英美，自有其不同的情形，所以我們决不能贊成完全模仿英美。除卻主張模仿英美的以外，還有兩派：一派主張模仿蘇俄，一派主張模仿意德。但其錯誤和主張模仿英美的人完全相同，都是輕視了中國空間時間的特殊性。

歷史已經證明，《宣言》這樣的見解是不錯的。那麽中國應該向何處去？作者回答：

> 要使中國能在文化的領域中抬頭，要使中國的政治、社會和思想都具有中國的特徵，必須從事於中國本位的文化建設。

所謂"中國本位的文化"，當然包括諸子百家的經典。諸子百家的經典，形成於中華民族歷史上思想文化最爲活躍最爲輝煌的戰國時代，是中華民族精神歸宿之所在，猶如西方之有古希臘先哲著述。西方之文藝復興與啓蒙運動，正是在古希臘、羅馬思想家的基礎上發展而來。《宣言》發表在抗戰之前的1935年，日本侵占東北、深入華北、威脅平津，中華民族危急存亡之秋。十教授所希望的"中國本位的文化建設"，實質上就是希望來一場中國的科學與民主的啓蒙運動，形成凝聚中華民族共識的"中國本位的文化"。

《宣言》中涉及歐美文化的論述也絶非空談。十教授大體都有留學海外的經歷，且有吸收西方現代思想的著述。陳高傭先生的第一部著作《名理通論》（1930年開明書店出版），就是在對美國杜威的實驗主義和明儒王陽明哲學研究的基礎上，在大學二年級和三年級時（1925年）寫成的。我們且看該書簡介：

> 作者在研究實驗主義哲學的基礎上論述名學與哲學的關係，中國、印度、西方名學發展略史，中國秦漢以來名學的派別，宋明朱陸兩派不同的名學方法，并具體論述了邏輯思維與人類思想的一致性，以及與神秘主義之間的關係等。

該書内容分九章：名學與哲學，無名主義與正名主義，印度西洋中國三家的名學略史，中國近世哲學史上兩派不同的名學方法，中國近世哲學史上一個科學的求理方法，思想一致，事實與意義，知與行，神秘主義與邏輯。

所謂“名學”就是邏輯學。陳高傭先生1923年成爲北京師範大學教育史地系第一屆學生，進校不久就醉心於邏輯學的研究，《名理通論》就是他初步“接受科學洗禮”、“瞭解現代思想”的結晶。由此開始，這種對於科學思想方法的追求貫穿了陳高傭先生一生。我們看陳高傭先生遺稿，正是對先秦哲學和邏輯學的深入研究。

陳高傭先生的學術生涯和社會閱歷十分豐富，本後記難以容納。我們希望今後能够編寫《陳高傭先生年譜》，以利於讀者對本書和對那個時代做進一步瞭解。

臧　振
癸巳寒露